BWL Bachelor Basics

Herausgegeben von Horst Peters

Geleitwort des Reihenherausgebers

Das vorliegende Lehrbuch ist Teil der Lehrbuchreihe BWL Bachelor Basics. Dieses Buch sowie alle anderen Werke der Reihe folgen einem Konzept, das auf die Leserschaft – nämlich Studierende der Wirtschaftswissenschaften – passgenau zugeschnitten ist.

Ziel der Lehrbuchreihe BWL Bachelor Basics ist es, die zu erwerbenden Kompetenzen in einem wirtschaftswissenschaftlichen Bachelor-Studiengang **wissenschaftlich anspruchsvoll**, jedoch zugleich **anwendungsorientiert** und **kompakt** abzubilden. Dies bedeutet:

- Ein hoher wissenschaftlicher Anspruch geht einher mit einem gehobenen Qualitätsanspruch an die Werke. Präzise Begriffsbildungen, klare Definitionen, Orientierung an dem aktuellen Stand der Wissenschaft seien hier nur beispielhaft erwähnt. Die Autoren sind ausgewiesene Wissenschaftler und Experten auf ihrem Gebiet. Die Reihe will sich damit bewusst abgrenzen von einschlägigen »Praktikerhandbüchern« zweifelhafter Qualität, die dem Leser vorgaukeln, Betriebswirtschaftslehre könnte man durch Abarbeiten von Checklisten erlernen.
- Zu einer guten Theorie gehört auch die Anwendung der wissenschaftlichen Erkenntnisse, denn Wissenschaft sollte kein intellektueller Selbstzweck sein. Deshalb steht stets auch die Anwendungsorientierung im Fokus. Schließlich verfolgt der Studierende das Ziel, einen berufsqualifizierenden Abschluss zu erwerben. Die Bücher haben diese Maxime im Blick, weshalb jedes Buch neben dem Lehrtext u. a. auch Praxisbeispiele, Übungsaufgaben mit Lösungen sowie weiterführende Literaturhinweise enthält.
- Zugleich tragen die Werke dem Wunsch des Studierenden Rechnung, die Lehr- und Lerninhalte kompakt darzustellen, Wichtiges zu betonen, weniger Wichtiges wegzulassen und sich dabei auch einer verständlichen Sprache zu bedienen. Der Seitenumfang und das Lesepensum werden dadurch überschaubar. So eignen sich die Bücher der Lehrbuchreihe Bachelor Basics auch hervorragend zum Selbststudium und werden ein wertvoller Begleiter der Lehrmodule sein.

Die Reihe umfasst die curricularen Inhalte eines wirtschaftswissenschaftlichen Bachelor-Studiums. Sie enthält zum einen die traditionellen volks- und betriebswirtschaftlichen Kernfächer, darüber hinausgehend jedoch auch Bücher aus angrenzenden Fächern sowie zu überfachlichen Kompetenzen. Um auf neue Themen und Entwicklungen reagieren zu können, wurde die

Edition bewusst als offene Reihe konzipiert und die Zahl möglicher Bände nicht nach oben begrenzt.

Die Lehrbuchreihe Bachelor Basics richtet sich im Wesentlichen an Studierende der Wirtschaftswissenschaften an Hochschulen für angewandte Wissenschaften, an dualen Hochschulen, Verwaltungs- und Wirtschaftsakademien und anderen Einrichtungen, die den Anspruch haben, Wirtschaftswissenschaften anwendungsorientiert und zugleich wissenschaftlich anspruchsvoll zu vermitteln. Angesprochen werden aber auch Fach- und Führungskräfte, die im Sinne der beruflichen und wissenschaftlichen Weiterbildung ihr Wissen erweitern oder auffrischen wollen. Als Herausgeber der Lehrbuchreihe möchte ich mich bei allen Autorinnen und Autoren bedanken, die sich für diese Reihe engagieren und einen Beitrag hierzu geleistet haben.

Ich würde mich sehr freuen, wenn das ambitionierte Vorhaben, wissenschaftliche Qualität mit Anwendungsorientierung und einer kompakten, lesefreundlichen und didaktisch an die Bachelor-Studierenschaft abgestimmten Gestaltung zu kombinieren, dem Leser bei der Bewältigung des Bachelor-Lernstoffes hilfreich sein wird und es die Anerkennung und Beachtung erhält, die es meines Erachtens verdient.

Horst Peters

Autorenvorwort

Dies ist weder das erste noch das letzte Lehrbuch, das zum Wirtschaftsprivatrecht geschrieben worden ist. Dieses Lehrbuch zeichnet sich aber durch drei Merkmale besonders aus:

- Ziel ist neben der Vermittlung des juristischen Basiswissens die tatsächliche Berücksichtigung der künftigen **Berufspraxis** von Wirtschaftswissenschaftlerinnen und -wissenschaftlern etwa durch die Darstellung von Themen wie Managerhaftung, Unternehmenskäufe oder die Umstrukturierung von Unternehmen.
- Da Betriebswirte sich in der Praxis nicht auf Maßnahmen ausschließlich im Rahmen der Regelungen von BGB und HGB beschränken können, sondern unbedingt auch andere Rechtsgebiete im Auge haben müssen, verfolgt dieses Lehrbuch einen **ganzheitlichen Ansatz** und schneidet auch Gebiete wie das Europarecht, das Öffentliche Wirtschaftsrecht oder das Strafrecht zumindest kurz an.
- Da im Zeitalter der fortschreitenden Globalisierung praktisch alle Unternehmen in immer stärkeren Umfang international tätig sind, liegt ein besonderer Fokus dieses Lehrbuchs auf **grenzüberschreitenden Aspekten**.

Ergänzend zu diesem Lehrbuch befindet sich derzeit ein **Fallbuch zum Wirtschaftsprivatrecht** in Vorbereitung, welches neben dem juristischen Gutachtenstil anhand von klassischen Rechtsfällen zu BGB und HGB insb. auch durch neuartige Fallgestaltungen der Berufswirklichkeit von Betriebswirten Rechnung tragen soll.

Bedanken möchte ich insb. bei Prof. Dr. Horst Peters für die Aufnahme in die Reihe »BWL Bachelor Basics« und bei dem Lektor Dr. Uwe Fliegauf für Hinweise und Motivation bei der Fertigstellung des vorliegenden Lehrbuchs. Für Verbesserungsvorschläge wäre ich den Leserinnen und Lesern dankbar (peter.fischer@hs-duesseldorf.de).

Düsseldorf, im Mai 2016   Peter C. Fischer

Inhaltsverzeichnis

Abkürzungsverzeichnis

a.A.	anderer Ansicht
AEUV	Vertrag über die Arbeitsweise der EU
AG	Aktiengesellschaft
AGB	Allgemeine Geschäftsbedingungen
AGG	Allgemeines Gleichbehandlungsgesetz
AktG	Aktiengesetz
Alt.	Alternative
AN	Arbeitnehmer
AnfG	Anfechtungsgesetz
AO	Abgabenordung
AR	Aufsichtsrat
AT	Allgemeiner Teil
Aufl.	Auflage
BAG	Bundesarbeitsgericht
BauGB	Baugesetzbuch
BDSG	Bundesdatenschutzgesetz
BeurkG	Beurkundungsgesetz
BGB	Bürgerliches Gesetzbuch
BGH	Bundesgerichtshof
BGHZ	Entscheidungssammlung des BGH in Zivilsachen
BJR	Business Judgement Rule
BNotO	Bundesnotarordnung
BT	Besonderer Teil
BVerfG	Bundesverfassungsgericht
BVerfGG	Bundesverfassungsgerichtsgesetz
c.i.c.	culpa in contrahendo
CISG	United Nations Convention on Contracts for the International Sale of Goods (UN-Kaufrecht/Wiener Kaufrecht)
DCGK	Deutscher Corporate Governance Kodex
DD	Due Diligence
DDR	Deutsche Demokratische Republik
EGBGB	Einführungsgesetz zum Bürgerlichen Gesetzbuch
EGHGB	Einführungsgesetz zum Handelsgesetzbuch
ErbbauRG	Erbbaurechtsgesetz
EU	Europäische Union
EUR	Euro
EuGH	Europäischer Gerichtshof
f. / ff.	folgende / fortfolgende

FAZ	Frankfurter Allgemeine Zeitung
GBO	Grundbuchordnung
GbR	Gesellschaft bürgerlichen Rechts
GewO	Gewerbeordnung
GG	Grundgesetz
ggf.	gegebenenfalls
gGmbH	gemeinnützige Gesellschaft mit beschränkter Haftung
GmbH	Gesellschaft mit beschränkter Haftung
GmbH i.G.	Gesellschaft mit beschränkter Haftung in Gründung
GmbH i.L.	Gesellschaft mit beschränkter Haftung in Liquidation
GoA	Geschäftsführung ohne Auftrag
grundsätzlich	grundsätzlich
GVG	Gerichtsverfassungsgesetz
HaftpflG	Haftpflichtgesetz
HGB	Handelsgesetzbuch
h.M.	herrschende Meinung
HR	Handelsregister
HRA / HRB	Handelsregister A / Handelsregister B
i. d. R.	in der Regel
IHK	Industrie- und Handelskammer
insb.	insbesondere
InsO	Insolvenzordnung
IPO	Initial Public Offering
IPR	Internationales Privatrecht
i.S.v.	im Sinne von
i. V. m.	in Verbindung mit
JGG	Jugendgerichtsgesetz
Kap.	Kapitel
KfH	Kammer für Handelssachen
KG	Kommanditgesellschaft
KGaA	Kommanditgesellschaft auf Aktien
KSchG	Kündigungsschutzgesetz
LoI	Letter of Intent
LS	Leitsatz
m.E.	meines Erachtens
M&A	Mergers & Acquisitions
MoMiG	Gesetz zur Modernisierung des GmbH-Rechts und zur Bekämpfung von Missbräuchen
MoU	Memorandum of Understanding
m.w.N.	mit weiteren Nachweisen
NC	Numerus Clausus
NJW	Neue Juristische Wochenschrift

Die genannten Fähigkeiten setzen eine **Sozialisierung im Recht** voraus, die durch dieses Lehrbuch vermittelt werden soll. Vor dem Hintergrund dieser Zielsetzung und ganz im Sinne eines ganzheitlichen Ansatzes setzt dieses Werk primär auf Grund- und Überblickkenntnisse zu möglichst vielen praxisrelevanten Gebieten des Zivil-, Straf- und Öffentlichen Rechts, wobei der Schwerpunkt auf dem Wirtschaftsprivatrecht mit den grundlegenden Kodizes **Bürgerliches Gesetzbuch (BGB)** und **Handelsgesetzbuch (HGB)** liegt. Im Vordergrund stehen dabei Systemverständnis sowie die Kenntnis typischer Praxisprobleme (akademische Meinungsstreitigkeiten werden daher nur exemplarisch angeschnitten). Oder anders formuliert: Ziel dieses Lehrbuchs ist nicht der – ohnehin aussichtslose – Versuch dem nicht-juristischen Leser die Befähigung zum Richteramt zu vermitteln, sondern den angehenden Betriebswirten die notwendige **Befähigung zur Geschäftsführerin oder zum Geschäftsführer** auch in Rechtsangelegenheiten zu vermitteln.

Wirtschaftswissenschaftler und Wirtschaftswissenschaftlerinnen, die das Berufsziel **Steuerberater/in** oder **Wirtschaftsprüfer/in** anstreben, müssen insb. im Wirtschaftsprüferexamen extrem anspruchsvolle Rechtsfälle lösen können. Die rechtlichen Grundlagen für diese Berufsexamina müssen bereits in den WPR-Modulen an den Hochschulen gelegt werden, will man diese Prüfungen später (parallel zu einer Berufstätigkeit) erfolgreich ablegen. Aber auch nicht an Prüfungen gebundene **Tätigkeiten an Schnittstellen** zwischen Recht und Betriebswirtschaft in Bereichen wie z. B. Compliance, Insolvenz oder Personal setzen fundierte Rechtskenntnisse zwingend voraus.

Es gibt noch eine weitere zentrale Verbindung zwischen Recht und Wirtschaft: Die Qualität einer Rechtsordnung hat auch eine **volkswirtschaftliche Dimension:** Jurisdiktionen, die über kein funktionierendes und unabhängiges Rechtssystem verfügen, welches rechtsstaatlichen Standards genügt, sind als Standort für ausländische Investitionen unattraktiv und schaffen auch keine nachhaltigen Anreize für Unternehmer vor Ort. So waren Investitionen in den neuen Bundesländern nach der Wiedervereinigung erst möglich, nachdem die erforderliche Rechtssicherheit beim Erwerb von Grundeigentum hergestellt worden war.

Abschließend noch der Hinweis, dass die Bedeutung des Rechts in der Wirtschaft in der zurückliegenden Dekade zugenommen hat und ein Ende dieser Entwicklung nicht absehbar ist.

1 Einführung in die Rechtsordnung

Der **Begriff Recht** bezeichnet einerseits die Summe aller Rechtsnormen (Recht im objektiven Sinne), wird aber auch zur Kennzeichnung individueller Ansprüche verwendet (subjektives Recht). Innerhalb des subjektiven Rechts wird zwischen Rechten, die gegenüber jedermann gelten (absolute Rechte wie z. B. das Eigentum), und Rechten, die nur zwischen bestimmten Personen gelten (relative subjektive Rechte wie etwa Ansprüche der Parteien aus einem Kaufvertrag), unterschieden. Nicht sämtliche zwischenmenschlichen Beziehungen werden durch das Recht geregelt, es gibt auch rein gesellschaftliche oder **sittliche Verpflichtungen** ohne rechtliche Relevanz.

Beispiel: Eine Einladung zum Abendessen begründet regelmäßig *keinen* rechtlichen Anspruch auf Durchführung des Abendessens (vgl. *Brox/Walker*, BGB AT, Rd. 2).

1.1 Die Einteilung der Rechtsordnung

Die Rechtsordnung lässt sich in das **Privatrecht** und das **Öffentliche Recht** oder aber auch in das **materielle Sachrecht** und das **formelle Verfahrensrecht** oder auch nach den verschiedenen **Rechtssetzungsebenen** (Rechtsnormenpyramide) unterteilen. Diese drei Unterscheidungen sollen nachstehend etwas genauer dargestellt werden.

1.1.1 Privatrecht und Öffentliches Recht

Das **Privatrecht** (auch als **Zivilrecht** bezeichnet) umfasst nach traditioneller Auffassung die Rechtsgebiete, bei denen sich zwei Parteien **auf gleicher Ebene** gegenüberstehen, ohne dass ein juristisches Über- und Unterordnungsverhältnis existiert (sog. Subjektstheorie). Die h.M. heute nimmt die Abgrenzung zwischen Privatrecht und Öffentlichem Recht danach vor, ob bei einem Rechtsverhältnis wenigstens ein Teil in seiner Eigenschaft **als Träger hoheitlicher Gewalt beteiligt** ist (sog. Sonderrechtslehre; vgl. *Dietlein/Endriss/Feuerborn*, Grundlagen, Rd. 2 u. 25; *Brox/Walker*, BGB AT, Rd. 10). In der Regel führen beide Ansätze der Abgrenzung zu demselben Ergebnis und ergänzen einander. Relevant wird diese Abgrenzungsfrage z. B., wenn es um die Bestimmung der zuständigen Gerichte (Zivilgericht oder Verwaltungsgericht) geht.

Hinweise: Bereits diese Abgrenzung von Öffentlichem und Privatem Recht macht deutlich, dass die Jurisprudenz von Meinungsstreitigkeiten geprägt wird, was gerade diejenigen, die sich erstmals mit dem Recht beschäftigen, irritieren könnte. Dabei verwenden die Juristen immer sehr schnell die Bezeichnungen Theorie oder Lehre, was wissenschaftstheoretisch nicht immer zutreffend sein mag. Im Rahmen dieses Kurzlehrbuchs für angehende Betriebswirte wird die Darstellung von juristischen Meinungsstreitigkeiten jedoch nur einen geringen Raum einnehmen und eher exemplarischen Charakter haben. Diese Theorienstreitigkeiten der Juristen haben auch etwas Positives: In Juraklausuren gibt es nicht die eine richtige Lösung, sondern eine Vielzahl vertretbarer Ergebnisse, wichtig ist lediglich, dass man die Probleme erkennt und diese dann mit den juristischen Methoden – wie die nachstehende dargestellten Auslegungsregeln für Rechtsnormen – löst. Hat man dies einmal begriffen, kann man viel entspannter in die WPR-Klausur gehen, weil man in der Lage ist, jeden beliebigen Fall in vertretbarer Art und Weise zu bearbeiten – deswegen ist die bei Studierenden beliebte Frage nach der Klausur »Wie lautet das Ergebnis?« gar nicht entscheidend, vielmehr sollte die Frage an den Dozenten lauten »Waren A, B, C die Probleme?« – der Weg ist das Ziel (!).

Primäre Handlungsform ist im **Privatrecht** der **Vertrag** (vgl. §§ 145 ff. BGB). Die wichtigsten Gesetze des Privatrechts sind das Bürgerliche Gesetzbuch (BGB) und das Handelsgesetzbuch (HGB). Soweit es im Privatrecht um Rechtsgebiete geht, die für das Wirtschaftsleben und damit für Studierende der Wirtschaftswissenschaften relevant sind, verwendet man in den Wirtschaftswissenschaften den Begriff Wirtschaftsprivatrecht (die Juristen verwenden diese Bezeichnung üblicherweise nicht).

Primäre Handlungsform des **Öffentlichen Rechts** ist der **Verwaltungsakt** (§ 35 VwVfG), mag es hier auch andere Handlungsformen geben (wie z. B. den öffentlich-rechtlichen Vertrag, § 54 VwVfG). Zum Öffentlichen Recht gehören insb. das Verfassungsrecht und das gesamte allgemeine und besondere Verwaltungsrecht, wozu z. B. das Polizei- und Sicherheitsrecht, das öffentliche Bauordnungs- und Bauplanungsrecht oder auch das Hochschulrecht gehören.

Hinweis: Technisch gesehen gehören auch das Strafrecht, das Sozialrecht und das Steuerrecht zum Öffentlichen Recht (diese Aussage können Sie kontrollieren indem Sie die beiden o. g. Theorien anwenden). Diese Gebiete haben sich aber weitgehend verselbständigt, verfügen jeweils über eine eigene Gerichtsbarkeit und werden daher nicht als Teil des Öffentlichen Rechts wahrgenommen. Die nachstehende Übersicht fasst die Unterschiede von Privatem und Öffentlichem Recht noch einmal zusammen:

	Privatrecht/Zivilrecht	Öffentliches Recht
Unterscheidungsmerkmal	Gleichordnung (Subjektstheorie)/keine Beteiligung als Träger hoheitlicher Gewalt (Sonderrechtstheorie)	Über- oder Unterordnung (Subjektstheorie)/ein Teil als Träger hoheitlicher Gewalt beteiligt (Sonderrechtstheorie)
***Primäre* Handlungsform**	Vertrag (vgl. §§ 145 ff. BGB)	Verwaltungsakt (§ 35 VwVfG)
Rechtsweg	Zivilgerichte (sog. ordentliche Gerichtsbarkeit, § 13 GVG)	Verwaltungsrechtsweg (§ 40 I VwGO)
Rechtsgebiete/Beispiele	• Bürgerliches Gesetzbuch (BGB) • Handelsgesetzbuch (HGB) • Arbeitsrecht • Gesellschaftsrecht	• Verfassungsrecht • Polizeirecht • Bauordnungs- und Bauplanungsrecht • Aufsichtsrechte für regulierte Branchen • Hochschulrecht

1.1.2 Materielles Recht und Prozessrecht

Die Rechtsordnung lässt sich auch in die Bereiche materielles Recht und Prozessrecht unterteilen. Das Prozessrecht wird teilweise auch als Verfahrensrecht bezeichnet und umfasst insb. das Zivilprozessrecht (Zivilprozessordnung/ZPO) oder Strafprozessrecht (Strafprozessordnung/StPO). Für sämtliche Gerichte geltende Verfahrensregeln finden sich im Gerichtsverfassungsgesetz (GVG) und im Grundgesetz (vgl. Art. 92 ff. GG). Die Prozessordnungen gehören zum Öffentlichen Recht, auch wenn sie Fälle aus dem Privatrecht entscheiden.

Rechtsgebiet	Prozessordnung
Privatrecht (insb. BGB, HGB)	Zivilprozessordnung (ZPO, in Teilbereichen FamFG)
Arbeitsrecht	Arbeitsgerichtsgesetz (ArbGG)
Strafrecht (insb. StGB)	Strafprozessordnung (StPO)
Allgemeines und besonderes Verwaltungsrecht	Verwaltungsgerichtsordnung (VwGO)
Steuerrecht einschließlich AO	Finanzgerichtsordnung (FGO)
Sozialrecht	Sozialgerichtsgesetz (SGG)
Grundgesetz	Bundesverfassungsgerichtsgesetz (BVerfGG)

Alternativ zur Zuständigkeit der staatlichen Gerichte haben die Parteien in Zivilrechtsstreitigkeiten grundsätzlich die Möglichkeit, ein nicht-staatliches **Schiedsgericht** im Wege einer sog. Schiedsgerichtsklausel für zuständig zu erklären (vgl. §§ 1025 ff. ZPO).

Praxishinweis: Im Wirtschaftsleben, insb. bei grenzüberschreitenden Unternehmenstransaktionen finden sich regelmäßig sog. Schiedsgerichtsklauseln, d. h. die Zuständigkeit der an sich zuständigen staatlichen Gerichte wird ausgeschlossen und ein nicht-staatliches Gericht, welches auf Basis einer bestimmten Schiedsgerichtsordnung (z. B. der *International Chamber of Commerce*) handelt, wird für zuständig erklärt. Gründe hierfür sind, dass vor einem Schiedsgericht die Verhandlungssprache (i. d. R. Englisch) von den Parteien gewählt werden kann (Gerichtssprache in Deutschland ist – von Pilotprojekten abgesehen – Deutsch, vgl. § 164 GVG), außerdem sind Verhandlungen vor einem Schiedsgericht (anders als Gerichtsverhandlungen vor staatlichen Gerichten, vgl. § 169 GVG) nicht öffentlich. Ob Schiedsverfahren auch schneller und kostengünstiger als Verfahren vor staatlichen Gerichten sind, wie manchmal behauptet wird, soll dahingestellt bleiben: Da es bei Schiedsverfahren keinen Instanzenzug gibt (was ein Vorteil, aber auch ein gefährlicher Nachteil sein kann), dürften Schiedsverfahren i. d. R. jedenfalls schneller und günstiger als zwei oder drei Instanzen vor staatlichen Gerichten sein.

In zunehmendem Maße vereinbaren Parteien *vor* einem etwaigen Gerichtsverfahren (unabhängig von der Frage, ob dieses Verfahren vor einem staatlichen Gericht oder einem privaten Schiedsgericht stattfinden würde) Streitigkeiten im Rahmen eines Mediationsverfahrens beizulegen. Gem. § 1 Mediationsgesetz ist **Mediation** »*ein vertrauliches und strukturiertes Verfahren bei dem die Parteien mithilfe eines oder mehrerer Mediatoren freiwillig und eigenverantwortlich eine einvernehmliche Beilegung ihres Konflikts anstreben.*« Diese und andere Formen der außergerichtlichen Konfliktbeilegung werden immer vom Gesetzgeber gefördert (vgl. z. B. § 253 III Nr. 1 ZPO) und in der Praxis immer häufiger angewendet.

Fragen des **Zivilprozessrechtes** werden im Rahmen dieses Lehrbuchs nicht näher dargestellt. Grundsätzlich ist es so, dass bei Bejahung eines zivilrechtlichen Anspruchs nach BGB oder HGB dieser grundsätzlich auch zivilprozessual durchsetzbar ist (und die ZPO insoweit keine weiteren sachlichen Beschränkungen vorsieht). Zuständig sind für Klagen bis zur Höhe von 5.000,00 EUR sowie in familien- und mietrechtlichen Angelegenheiten die Amtsgerichte, ansonsten grundsätzlich die Landgerichte (vgl. zu den Details §§ 23 ff. GVG). Der Instanzenzug ergibt sich aus der nachstehenden Übersicht (Vorlage: www.bundesgerichtshof.de; R = Berufsrichter, KfH = Kammer für Handelssachen; die **Berufung** eröffnet eine weitere Tatsacheninstanz, in der **Revision** wird nur noch die Rechtsanwendung durch die Vorinstanz überprüft ohne erneut in die Beweisaufnahme zu treten):

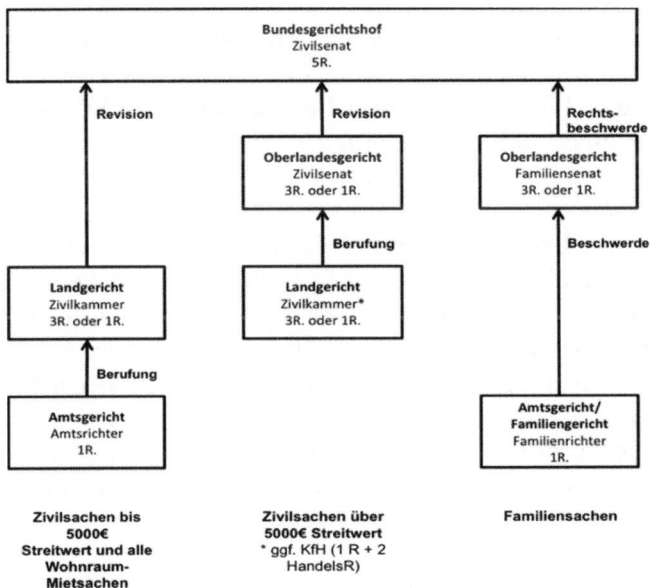

Alternativ zu diesem Instanzenzug ermöglicht es das **gerichtliche Mahnverfahren** (§§ 688 bis 703d ZPO) einem Gläubiger einer Geldforderung auf vereinfache Art und Weise, d. h. ohne mündliche Verhandlung und ohne Beweisaufnahme sowie ohne Einschaltung eines Rechtsanwalts, einen vollstreckbaren Titel zu erhalten.

Praxishinweise: (1) Das gerichtliche Mahnverfahren ist aber nur sinnvoll, wenn ein Bestreiten der geltend gemachten Forderung durch den Schuldner nicht zu erwarten ist oder wenn es nur darum geht, eine drohende Verjährung zu hemmen (§ 204 I Nr. 3 BGB, **Achtung**: Eine privatschriftliche Mahnung verhindert die Verjährung nicht!). (2) Umfassende Hinweise zum Mahnverfahren finden sich auf www.mahngerichte.de und den Online-Portalen der Justiz in den verschiedenen Bundesländern.

Gerichte erheben abhängig vom Streitwert **Gebühren**, die entsprechend dem Ausgang des Prozesses zwischen den Parteien verteilt werden (§ 91 ZPO). Da Zivilgerichte im Urteil dem Kläger nicht mehr zugestehen können als vom Kläger in der Klage verlangt wurde (§ 308 ZPO), ist es oft eine taktische Frage, in welcher Höhe Forderungen im Prozess geltend gemacht werden sollen (bei dieser Frage fallen die Interessen von Anwalt und Mandant typischerweise auseinander, da auch die gesetzlichen Gebühren der Rechtsanwälte von der Höhe des Streitwerts abhängen).

Die Grundregel für die **Beweislastverteilung** im Zivilrecht lautet, dass derjenige der sich auf eine bestimmte Norm beruft, deren Voraussetzungen beweisen muss. Der Gesetzgeber hat die Paragraphen des BGB entsprechend durch Einteilungen und Formulierungen strukturiert, um so eine – auf den ersten Blick für einen Laien nur schwer erkennbare – Beweislastverteilung vorzunehmen.

Beispiel: Der Eigentümer (dies ist der Inhaber der umfassenden rechtlichen Herrschaft über eine Sache, vgl. § 903 BGB), der vom Besitzer (dies ist – im Gegensatz zum allgemeinen Sprachgebrauch – nur der Inhaber der tatsächlichen Sachherrschaft, § 854 BGB) die Herausgabe der Sache gem. § 985 BGB verlangt, trägt die Beweislast für seine Eigentümerstellung und die tatsächliche Sachherrschaft (den Besitz) des Beklagten. Der Beklagte muss ggf. sein Recht zum Besitz gem. § 986 BGB beweisen, d. h. durch die Aufteilung der Voraussetzungen auf zwei Paragraphen (§ 985 und § 986 BGB) hat der Gesetzgeber hier die Beweislast verteilt.

Klausurhinweis: Die Beweislastregel wirkt sich auch auf die Klausurbearbeitung aus, da bei fehlenden Angaben im Klausursachverhalt auch in der Klausur entsprechend der Beweislast zu entscheiden ist.

Auf weitere Differenzierungen bei der Beweislastverteilung wie den Anscheinsbeweis kann hier nicht näher eingegangen werden.

1.1.3 Normenhierarchie

Die Rechtsordnung lässt sich auch nach den verschiedenen Ebenen der Rechtssetzung unterteilen (Rechtsnormenpyramide). Dabei geht das höherrangige Recht dem von nachfolgenden, untergeordneten Ebenen gesetzten Recht bei Widersprüchen zwischen den verschiedenen Ebenen vor.

Es mag manchen Zeitgenossen erstaunen, dass das **Europarecht** dem gesamten Recht der einzelnen Mitgliedstaaten vorgeht (**Anwendungsvorrang des EU-Rechts**). Dies gilt auch für das Grundgesetz und selbst für die im Grundgesetz verankerten Grundrechte. Den Vorrang des Europarechts gegenüber dem Recht der einzelnen Mitgliedstaaten der Europäischen Union leitet der Europäische Gerichtshof (EuGH) ganz pragmatisch und zutreffend aus der Tatsache her, dass es ansonsten keine einheitlichen Regelungen innerhalb der EU geben würde.

Hinweis: Allerdings behält sich das Bundesverfassungsgericht (BVerfG) neuerdings eine sog. Identitätskontrolle gem. Art. 23 I S.3 i. V. m. Art. 79 III GG vor, d. h. im Extremfall will das BVerfG das EU-Recht an Art. 1 GG messen (BVerfG-Beschluss v. 15.12.2015, 2 BvR 2735/14, NJW 2016, 1149 ff.).

Innerhalb der Bundesrepublik Deutschland geht das **Bundesrecht** jeder Kategorie (angefangen beim Grundgesetz über die im Gesetzgebungsverfahren erlassenen Bundesgesetze bis zu den von der Exekutive auf der Basis einer gesetzlichen Ermächtigung gem. Art. 80 GG erlassenen Rechtsverordnungen) dem **Landesrecht** jeder Kategorie (hier wiederum angefangen bei der Landesverfassung über die Landesgesetze bis zu den Landesrechtsverordnungen) vor und führt sogar zur Nichtigkeit des widersprechenden Landesrechts. Art. 31 GG fasst dies lapidar zusammen: »*Bundesrecht bricht Landesrecht*«.

Unterhalb des Rechts der einzelnen Bundesländer steht das von den kommunalen Gebietskörperschaften und anderen Institutionen des Öffentlichen Rechts wie etwa den Hochschulen gesetzte Recht. Dies führt zu folgender Hierarchie der Normenebenen (sog. **Rechtsnormenpyramide**; vgl. z. B. *Lipperheide*, WPR, S. 1 ff.) (▶ Abb. Seite 28)

Das **Wirtschaftsrecht** wird in erster Linie durch **Bundesgesetze** geregelt. In immer stärkerem Maße gehen diese Bundesgesetze jedoch auf EU-Richtlinien zurück (insb. z. B. im Verbraucherschutzrecht).

Soweit es auf derselben Normebene zu Kollisionen, d. h. widersprüchlichen Regelungen kommt, verdrängt die speziellere Regelung (*lex specialis*) die allgemeinere Regelung.

Beispiel: Das HGB, ein Bundesgesetz, geht als Spezialregelung dem BGB, ebenfalls einem Bundesgesetz, vor (das würde auch gelten, wenn der Gesetzgeber dies nicht in Art. 2 EGHGB klargestellt hätte).

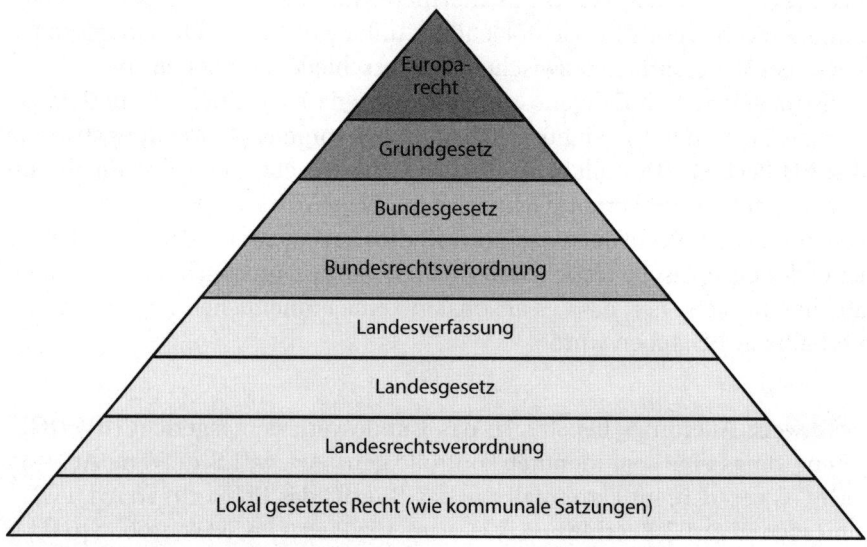

Noch ein Hinweis zur Bedeutung des (ungeschriebenen) Gewohnheitsrechts: **Gewohnheitsrecht** kann grundsätzlich auf jeder Rechtsnormenebene entstehen (ist also insofern *nicht* etwa eine weitere, eigenständige Ebene in der Rechtsnormenpyramide), und setzt für sein Entstehen voraus, dass eine entsprechende lang andauernde tatsächliche Übung von den beteiligten Rechtskreisen für zutreffend gehalten wird (vgl. *Klunzinger*, Einführung, S.10; *Kallwass/Abels*, Privatrecht, S.26), so beruht z. B. das Recht zur Totensorge der nächsten Angehörigen des Verstorbenen auf Gewohnheitsrecht.

1.2 Die Anwendung von Rechtsnormen

Bevor eine Rechtsnorm angewandt werden kann, ist – unabhängig von der Stellung der Norm in der Normenhierarchie – die **Anwendbarkeit der Rechtsnorm** unter vier Aspekten – zumindest gedanklich – zu prüfen:

(1) **Internationale Anwendbarkeit:** Gilt überhaupt deutsches Recht? (▶ Kap. 1.2.2)

(2) **Zeitliche Anwendbarkeit?** Rechtsnormen finden grundsätzlich nicht rückwirkend Anwendung.

(3) **Sachliche Anwendbarkeit?** Gibt es Bereichsausnahmen, z. B. finden die Regeln über AGBs in §§ 305 ff. BGB auf Verträge auf dem Gebiet des Erb-, Familien- und Gesellschaftsrecht keine Anwendung (vgl. § 310 IV BGB).

(4) **Persönliche Anwendbarkeit?** So findet z. B. das HGB als Sonderprivatrecht der Kaufleute grundsätzlich nur Anwendung, wenn mindestens einer der Beteiligten Kaufmann ist (vgl. §§ 1 ff. HGB, ▶ Kap. 11.1).

Klausurhinweis: Wie in der Praxis sind diese vier Punkte in der Klausur lediglich gedanklich kurz zu prüfen und nur dann im Gutachten darzustellen, wenn sie im konkreten Fall problematisch sind.

Rechtsnormen bestehen grundsätzlich aus einem **Tatbestand** und einer daran anknüpfenden **Rechtsfolge.** Wendet man eine Rechtsnorm an, dann prüft man – wie in einem Substraktionsverfahren –, ob ein konkreter Sachverhalt sämtliche Merkmale des Tatbestandes der fraglichen Rechtsnorm erfüllt. Diesen Vorgang bezeichnet man als **Subsumtion.** Hierfür müssen Rechtsnormen ausgelegt werden. Nachstehend soll daher zunächst dargestellt werden, mit welchen Methoden Rechtsnormen ausgelegt werden. Anschließend soll erläutert werden, wie zu verfahren ist, wenn eine Auslegung zu keinem Ergebnis führt, also eine Regelungslücke vorliegt.

1.2.1 Auslegung von Rechtsnormen

Die Auslegung von Rechtsnormen erfolgt anhand von **vier Auslegungsmethoden:** Dem **Wortlaut,** der **Systematik,** der **Entstehungsgeschichte** sowie dem **Sinn und Zweck** einer Rechtsnorm. Diese Auslegung kann zu einem engen oder zu einem weiten Anwendungsbereich des Tatbestandes einer Rechtsnorm führen (restriktive oder extensive Auslegung). Im Einzelnen:

1. **Wortlaut:** Zunächst ist – wenig überraschend – zu prüfen, ob der Wortlaut des Tatbestandes, der angewendet werden soll, für oder gegen eine Anwendung der Rechtsnorm spricht (sog. sprachlich-grammatikalische Auslegung).

Hinweis: Werden einzelne Tatbestandsmerkmale in der Rechtsnorm selbst oder an anderer Stelle definiert, so ist diese sog. Legaldefinition anzuwenden; **Beispiele** für Legaldefinitionen: § 121 I BGB (»*unverzüglich*«), § 13 BGB (»*Verbraucher*«), § 14 BGB (»*Unternehmer*«). In modernen Gesetzen finden sich meist zu Beginn Paragraphen mit zahlreichen Legaldefinitionen (nach diesen Begriffskatalogen sollte man daher bei Anwendung von Gesetzen immer Ausschau halten).

2. **Systematik:** Bei der systematischen Auslegungsmethode wird geprüft, ob z. B. die Stellung der Norm in einem bestimmten Abschnitt des Gesetzes oder die Formulierung anderer Rechtsnormen für oder gegen eine bestimmte Auslegung spricht. Zu der systematischen Auslegung gehören auch zwei Auslegungsmethoden, die sich aus der bereits dargestellten Rechtsnormenhierarchie ergeben:

   a) **Verfassungskonforme Auslegung:** Wenn es bei der Auslegung einer Rechtsnorm eine Auslegungsmöglichkeit gibt, die mit dem Grundgesetz im Einklang steht und eine andere Auslegungsalternative, die zu einem grundgesetzwidrigen Ergebnis führt, dann ist die mit dem Grundgesetz zu vereinbarende, also die verfassungskonforme Auslegung, vorzuziehen.

   b) **Unionskonforme Auslegung:** Vergleichbar der verfassungskonformen Auslegung sind die Normen des deutschen Rechts im Rahmen der geltenden Regeln der Rechtsanwendung so auszulegen, dass sie mit dem geltenden Europarecht vereinbar sind. Dies gilt vor allem im Rahmen der Umsetzung von EU-Richtlinien (insoweit spricht man von einer richtlinienkonformen Auslegung).

3. **Entstehungsgeschichte:** Diese Auslegungsmethode berücksichtigt die Motive des Gesetzgebers bei der Verabschiedung des Gesetzes. Diese auch also **historische Auslegung** bezeichnete Methode verliert naturgemäß an Bedeutung je länger das jeweilige Gesetzgebungsverfahren zurückliegt.

4. **Sinn und Zweck:** Die im Ergebnis meist entscheidende Auslegungsmethode in der bestehenden Rechtsordnung ist die Frage nach dem Sinn und Zweck einer Norm (also der *ratio legis*). Man bezeichnet diese Methode auch als **teleologische Auslegung** (von griechisch »*telos*« Zweck oder Ziel; **Achtung:** Dies hat mit Theologie nichts, aber auch gar nichts zu tun!).

1.2.2 Rechtsfortbildung und juristische Argumentationsformen

Soweit die Auslegung von Gesetzen nach den vorstehend dargestellten Methoden nicht zu einem Ergebnis führt, ist zu prüfen, ob es sich hier um eine vom Gesetzgeber gewollte *planmäßige* oder um eine vom Gesetzgeber ungewollte *planwidrige* **Gesetzeslücke** handelt. Eine von der Legislative gewollte gesetzliche Regelungslücke ist hinzunehmen, eine planwidrige Regelungslücke ist mit Hilfe der nachstehend erläuterten juristischen Argumentationsformen zu schließen, d. h. ein Gericht kann nicht nur, sondern muss im Falle einer planwidrigen Regelungslücke mit Hilfe der nachstehend dargestellten juristischen Argumentationstechniken eine Schließung der Lücke herbeiführen. Hierbei handelt es sich um **Rechtsfortbildung** durch Richterrecht.

1. **Analogie**: Rechtsnormen bestehen typischerweise aus Tatbeständen und Rechtsfolgen. Bei dem sehr häufig anzutreffenden Analogieschluss wird eine bestimmte gesetzliche Rechtsfolge für einen Tatbestand auf einen ähnlich gelagerten, aber gesetzlich nicht normierten Tatbestand übertragen. Eine Analogie setzt – wie soeben bereits ausgeführt – zum einen immer die Feststellung einer planwidrigen gesetzlichen **Regelungslücke** voraus, die nicht durch die o. g. vier Auslegungsmethoden geschlossen werden kann. Zum zweiten setzt eine Analogie eine **Vergleichbarkeit** des gesetzlich geregelten und des gesetzlich nicht geregelten Falles voraus. Wenn diese beiden Voraussetzungen (planwidrige Regelungslücke und Vergleichbarkeit) erfüllt sind, ist ein Analogieschluss zum Zwecke der Schließung der planwidrigen Regelungslücke zulässig. Logisch zwingend ist dieses Vorgehen jedoch nicht, vielmehr handelt es sich um auf einer Wertung beruhendes Verfahren.

   Beispiel: § 31 BGB bestimmt, dass der Verein (und andere juristische Personen) für schadensverursachende Handlungen seiner Vorstände verantwortlich ist. Bei der GbR, OHG und KG fehlt eine entsprechende Regelung im Gesetz (Regelungslücke), diese – vom Gesetzgeber offenbar nicht beabsichtigte – Lücke wird durch eine analoge Anwendung des § 31 BGB geschlossen, da bei Personengesellschaften die Situation insofern vergleichbar und eine entsprechende Anwendung des § 31 BGB auch dort sachgerecht ist (vgl. Palandt/*Ellenberger*, § 31 Rd. 3).

2. **Teleologische Reduktion**: Die teleologische Reduktion ist in gewisser Weise das Gegenstück des Analogieschlusses, da im Falle der teleologischen Reduktion ein nach der Auslegung an sich einschlägiger gesetzlicher Tatbestand keine Anwendung findet, d. h. es wird eine Ausnahme zu einer Rechtsnorm entwickelt, die sich über die Auslegung und damit insb. auch über den Wortlaut einer Norm hinwegsetzt.

   Beispiel: Zum Schutze des Vertragspartners verlangt eine wirksame Vertretung gem. § 164 I BGB das Handeln im fremden Namen (sog. Offenkundigkeitsprinzip). Von diesem gesetzlichen Prinzip wird im Wege der teleologischen Reduktion eine Ausnahme gemacht, wenn es

31

um Bargeschäfte des täglichen Lebens geht, die sofort abgewickelt werden, da in dieser Fallkonstellation der Vertragspartner nicht schutzbedürftig ist (insb. eine Prüfung der Bonität des Vertragspartners ist nicht notwendig, da die Gegenleistung unmittelbar in bar erbracht wird).

3. **Umkehrschluss** (*argumentum e contrario*): Auch der Umkehrschluss kann als Gegenstück zur Analogie gesehen werden, weil hier aus der Regelung eines Sachverhalts zurückgeschlossen wird, dass ein anderer von dieser Regelung nicht erfasster Sachverhalt genau umgekehrt zu behandeln ist.

   Beispiel: § 107 BGB besagt, dass ein Minderjähriger für eine Willens-·erklärung, durch die er nicht lediglich einen rechtlichen Vorteil erlangt, der Einwilligung seines gesetzlichen Vertreters bedarf. Aus dieser Regelung lässt sich im Umkehrschluss ableiten, dass es für Geschäfte, durch die der Minderjährige nur einen rechtlichen Vorteil erlangt, keiner Einwilligung des gesetzlichen Vertreters bedarf.

4. **Erst-Recht-Schluss:** Beim Erst-Recht-Schluss wird eine Rechtsfolge, die für einen bestimmten Sachverhalt vorgesehen ist, erst Recht auf einen weniger schwerwiegenden Sachverhalt angewendet.

   Beispiel: Ein Arbeitgeber, der aus wichtigem Grund zu einer fristlosen Kündigung berechtigt ist, ist Erst-Recht zu einer fristgemäßen Kündigung berechtigt.

5. Schluss vom absurden Ergebnis (***argumentum ad absurdum***): Eine Auslegungsalternative kann dadurch widerlegt werden, dass man darlegt, dass diese Auslegung zu offensichtlich untragbaren Ergebnissen führt.

   Beispiel: Ein Student beklagte sich nach einer Vorlesung einmal darüber, dass diejenigen Studierenden, die an den Vorlesungen und Tutorien regelmäßig teilnähmen, in der Klausur einen Vorteil gegenüber denjenigen Studierenden hätten, die das nicht täten. Diesem – sicher sehr sorgfältig durchdachten – Einwand kann man mit einem *argumentum ad absurdum* begegnen: Es wäre ja geradezu erschreckend, wenn dem nicht so wäre, ansonsten müsste der Dozent ja absurderweise darauf bedacht sein, in seinen Veranstaltungen keinerlei klausurrelevantes Wissen zu vermitteln – Schilda ließe grüßen!

6. Erwähnt werden soll an dieser Stelle nur kurz das sog. **Redaktionsversehen.** Hierbei handelt es sich um den seltenen Fall eines technischen Versehens des Gesetzgebers (z. B. in Form eines offensichtlichen Zahlendrehers oder falschen Verweises in einem Gesetz), welches von den Rechtsanwendern korrigiert werden kann und muss.

Klausurhinweis: Auf ein Redaktionsversehen des Gesetzgebers sollte man sich in der Klausur besser nur berufen, wenn daran kein vernünftiger Zweifel besteht!

7. Kein allgemein anerkanntes juristisches Argument, aber – nach Auffassung des Verfassers – durchaus hilfreich für die Falllösung, ist die **Argumentation mit dem Extremfall**, d. h. man entwickelt einen Fall bis zur Extremsituation weiter, um so festzustellen, ob und wo die Rechtsordnung eine Grenze ziehen sollte.

Beispiel: Stellt sich die Frage, ob ein bestimmter technischer Kommunikationsfehler, der bei einem Finanzinstitut zu einem Schaden von zehntausend Euro geführt hat, zu einer Anfechtung berechtigt, so hilft die Zwischenüberlegung, was wäre, wenn der Schaden zehn Billionen Euro umfassen würde (in dem Fall würde dies zur Insolvenz der Bank mit möglicherweise verheerenden Konsequenzen für die gesamte Volkswirtschaft führen). Es liegt nahe, dass in diesem Fall eine zivilrechtliche Lösung gefunden werden muss, zumal ein schutzwürdiges Vertrauen eines Dritten kaum bestehen dürfte. Es bliebe allenfalls die Frage, wo die Grenze im Einzelfall zu ziehen ist.

Literaturempfehlungen: Als Einführung in das Zivilrecht ist die konzentrierte Darstellung in Palandt/*Ellenberger*, Einleitung, S. 1 ff. sehr zu empfehlen; ausführlich zur Methodenlehre: *Beaucamp/Treder*, Methoden und Technik der Rechtsanwendung, 3. Aufl. 2015.

2 Europarecht

Das Europarecht geht – wie oben dargestellt – den jeweiligen nationalen Rechtsordnungen vor, dies gilt auch für die Verfassungen der Mitgliedstaaten der EU einschließlich der Grundrechtskataloge in diesen Verfassungen. Allerdings setzt eine europarechtliche Regelung immer eine wirksame Ermächtigung voraus (**Prinzip der begrenzten Einzelermächtigung**, vgl. Art. 5 I/II EUV), d. h. die europäischen Institutionen können nicht aus eigener Kompetenz neue Zuständigkeiten kreieren (*keine* **Kompetenz-Kompetenz der EU**).

Allerdings hat das Unionsrecht **Durchgriffswirkung**, d. h. auf Basis dieser Einzelrechtsermächtigungen können die Organe der EU Recht setzen, welches Bürger und Unternehmen in der Union unmittelbar, d. h. ohne Vermittlungsakt des jeweiligen Mitgliedstaates, bindet. Dies unterscheidet die EU prinzipiell von internationalen Organisationen wie der UN oder der NATO. Das Unionsrecht steht damit zwischen den nationalen Rechtsordnungen und dem internationalen Recht, daher spricht man bei der EU von einer **supranationalen Rechtsordnung**.

Das Unionsrecht lässt sich grob in zwei große Bereiche unterteilen: Das **primäre Europarecht** umfasst die Gründungsverträge der EU mit ihren diversen Änderungen durch die Mitgliedstaaten der EU. Das **sekundäre Europarecht** umfasst das auf Basis der Gründungsverträge durch die Organe der EU gesetzte Recht (vgl. insb. Art. 288 AEUV): Hierzu zählen vor allem die **EU-Verordnungen**, welche *unmittelbare* Geltung innerhalb aller Mitgliedstaaten der EU entfalten, und die **EU-Richtlinien**, welche der Umsetzung in nationales Recht der Mitgliedstaaten verlangen, d. h. EU-Richtlinien binden (jedenfalls zunächst) nur die Mitgliedstaaten, nicht aber die EU-Bürger unmittelbar.

Literaturempfehlung: *Herdegen*, Europarecht, 17. Aufl. 2015; als Gesetzessammlung sei für den Einstieg »Europarecht«, beck-texte im dtv, 26. Aufl. 2015 inkl. der dortigen Einführung empfohlen.

3   Verfassungsrecht, insb. Grundrechte

Das **Grundgesetz (GG)**, also die Verfassung der Bundesrepublik Deutschland vom 23. Mai 1949 (dem sog. Verfassungstag), welche nicht die Bezeichnung Bundesverfassung trägt, weil die Verfassungsgeber seinerzeit den provisorischen Charakter der Verfassung und der deutschen Teilung zum Ausdruck bringen wollten, steht – wie bereits dargestellt – an der Spitze der nationalen Normenebenen und gibt damit auch den Rechtsrahmen für die gesamte nationale Rechtsordnung vor.

Gemäß der sog. **Ewigkeitsgarantie** des **Art. 79 III GG** ist eine Änderung der Art. 1 *und* 20 GG nicht zulässig (**Achtung**: Es heißt dort nicht Art. 1 *bis* Art. 20 GG wie Laien oft glauben). Art. 20 I bis III GG enthält die wichtigsten Strukturmerkmale der Bundesrepublik Deutschland, namentlich:

- **Rechtsstaatsprinzip**, welches in Art. 20 GG überraschenderweise nicht explizit genannt wird, sondern »nur« in Art. 23 I und Art. 28 I GG Erwähnung findet, aber unstreitig Bestandteil des Art. 20 GG ist; das Rechtsstaatsprinzip umfasst seinerseits als Obergriff viele andere grundlegende Prinzipien wie insb. die Gewaltenteilung, die Rechtsschutzgarantie, das Verhältnismäßigkeitsprinzip und die Garantie von Grundrechten;
- **Demokratieprinzip** (Art. 20 I, II GG): »*Alle Staatsgewalt geht vom Volke aus.*«;
- **Sozialstaatsprinzip** (Art. 20 I GG: »*sozialer Bundesstaat*«);
- **Gewaltenteilung** (Art. 20 III GG): Trennung von Gesetzgebung (Legislative), vollziehender Gewalt (Exekutive) und Rechtsprechung (Judikative), wird auch als vertikale Gewaltenteilung bezeichnet;
- **Bundestaatsprinzip**, sog. horizontale Gewaltenteilung (Art. 20 I GG): Bund und Länder werden jeweils als Staaten angesehen, wobei nach dem Konzept des GG die Länder zuständig sind, soweit das GG keine andere Verteilung vorsieht (vgl. Art. 30, 70, 83 GG);
- **Republik** ist das Gegenteil von Monarchie (die Bezeichnung »Freistaat« hat eine vergleichbare Bedeutung wie Republik).

Den in **Art. 1 bis 19 GG** niedergelegten **Grundrechten** kommt innerhalb der geltenden Rechtsordnung eine maßgebende Bedeutung zu. Dies gilt insb. für das gesamte Öffentliche Recht, da die drei Gewalten (Legislative, Exekutive und Judikative) auf Bundes- wie auf Landesebene gemäß **Art. 1 III GG** *unmittelbar* an die Grundrechte gebunden sind. Es stellt sich jedoch die wichtige Frage, welche Wirkung den Grundrechten im Wirtschaftsprivatrecht, d. h. im Verhältnis zwischen Subjekten des Privatrechts zukommt. Aus dem Wortlaut des Art. 1 III GG, der Systematik des Grundrechtskatalogs (Art. 9 III S. 2 GG wäre ja gar nicht notwendig, wenn Grundrechte ohnehin zwischen Privatrechtssubjekten gelten würden), der historischen Bedeutung der Grundrechte als Abwehrrechten gegenüber der öffentlichen Gewalt sowie dem Sinn und Zweck der Grundrechte, Freiräume zu schaffen und nicht Freiräume von Privatrechtssubjekten durch eine umfassende Bindung an die Grundrechte anderer zu beschränken, folgt, dass Grundrechte *nicht* unmittelbar zwischen Subjekten des Privatrechts gelten (*keine* unmittelbare Drittwirkung). Da Grundrechte aber neben ihrer primären Bedeutung als subjektiveinklagbare Abwehrrechte gegenüber der öffentlichen Gewalt zugleich auch objektiv-rechtliche Entscheidungen des Verfassungsgebers zugunsten bestimmter Werte enthalten, sind diese Wertentscheidungen im Rahmen der Auslegung der Generalklauseln des Privatrechts auch zwischen Privaten mittelbar zu berücksichtigen (sog. **mittelbare Drittwirkung der Grundrechte**, vgl. hierzu *Pieroth/Schlink*, Grundrechte/Staatsrecht II, 30. Aufl. 2014, Rd. 189 ff.).

Beispiel: Ein Boykottaufruf (z. B. einen bestimmten Kinofilm nicht zu besuchen) kann bei Abwägung aller Umstände durch die Freiheit der Meinungsäußerung (Art. 5 I GG) gerechtfertigt sein. Dies ist im Rahmen der Anwendung des § 826 BGB zu berücksichtigen, d. h. die Klage des vom Boykott Betroffenen auf Schadensersatz gegen denjenigen, der zum Boykott aufruft, kann je nach Fallkonstellation wegen der grundrechtlich verbürgten Meinungsfreiheit abzulehnen sein (vgl. BVerfGE 7, 198 »Lüth«-Urteil).

Folgende besonders für das Wirtschaftsprivatrecht relevante Grundechte sollen hier kurz hervorgehoben werden, es wird jedoch empfohlen, den gesamten **Grundrechtskatalog (Art. 1 bis 19 GG)** sowie die sog. **Justizgrundrechte (Art. 101 bis 104 GG)** einmal zu lesen:

- Art. 1 I GG: »*Die Würde des Menschen ist unantastbar.*« Art. 1 GG wird, wie dargestellt, von der Ewigkeitsgarantie des Art. 79 III GG erfasst, könnte also auch im Rahmen einer Reform des Grundgesetzes nicht geändert werden.
- Art. 2 I GG: **Allgemeine Handlungsfreiheit**, Auffanggrundrecht, das jegliches menschliches Handeln erfasst, welches nicht durch ein Spezialgrundrechte geschützt wird.
- Art. 3 I GG: Allgemeiner **Gleichheitssatz** (Willkürverbot) – »*Alle Menschen sind vor dem Gesetz gleich.*«; Art. 3 II S. 1 GG: »*Männern und Frauen sind gleichberechtigt.*« Kombiniert mit einer sog. Staatszielbestimmung zur Förderung der tatsächlichen Gleichberechtigung (Art. 3 II S. 2 GG).
- Art. 9 III GG: **Koalitionsfreiheit**, d. h. das Recht Arbeitgeber- oder Arbeitnehmervereinigungen (Gewerkschaften) zu gründen.

- Art. 12 I GG: **Berufsfreiheit:** Für Studierende das wohl wichtigste Grundrecht, verhindert es doch insb. Regulierungen in Ausbildung und Aufnahme der Berufstätigkeit ausschließlich zum Schutz des Besitzstandes derjenigen, die bereits den Beruf ausüben (eine mittelalterliche Zunftordnung wäre mit dem Grundgesetz also unvereinbar).
- Art. 14 GG: Garantie von **Eigentum** und **Erbrecht.**

Auch »**juristische Personen**« können sich gem. **Art. 19 III GG** auf die Grundrechte berufen, soweit die Grundrechte »*ihrem Wesen nach*« auf diese anwendbar sind. Demnach können sich juristische Personen z. B. auf die Eigentumsgarantie des Art. 14 GG oder die Berufsfreiheit des Art. 12 GG berufen. Dabei wird der Begriff der juristischen Person im Sinne von Art. 19 III GG nicht im gesellschaftsrechtlichen Sinne verstanden, vielmehr werden auch Personengesellschaften von Art. 19 III GG erfasst, d. h. auch z. B. die OHG kann sich auf Grundrechte berufen, wenn diese dem Wesen nach auf eine Handelsgesellschaft anwendbar sind.

> **Merke:** Dieselben juristischen Fachtermini werden in verschiedenen Gesetzen durchaus unterschiedlich ausgelegt. Es existiert daher im deutschen Recht *kein* »Rechtswörterbuch« mit feststehenden Definitionen juristischer Fachtermini für die gesamte Rechtsordnung. Auch Legaldefinitionen, also Definitionen des Gesetzgebers im Gesetz, gelten zunächst einmal nur für das jeweilige Gesetz.

Logischer Schlussstein des Grundrechtskatalogs ist **Art. 19 IV GG**, der jedem den **Rechtsweg** gegen (behauptete) Rechtsverletzungen durch die öffentliche Gewalt garantiert. Grundrechtsverletzungen können überdies mit der **Verfassungsbeschwerde** geltend gemacht werden (vgl. **Art. 93 I Nr.4a GG** i. V. m. §§ 90 ff. BVerfGG), wenn zuvor alle anderen Rechtsmittel ausgeschöpft worden sind **(Rechtswegerschöpfung)** und der Beschwerdeführer behauptet in seinen *eigenen* Grundrechten gegenwärtig und unmittelbar verletzt worden zu sein (es gibt auf Bundesebene *keine* **Popular-Verfassungsbeschwerde).**

Hinsichtlich der verfassungsrechtlichen Rechtsbehelfe sei noch kurz auf die Besonderheit der sog. **konkreten Normenkontrolle** hingewiesen (vgl. **Art. 100 I GG** i. V. m. §§ 80 ff. BVerfGG): Nur das Bundesverfassungsgericht hat die – auch aus verfassungshistorischer Perspektive bedeutende – Kompetenz ein förmliches (und nach Verabschiedung des Grundgesetzes in Kraft getretenes) Bundesgesetz für verfassungswidrig zu erklären, d. h. die normalen Fachgerichte können förmliche Gesetze nicht für verfassungswidrig erklären, sondern müssen diese Frage ggf. dem BVerfG vorlegen.

Literaturempfehlung: *Degenhart,* Staatsrecht I/Staatsorganisationsrecht, 31. Auf. 2015; *Pieroth/Schlink,* Staatsrecht II/Grundrechte, 30. Aufl. 2014; zum Verfassungsrecht werden die Kommentare zum GG empfohlen, insb. der Standardkommentar von *Maunz/Dürig/Herzog/Scholz,* 74. Aufl. 2015 (Loseblattsammlung).

4 Öffentliches Wirtschaftsrecht

Das Öffentliche Recht mit seinen Bezügen zum Wirtschaftsleben wird Wirtschaftswissenschaftlerinnen und Wirtschaftswissenschaftlern oft nicht vermittelt, was nicht daran liegt, dass dieses Rechtsgebiet für Unternehmen nicht relevant wäre, sondern daran, dass es auf sehr viele, sehr komplexe Regelungsbereiche verteilt ist, die eine sinnvolle Darstellung im Rahmen eines Support Moduls praktisch aussichtlos machen. Man denke etwa an Themenbereiche wie das Energie- und Atomrecht, das Bank- und Kapitalmarktrecht oder das gesamte öffentliche Sicherheits- und Umweltrecht. Hinzu kommen neben dem vorrangigen Verfassungsrecht das Allgemeine Verwaltungsrecht und das Verwaltungsprozessrecht. Insb. für die regulierten Wirtschaftszweige ist das Öffentliche Recht oft wirtschaftlich wichtiger als so mache Frage des Zivilrechts (man denke etwa an die wirtschaftliche Bedeutung der Verlängerung oder Nicht-Verlängerung der Laufzeiten von Atomkraftwerken).

So wie die Vertragsfreiheit das Zivilrecht prägt, so ist das Öffentliche Wirtschaftsrecht vom **Grundsatz der Gewerbefreiheit (Art. 12 GG, § 1 I GewO)** geprägt. Grundsätzlich ist eine staatliche Genehmigung für die Gründung eines Unternehmens nicht notwendig (mag es auch viele regulatorische Ausnahmen von diesem Grundprinzip geben, s. z. B. § 32 Kreditwesengesetz oder § 8 Versicherungsaufsichtsgesetz).

Die gesamte öffentliche Verwaltung ist außerdem von dem Grundsatz der **Gesetzmäßigkeit der Verwaltung** geprägt. Hierunter sind zwei Regeln zu verstehen (vgl. z. B. *Dietlein/Endriss/Feuerborn*, Grundlagen, Rd. 44 ff.):

- **Vorrang des Gesetzes:** Hierunter versteht man die aus heutiger Sicht doch recht triviale Aussage, dass die Verwaltung sich an die Gesetze halten muss (Art. 20 III GG).
- **Vorbehalt des Gesetzes:** Die Verwaltung darf nur tätig werden, wenn sie dazu durch Gesetz ermächtigt worden ist, d. h. es ist grundsätzlich eine **Rechtsgrundlage** notwendig. Etwas salopp könnte man formulieren: Das was im Zivilrecht die Anspruchsgrundlage ist, ist im Öffentlichen Recht die Rechtsgrundlage. Die Reichweite des Gesetzesvorbehalts wird vom Bundesverfassungsgericht nach der sog. Wesentlichkeitstheorie bestimmt, bei der gefragt wird, wie stark die Auswirkungen einer Maßnahme auf die Grundrechte einwirken.

Beispiel einer Rechtsgrundlage: Die traditionell wichtigste Ermächtigungsgrundlage für staatliche Eingriffe sind die Generalklauseln der Polizei in den jeweiligen Polizeigesetzen der Bundesländer (vgl. z. B. Art. 11 Bayerisches Polizeiaufgabengesetz oder § 8 Polizeigesetz des Landes Nordrhein-Westfalen).

> **Praxistipp:** Bei staatlichen Maßnahmen immer nach der Rechtsgrundlage fragen. Allerdings gibt es – wie im vorgenannten Beispiel ersichtlich – zahlreiche Generalklauseln, die von der Verwaltung als Ermächtigungsgrundlage herangezogen werden können.

Aus dem Rechtsstaatsprinzip und dem Grundrechtsschutz folgt, dass sämtliches Handeln der öffentlichen Gewalt verhältnismäßig sein muss. Hierdurch werden auch die o. g. sicherheitsrechtlichen Generalklauseln in ihrer Reichweite deutlich eingeschränkt. Die Verhältnismäßigkeitsprüfung erfolgt dabei in vier Schritten (wird eine der vier nachfolgenden Fragen verneint, wurde der **Grundsatz der Verhältnismäßigkeit** verletzt; vgl. z. B. *Dietlein/Endriss/Feuerborn*, Grundlagen, Rd. 50 und 141):

(1) Wird ein **legitimer Zweck** verfolgt?
(2) Ist das eingesetzte Mittel zur Erreichung des verfolgten Zwecks **geeignet**, d. h. fördert das Mittel den angestrebten Zweck zumindest?
(3) Ist das eingesetzte Mittel zur Erreichung des verfolgten Zwecks **notwendig**, d. h. gibt es kein milderes Mittel, welches den verfolgten Zweck in gleicher Weise fördert?
(4) Ist das eingesetzte Mittel im Verhältnis zum verfolgten Zweck **angemessen** (Zumutbarkeit, sog. Verhältnismäßigkeit im engeren Sinne)?

Vor dem Hintergrund insb. des Verhältnismäßigkeitsprinzips läuft es einer öffentlichen-rechtlichen Fallprüfung regelmäßig auf eine Güterabwägung hinaus.

Literaturempfehlungen: *Dietlein/Endriss/Feuerborn*, Grundlagen, Teil 2; *Maurer*, Allgemeines Verwaltungsrecht, 18. Aufl. 2011; *Stober*, Allgemeines Wirtschaftsverwaltungsrecht, Grundlagen des deutschen, europäischen und internationalen öffentlichen Wirtschaftsrechts, 18. Aufl. 2014.

5   Wirtschaftsstrafrecht

Es ist in Lehrbüchern zum Wirtschaftsprivatrecht nicht üblich, auf das Wirtschaftsstrafrecht einzugehen. Da Strafverfahren aber mehr und mehr Unternehmen und ihre Organe beschäftigen, soll an dieser Stelle – entsprechend dem ganzheitlichen Ansatz dieses Lehrbuchs – zumindest der Versuch unternommen werden, beim Leser ein erstes Verständnis für das Strafrecht zu entwickeln.

Hinzu kommt, dass das Strafrecht an zahlreichen Stellen für **zivilrechtliche Ansprüche** (ganz im Sinne der Herstellung der Einheit der Rechtsordnung) maßgebend ist: So sind viele Straftatbestände auch Schutzgesetze i.S.v. § 823 II BGB oder gesetzliche Verbote i.S.v. § 134 BGB, Straftaten stellen oft einen wichtigen Grund für die Kündigung von Dauerschuldverhältnissen gem. § 314 BGB oder bei Dienst- und Arbeitsverhältnissen gem. § 626 BGB dar und die Verurteilung wegen bestimmter Wirtschaftsdelikte (Katalogstraftaten) führt ab Rechtskraft für die Dauer von fünf Jahren zu einem Verbot zum Geschäftsführer oder Vorstand bestellt zu werden (§§ 6 II Nr. 3 GmbH-Gesetz, § 76 III AktG).

Strafrechtsnormen finden sich nur auf Bundesebene und dort insb. im **Strafgesetzbuch (StGB)** und in zahlreichen anderen Bundesgesetzen oft etwas versteckt in dem letzten Kapitel dieser Gesetze (insoweit spricht man oft etwas verharmlosend vom **Nebenstrafrecht**), was nicht über die Relevanz dieser Strafrechtsnormen hinweg täuschen sollte.

Beispiele für das sog. Nebenstrafrecht: §§ 82 ff. GmbH-Gesetz, §§ 399 ff. AktG, §§ 313 ff. UmwG, §§ 369 ff. AO, § 38 WpHG.

Die neben – oder vielleicht sollte man besser sagen – unter dem Strafrecht stehenden **Ordnungswidrigkeiten** (teilweise wird hier von »Verwaltungsstrafrecht« gesprochen), finden sich in zahlreichen Bundes- wie Landesgesetzen verstreut und werden jedem, der einen Führerschein besitzt, vermutlich bestens bekannt sein.

Beispiel: In der Unternehmenspraxis spielt der § 130 OWiG häufiger eine Rolle, der Ordnungswidrigkeitenverfahren gegen die Verantwortlichen in Unternehmen ermöglicht, wenn diese Aufsichtspflichten verletzen (ggf. i.V.m. § 9 OWiG). Darüber hinaus ist praktisch jede öffentlich-rechtliche Verpflichtung mit der Androhung einer Ordnungswidrigkeit unterlegt.

Die Strafmündigkeit beginnt mit 14 Jahren (§ 1 II JGG), für **Jugendliche** (14 bis 18 Jahre) gilt das Jugendgerichtsgesetz (JGG), für **Heranwachsende** (18 bis 21 Jahre) hängt die Frage der Anwendbarkeit des Jungendstrafrechts von der Persönlichkeit des Täters und davon ab, ob es sich um eine jugendtypische

Verfehlung handelt (vgl. § 105 JGG). Die Straftatbestände sind dabei für Jugendliche, Heranwachsende und Erwachsene dieselben, die Unterschiede bestehen in den Rechtsfolgen.

Strafbar machen können sich in Deutschland bislang nur natürliche Personen, **nicht** aber **juristische Personen.** Es gibt jedoch zurzeit Bestrebungen, die auf die Einführung auch einer Strafbarkeit von Verbänden wie juristischen Personen abzielen. Im Bereich der Ordnungswidrigkeiten gibt es bereits die wichtige Möglichkeit Geldbußen auch gegen juristische Personen und Personenvereinigungen zu verhängen (s. § 30 OWiG).

Internationale Anwendbarkeit des deutschen Rechts: Grundsätzlich gilt das deutsche Strafrecht nur für **Inlandstaten** (§ 3 StGB), daneben existieren verschiedene Sonderregelungen (vgl. §§ 4 bis 7 StGB). Für die grenzüberschreitende Unternehmenspraxis ist besonders relevant, dass die **Angestelltenbestechung** auch strafbar ist, wenn sie von Deutschen im Wettbewerb im *Ausland* vorgenommen wird (§ 299 III StGB).

Die wichtigste Grundregel im Strafrecht lautet »*Keine Strafe ohne Gesetz*« (»*nullum crimen, nulla poena sine lege*«, Art. 103 II GG, § 1 StGB, Art. 7 MRK, § 3 OWiG) und besagt, dass

- die Straftatbestände (anders als zivilrechtliche Normen) hinreichend bestimmt sein müssen (**Bestimmtheitsgebot**);
- eine Schaffung von Strafrechtstatbeständen mit rückwirkender Wirkung zum Nachteil des Täters unzulässig ist (**Rückwirkungsverbot**); ein solches Rückwirkungsverbot gilt zwar grundsätzlich auch im Zivilrecht, jedoch hat dieses dort nicht diese absolute Wirkung;
- Straftatbestände nicht im Wege der Analogie zum Nachteil des Täters von den Gerichten entwickelt werden dürfen (**Analogieverbot**); im Zivilrecht ist die Analogie dagegen wie dargestellt ein anerkanntes Mittel der Rechtsfortbildung um eine Regelungslücke im Gesetz durch die Anwendung ähnlicher Bestimmungen zu schließen;
- strafbegründendes oder strafschärfendes Gewohnheitsrecht ist unzulässig (geht nur durch förmliche Gesetze, *kein* **Gewohnheitsrecht**); im Zivilrecht und anderen Rechtsgebieten ist dagegen – wie dargestellt – das Gewohnheitsrecht grundsätzlich anerkannt.

Das Strafrecht hat insb. aufgrund dieser vier grundlegendenden Prinzipien seine eigene Logik. So kann das Analogieverbot dazu führen, dass eine Strafverfolgung nicht möglich ist, obwohl nach »*allgemeinem Gerechtigkeitsempfinden*« eine Bestrafung als angemessen empfunden würde.

Praxishinweis: Für die Praxis bedeutet diese eigene Logik, dass man in einem Strafverfahren niemals auf Basis des eigenen »*gesunden Menschenverstandes*« handeln sollte. Voreilige Aussagen in Ermittlungsverfahren ohne Hinzuziehung eines Strafverteidigers können gravierende Auswirkungen auf eine spätere Hauptverhandlung haben, daher ist Schweigen meist die beste Verteidigung des (noch nicht anwaltlich vertretenen) Beschuldigten. Auch sollte man nicht unnötig freiwillig an Ermittlungsverfahren mitwirken und z. B. nicht freiwillig Akten herausgeben, sondern diese besser beschlagnahmen lassen, um sich später ggf. gegen die Verwertung dieser Unterlagen besser verteidigen zu können.

Beispiel: Das Recht zu Schweigen des Beschuldigten kennt jeder (kommt ja in jedem Hollywood-Streifen in Form der berühmten *Miranda Warnings* »Sie haben das Recht zu Schweigen...« rüber, gilt aber auch in der Bundesrepublik), weniger bekannt ist dagegen, dass eine Ausübung dieses Rechts nicht gegen den Angeklagten verwendet werden darf. Dies führt zu Resultaten, die im Gegensatz zum »gesunden Menschenverstand« stehen, denn nach allgemeiner Lebenserfahrung würde ein Unschuldiger ja z. B. einfach sagen, wo er zum Tatzeitpunkt war, wenn er oder sie die Tat nicht begangen hat.

Neben den bereits kurz erwähnten Straftatbeständen hat im Wirtschaftsstrafrecht der **Straftatbestand der Untreue** (§ 266 StGB) in letzter Zeit eine besondere Bedeutung erlangt (»*Modestraftatbestand*«). Im Kern geht es bei § 266 I Alt. 1 StGB darum, dass ein Täter mit einer Vermögensbetreuungspflicht im Außenverhältnis etwas wirksam tut und dabei im Innenverhältnis einen Pflichtverstoß begeht. Dieser Ansatz hat vor den dargestellten Vertretungsregeln des deutschen Gesellschaftsrechts eine besondere Bedeutung: Die Vertretungsbefugnis eines Geschäftsführers oder Vorstands ist im Außenverhältnis grundsätzlich nur durch die Frage nach Einzel- oder Gesamtvertretung und ggf. § 181 BGB beschränkt, während andere Beschränkungen der Geschäftsführungsbefugnis (Geschäftsgegenstand der Gesellschaft oder eine Liste zustimmungspflichtiger Geschäfte) nur intern wirken, d. h. eine Überschreitung dieser internen Grenzen lässt die Wirksamkeit der entsprechenden Handlungen unberührt. Für eine Strafbarkeit genügt aber noch nicht jedes Überschreiten dieser Grenze, vielmehr ist nach der Rechtsprechung und vor dem Hintergrund des soeben dargestellten verfassungsrechtlich geforderten Bestimmtheitsgrundsatzes ein klarer und deutlicher Verstoß gegen interne Pflichten notwendig, um als Untreuehandlung in Betracht zu kommen.

Beispiele: (1) »*Bewilligt der Aufsichtsrat einer Aktiengesellschaft für eine erbrachte dienstvertraglich geschuldete Leistung einem Vorstandsmitglied nachträglich eine zuvor im Dienstvertrag nicht vereinbarte Sonderzahlung, die* *ausschließlich belohnenden Charakter hat und dem Unternehmen keinen zukunftsbezogenen Nutzen bringt (kompensationslose Anerkennungsprämie), liegt hierin eine treupflichtwidrige Schädigung des anvertrauten Gesellschaftsvermögens.«* (Leitsatz des BGH im sog. Mannesmann-Prozess, BGH v. 21.12.2005 – 3 StR 470/04). Der BGH hat in diesem Fall – in der mündlichen Urteilsbegründung – die einprägsame (wenn auch nicht ganz unumstrittene) Formel geprägt, dass Aufsichtsräte (ebenso wie Vorstände oder Geschäftsführer) nur **»Gutsverwalter und nicht Gutsherrn«** seien – und es dürfte nachvollziehbar sein, dass nur der Gutsherr aber nicht der Gutsverwalten Geschenke in Millionenhöhe gewähren darf. (2) Bereits das Betreiben sog. **»Schwarzer Kassen«** verwirklicht nach der Rechtsprechung § 266 StGB, wenn der Täter seinem Geschäftsherrn Gelder entzieht (also ohne dessen Kenntnis »Schwarze Kassen« einrichtet), um nach Gutdünken eigenmächtig über sie zu verfügen (vgl. Münchener Kommentar zum StGB, 2. Aufl. 2014, § 266, Rd. 244 ff.). Leitsatz des BGH v. 29.8.2008 – 2 StR 587/07 in Sachen Siemens: *»Schon das Entziehen und Vorenthalten erheblicher Vermögenswerte unter Einrichtung von verdeckten Kassen durch leitende Angestellte eines Wirtschaftsunternehmens führt zu einem endgültigen Nachteil i.S.v. §266 I StGB; auf die Absicht, das Geld im wirtschaftlichen Interesse des Treugebers zu verwenden, kommt es nicht an.«* (3) Auch **Risikogeschäfte** können eine strafbare Untreue darstellen, wenn sie im Innenverhältnis nicht abgesegnet wurden oder diese Geschäfte klar und evident wirtschaftlich unvertretbar sind, wobei ein Schaden sich noch nicht einmal realisiert haben muss, um eine Strafbarkeit auszulösen (vgl. Münchener Kommentar zum StGB, 2. Aufl. 2014, § 266, Rd. 228 ff.).

Das Tückische an dem Straftatbestand der Untreue ist, dass anders als bei anderen Vermögensdelikten wie dem Betrug (§ 263 StGB) oder auch dem Diebstahl (§ 242 StGB) oder der Unterschlagung (§ 246 StGB) bereits eine Schädigung des betreuten Vermögens genügt, d. h. der Täter muss hier weder sich noch einem anderen einen Vermögensvorteil verschaffen. Da ein Vermögensnachteil **ohne persönliche Bereicherung** bereits genügt, fehlt Laien im Falle der Untreue oft das notwendige Unrechtsbewusstsein (wer Geld in die eigene Tasche steckt, dem ist bewusst, dass er Unrecht tut, bei der Untreue ist dies jedenfalls nicht ganz so offensichtlich).

Auf weitere Straftatbestände kann hier nicht eingegangen werden. Erwähnt seien hier vielleicht – aus der Praxis eines Prüfungsamtes – der Straftatbestand der »Falschen Versicherung an Eides statt« (§ 156 StGB). Abschließend noch zwei kurze Hinweise zum Ermittlungsverfahren und der Arbeit der Staatsanwaltschaft:

- Eine **Strafanzeige** ist lediglich das rein tatsächliche Mitteilen eines Sachverhalts gegenüber den Strafverfolgungsbehörden (Staatsanwaltschaft oder

Polizei) und kann von jedem jederzeit vorgenommen werden (vgl. §158 StPO). Die Strafanzeige ist streng von dem **Strafantrag** zu unterscheiden, der Prozessvoraussetzung ist. In den Medien wird diese wichtige Unterscheidung oft nicht vorgenommen.

• Die **Staatsanwaltschaft**, die sog. »Herrin des Ermittlungsverfahrens«, die wegen ihrer Pflicht neben belastenden auch entlastende Umstände zu ermitteln gerne auch als »*objektivste Behörde der Welt*« bezeichnet wird, ist aufgrund des **Legalitätsprinzip** zu Ermittlungen und ggf. zur Anklageerhebung verpflichtet, ein Tätigwerden steht also grundsätzlich *nicht* im Ermessen der Staatsanwaltschaft; im Gegensatz dazu gilt im Ordnungswidrigkeitenrecht das **Opportunitätsprinzip** (vgl. §47 OWiG), d.h. hier steht ein Einschreiten im pflichtgemäßen Ermessen der Verfolgungsbehörde – mag man von einer solchen Ermessensausübung im Straßenverkehr auch meist wenig merken. Anders als in vielen anderen Jurisdiktionen ist die Staatsanwaltschaft (im Gegensatz zum Richter und auch im Gegensatz zu bewährten Regelungen in anderen Rechtsstaaten) **weisungsgebunden**, d.h. die Justizminister der Länder können im Rahmen der Gesetze den Staatsanwaltschaften Weisungen erteilen (in der Praxis wird davon aber nur sehr restriktiv Gebrauch gemacht).

Literaturempfehlungen: HB-HGR/*Burghart*, Kap. 26; *Wessels/Beulke/Satzger*, Strafrecht Allgemeiner Teil, 45. Aufl. 2015; *Wessels/Hettinger*, Strafrecht Besonderer Teil 1, 39. Aufl. 2015; *Wessels/Hillenkamp*, Strafrecht Besonderer Teil 2, 38. Aufl. 2015.

6   Internationales Privatrecht

Vor der Anwendung des deutschen Zivilrechts ist bei Fällen mit einem Auslandselement stets zu prüfen, ob überhaupt deutsches Recht zur Anwendung gelangt. Im Zuge der Globalisierung haben wir vor allem im Bereich des Wirtschaftsrechts einen Zustand erreicht, bei dem Fälle mit Auslandsberührung eher die Regel als die Ausnahme sind.

Die Frage, welche Rechtsordnung bei Fällen mit **Auslandsberührung** zur Anwendung gelangt, wird durch sog. Kollisionsnormen beantwortet. Diese Kollisionsnormen sind nicht etwa – wie ein verständiger Laie denken könnte – ein international vereinheitlichtes Recht, vielmehr handelt es sich hierbei in der Regel um nationale oder neuerdings verstärkt europarechtliche (also supranationale) Normen, d. h. jede Rechtsordnung bestimmt (im Rahmen völkerrechtlicher Grenzen) grundsätzlich selbst ihren Anwendungsbereich. Daher ist die Bezeichnung »Internationales Privatrecht (IPR)« für dieses Rechtsgebiet irreführend, da es primär um nationales Recht geht.

Da jeder Richter, ob im In- oder Ausland, die für ihn geltenden Kollisionsnormen anwendet, gelangen Gerichte in verschiedenen Jurisdiktionen auch zur Anwendung unterschiedlicher Rechtsordnungen und ggf. eher zufällig zur Anwendung derselben Rechtsordnung bei demselben Sachverhalt (dabei wird die Entscheidungsfindung der Gerichte de facto durch ein ausgeprägtes **Heimwärtsstreben**, d. h. die Neigung zur Anwendung des eigenen Rechts, geprägt). Dieses System begünstigt das sog. **Forum Shopping**, d. h. die Suche der Parteien nach einem für sie günstigen Gerichtsstand, welcher ein für sie günstiges Rechts anwenden wird.

Die für einen deutschen Richter (zunächst) maßgebenden Kollisionsnormen finden sich traditionell insb. im **Einführungsgesetz zum BGB** (vgl. Art. 3 ff. EGBGB) und neuerdings in mehreren vorrangigen EU-Verordnungen: Zu nennen sind hier vor allem die sog. **Rom I-Verordnung** über das auf vertragliche Schuldverhältnisse anzuwendende Recht vom 17. Juni 2008 und die sog. **Rom II-Verordnung** über das auf außervertragliche Schuldverhältnisse anzuwendende Recht vom 11. Juni 2007.

Praxishinweise: (1) Bei Vertragsschlüssen mit Auslandsbezug ist es dringend geboten, die Frage des anwendbaren Rechts durch eine explizite **Rechtswahl** selbst zu treffen (vgl. hierzu Art. 3 Rom I-VO). In der Praxis finden sich in praktisch allen Verträgen regelmäßig in den Schlussbestimmungen explizite Rechtswahlklauseln (ein Jurist wird bei Prüfung eines Vertrags immer zuerst nach der Rechtswahlklausel suchen). Jede Vertragsseite wird i. d. R. versuchen, ihr Heimatrecht durchzusetzten.

Mitunter wird in diesem Zusammenhang geradezu von einem »Kampf um das anwendbare Recht« gesprochen. Dabei laufen die Interessen der Mandanten und ihrer anwaltlichen Rechtsberater (die das Recht für anwendbar erklären wollen, in welchem sie beraten) nicht zwingend parallel. Die Wahl eines scheinbar neutralen Rechts (etwas des schweizerischen Rechts – warum dieses neutral sein soll, sei einmal dahingestellt) dürfte in der Regel ein Kompromiss sein, der keiner Seite wirklich weiterhilft. (2) Da in der Praxis meist explizite Rechtswahlklauseln getroffen werden, die grundsätzlich auch rechtswirksam sind, spielt das IPR in der Praxis eine geringere Rolle als man zunächst vermuten würden. Domänen des IPR sind dagegen das Familien- und Erbrecht (man denke etwa an die komplexen familien- und erbrechtlichen Fragen, die sich bei den in Deutschland aufgenommen Flüchtlingen stellen werden).

Beispiel: So findet etwa auf einen Dienstleistungsvertrag, bei welchem ein deutsches Unternehmen IT-Serviceleistungen gegenüber einem französischen Unternehmen erbringt, mangels Rechtswahl gem. Art. 4 I b Rom I-VO das Recht des Staates Anwendung, in dem der Dienstleister seinen gewöhnlichen Aufenthalt hat, d. h. in dieser Konstellation käme bei Fehlen einer Rechtswahl deutsches Recht zur Anwendung.

Im vorstehenden Beispiel wurde bewusst nicht der naheliegende Fall eines grenzüberschreitenden Kaufvertrags gewählt, weil dieser Bereich durch das von inzwischen 79 Staaten ratifizierte UN-Übereinkommen über Verträge über den internationalen Warenkauf (kurz **UN-Kaufrecht** oder engl. United Nations Convention on Contracts for the International Sale of Goods) vorrangig geregelt wird. Dieses UN-Übereinkommen enthält keine Kollisionsnormen, sondern bereits das anzuwendende materielle Kaufrecht selbst (vgl. Führich, WPR, Rd. 529 ff.).

Praxishinweis: Es ist traditionell Praxis das UN-Kaufrecht in grenzüberschreitenden Kaufverträgen auszuschließen. Dabei genügt es nicht, einfach die Geltung deutschen Rechts zu vereinbaren (weil im Anwendungsbereich des UN-Kaufrechts, dieses als Teil der deutschen Rechtsordnung angesehen wird), sondern es muss explizit »deutsches Recht unter Ausschluss des UN-Kaufrechts« vereinbart werden. Grund für die – jedenfalls in der Vergangenheit – geringe Akzeptanz des UN-Kaufrechts in der Rechtspraxis ist (ganz trivial) die Tatsache, dass viele Rechtsanwender das UN-Kaufrecht nicht gut genug kennen. Ob die Praxis hier eine Neuorientierung vornehmen wird (etwa vor dem Hintergrund größerer Flexibilität des UN-Kaufrechts), bleibt abzuwarten.

Wendet ein deutsches Gericht aufgrund der Regeln des sog. Internationalen Privatrechts **ausländisches Recht** an (was durchaus vorkommen kann), darf dessen Anwendung nicht zur Unvereinbarkeit mit deutschen Grundrechten führen (sog. **ordre public**, vgl. Art. 6 EGBGB sowie die Parallelbestimmungen in Art. 21 Rom I-VO und Art. 26 Rom II-VO).

Hinweis: Im Autorenvorwort zu diesem Lehrbuch wurde das Problem des wirtschaftlichen Handelns in einer fremden Rechtsordnung nur angeschnitten. Eine Vorbereitung darauf ist vor dem Hintergrund der hohen Anzahl von Jurisdiktionen nicht möglich, aber auch hier verhält es sich wie mit dem bereits erwähnten Autofahren: Wer einmal gelernt hat, am deutschen Straßenverkehr teilzunehmen, der wird bei entsprechender besonderer Vorsicht auch in den Niederlanden und selbst im Vereinigten Königreich unfallfrei Auto fahren können – ähnlich verhält es sich im Recht.

Eng verbunden mit der Frage des anwendbaren Rechts ist die Frage der **internationalen Zuständigkeit** der Gerichte, denn mit der Frage des zuständigen Gerichts wird – wie soeben ausgeführt – auch über die Frage entschieden, welche (nationalen oder internationalen) Kollisionsnormen zur Anwendung gelangen.

Praxishinweis: Verträge sollten neben einer Rechtswahlklausel immer auch eine darauf abgestimmte internationale Gerichtsstandsklausel (oder Schiedsgerichtsklausel) enthalten.

Literaturempfehlung: Junker, Internationales Privatrecht, 2. Aufl. 2016; da im IPR bereits das Auffinden der maßgeblichen Normen Probleme bereitet, soll hier ausnahmsweise auch eine Gesetzessammlung empfohlen werden: Jayme/Hausmann, Internationales Privat- und Verfahrensrecht, 17. Aufl. 2014.

7 Bürgerliches Gesetzbuch (1. bis 3. Buch)

7.1 Kodex vs. Fallrecht

Bevor wir uns den Einzelheiten des BGB zuwenden, stellt sich die Frage, warum es das BGB überhaupt gibt oder anders formuliert, welche Alternative es zu einem umfassenden Kodex wie dem des BGB gegeben hätte. In der westlichen Welt stehen sich im Wesentlichen zwei grundsätzlich verschiedene Modelle zur Regelung der Rechtsverhältnisse zwischen Privatpersonen gegenüber:

- Das kontinentaleuropäische System eines **geschriebenen, umfassenden Gesetzbuchs**, welches soweit wie möglich alle Rechtsfragen, die zwischen Privatpersonen auftreten können, regelt. Zu diesem System gehören das deutsche BGB oder auch der französische »*Code civil*« (man spricht insofern oft vom *Civil Law*).
- Dem gegenüber steht das **Fallrechtssystem** (*Case Law*) der angelsächsischen Jurisdiktionen, bei welchem die Richter durch ihre Urteile bindendes Recht schaffen, zu diesem System gehören insb. England und die Vereinigten Staaten von Amerika (man spricht insofern vom *Common Law*).

Es liegt auf der Hand, dass die unterschiedlichen Ansätze weitreichende Auswirkungen auf die juristische Ausbildung und Praxis haben. Ein Kodex ist ein komplexes, wissenschaftlich entwickeltes und sehr abstraktes Werk, welches der Rechtsanwender nur verstehen kann, wenn er sich zuvor intensiv mit der Systematik und den Grundprinzipien des Gesetzeswerkes beschäftigt hat. Ein Fallrechtssystem ist dagegen naturgemäß sehr konkret und auch ein Laie kann sich (in Grenzen) mit der Frage befassen, ob ein zu lösender Fall vergleichbar mit einem anderen, bereits entschiedenen Fall ist. Andererseits ist ein Fallrechtssystem aufgrund der hohen Anzahl der Gerichtsentscheidungen praktisch nicht mehr zu durchschauen und Recherchen erfordern mehr Zeit als in einem auf einem Kodex basierenden Rechtssystem.

In der Realität werden beiden Systeme nicht jeweils zu 100 % umgesetzt, vielmehr gibt es **Mischsysteme:** So existieren auch in den USA zahlreiche Gesetze zu einzelnen Rechtsgebieten wie etwa dem Gesellschaftsrecht, während es auch in Deutschland Rechtsgebiete wie etwa das Arbeitsrecht gibt, die stark durch richterliches Fallrecht geprägt sind.

Praxishinweis: Das Fallrechtssystem des Common Law führt in der Vertragspraxis dazu, dass bei Verträgen nicht auf die abstrakte und klare Begrifflichkeiten eines Kodex zurückgegriffen werden kann und daher Verträge oft sehr detailliert und in extremer Länge vertragliche Regelungen enthalten. Bei Vertragsdokumentationen kann man die Unterschiede zwischen einem Vertrag, der dem Recht einer Civil Law-Jurisdiktion unterstellt wurde, und einem Vertrag, der dem Recht einer Common Law-Jurisdiktion unterliegt, geradezu mit dem Zentimetermaß messen.

7.2 Eine kurze Geschichte des BGB

Das Bürgerliche Gesetzbuch ist am 1. Januar 1900 in Kraft getreten. Entsprechend seinem wissenschaftlich-abstrakten Charakter wurde es in jahrelanger Arbeit vor allem durch zwei Kommissionen zwischen 1874 und 1896 entwickelt. Historische Wurzeln des BGB bilden zum einen das **römische Recht**, welches auch der Ursprung für die Abstraktheit und Wissenschaftlichkeit des BGB ist und auf dem insb. der Allgemeine Teil des BGB und das Schuldrecht beruhen, sowie das alte zunächst als Gewohnheitsrecht entstandene deutsche **Recht einzelner Volksstämme**, welches insb. das Grundstücksrecht und das Familienrecht geprägt hat (vgl. *Brox/Walker*, BGB AT, Rd. 22 bis 24). In der Gegenwart übt das EU-Recht z. B. im Verbraucherschutzrecht starken Einfluss auf das BGB aus.

7.3 Aufbau des BGB

Das BGB ist in **fünf Bücher** unterteilt:

- Das 1. Buch, der sog. **Allgemeine Teil** des BGB (§§ 1 bis 432 BGB), enthält allgemeine, quasi vor die Klammer gezogene Regeln, die für jedes der vier folgenden Bücher gelten, soweit dort keine abweichenden, spezielleren Regeln enthalten sind.
- Das 2. Buch, das **Schuldrecht** (§§ 433 bis 853 BGB), enthält Regelungen zu Sonderverbindungen zwischen Personen, also Normen, die nicht absolut gelten, sondern nur zwischen zwei oder mehr Personen. Das Schuldrecht gliedert sich selbst wiederum in einen allgemeinen Teil **(Schuldrecht AT)** und einen besonderen Teil **(Schuldrecht BT)**: Während das Schuldrecht BT einzelne Vertragstypen wie den Kaufvertrag oder den Dienstvertrag sowie gesetzliche Schuldverhältnisse wie das Berei-

cherungs- und Deliktsrecht regelt, enthält das Schuldrecht AT allgemeine Regeln, die subsidiär zur Anwendung gelangen, soweit das Schuldrecht BT keine spezielleren Normen enthält. Spätestens jetzt dürfte klar werden, was oben mit Abstraktheit und Wissenschaftlichkeit des BGB gemeint war!

- Das 3. Buch, das **Sachenrecht** (§§ 854 bis 1296 BGB), regelt die Beziehungen zwischen Sachen und Personen, also Fragen des Besitzes (worunter das BGB – entgegen der Umgangssprache – nur die tatsächliche Sachherrschaft versteht, § 854 BGB) und vor allem des Eigentums (worunter die umfassende rechtliche Herrschaft über eine Sache zu verstehen ist, vgl. § 903 BGB).
- Das 4. Buch, das **Familienrecht** (§§ 1297 bis 1921 BGB), regelt einen speziellen Lebensbereich, nämlich Themen wie insb. die Ehe, das Ehegüterrecht und den Unterhalt.
- Das 5. Buch, das **Erbrecht** (§§ 1922 bis 2385 BGB), regelt ebenfalls einen speziellen Lebensbereich, nämlich die Frage der vermögensrechtlichen Folgen im Todesfall.

Im Mittelpunkt des WPR stehen zentrale Fragen der ersten drei Bücher des BGB, während Fragen des Familien- und Erbrechts in diesem Buch nur am Rande und soweit sie für das Wirtschaftsleben besonders wichtig sind, angerissen werden. Dabei ist allerdings zu beachten, dass in der Praxis stets sämtliche Rechtsgebiete zu berücksichtigen sind, weswegen dieses Lehrbuch auch im Rahmen des Möglichen einen ganzheitlichen Ansatz verfolgt.

Beispiel: Ehegüterrechtliche Zustimmungserfordernisse können bei allen Transaktionen von verheirateten natürlichen Personen relevant werden (vgl. z. B. § 1365 BGB, Details dazu im Familienrecht).

Neben dem BGB gibt es **weitere zivilrechtlich relevante Gesetze** und Nebengesetze wie insb. das später ausführlich dargestellte Handelsgesetzbuch (HGB) sowie zahlreiche Spezialgesetze wie etwa das Wohnungseigentumsgesetz (WEG) oder das Produkthaftungsgesetz (ProdHaftG). Es ist primär eine rein rechtstechnische Frage der Rechtssystematik, ob der Gesetzgeber einen bestimmten Lebensbereich in einem gesonderten Gesetz oder im Rahmen des BGB regelt. In der Vergangenheit ist es vorgekommen, dass Bereiche, die zuvor in einem eigenen Gesetz geregelt waren (man denke etwa an das AGB-Gesetz), später in das BGB integriert wurden (die Regelungen des AGB-Gesetzes finden sich seit 2002 in §§ 305 bis 310 BGB).

Dabei ist zu beachten, dass es im deutschen Recht *kein* praktikables System gibt, mit welchem man sicher feststellen kann, ob es für eine bestimmte Rechtsfrage eine Spezialgesetz gibt oder nicht (das Lesen des gesamten

Bundesgesetzblattes, der Gesetzesblätter der einzelnen Bundesländer und des Gesetzblattes der EU jeweils seit ihrem Bestehen wäre offensichtlich nur eine theoretische Möglichkeit). Allerdings ist die Anzahl der Spezialgesetze im deutschen Zivilrecht überschaubar und mit Hilfe von Kommentaren zum BGB wird man – in der Praxis – früher oder später alle einschlägigen Gesetze identifizieren. Noch unübersichtlicher ist die Situation insofern im Öffentlichen Recht, u. a. da dieses im Gegensatz zum Zivilrecht in wesentlichen Teilen auch aus Landesrecht besteht.

7.4 Wichtige Grundprinzipien des BGB

7.4.1 Vertragsfreiheit

Das BGB beruht auf dem Prinzip der **Vertragsfreiheit**, welches sich wiederum in die **Abschluss-, Inhalts-** und **Formfreiheit** unterteilen lässt. Dieses Prinzip der Vertragsfreiheit ist Ausfluss der **Privatautonomie**, welche durch das Grundgesetz auch verfassungsrechtlich garantiert wird (als Teil der allgemeinen Handlungsfreiheit gem. Art. 2 I GG, für Spezialbereiche daneben durch Art. 9, 12, 14 GG verfassungsrechtlich abgesichert):

- **Abschlussfreiheit** bedeutet, dass jede Person grundsätzlich frei entscheiden kann, ob und mit wem sie einen Vertrag schließt; nur in Ausnahmefällen besteht ein sog. Kontrahierungszwang z. B. im Bereich der Strom- und Wasserversorger; außerdem gibt es seit 2006 Beschränkungen der Abschlussfreiheit im Anwendungsbereich des Allgemeinen Gleichbehandlungsgesetzes (vgl. insb. § 19 I AGG).
- **Inhaltsfreiheit** bedeutet, dass die Vertragsparteien grundsätzlich selbst den Inhalt eines Vertrages bestimmen können; auch hier gibt es allerdings Beschränkungen z. B. durch §§ 134, 138 BGB oder die Bestimmungen über AGB in §§ 305 ff. BGB. Inhaltsfreiheit bedeutet auch, dass die Bestimmungen des BGB grundsätzlich abdingbar (dispositiv) sind, d. h. die Parteien haben die Freiheit vom Gesetz abweichende Vereinbarungen zu treffen.
- **Formfreiheit** bedeutet, dass Verträge grundsätzlich keiner Form bedürfen, also grundsätzlich auch mündlich geschlossen werden können; nur ausnahmsweise gibt es hier gesetzliche Beschränkungen z. B. bei Kaufverträgen über Grundstücke oder GmbH-Geschäftsanteile (§ 311b I BGB, § 15 IV GmbH-Gesetz).

Das Bewusstsein für dieses wichtige Grundprinzip geht im Laufe der Beschäftigung mit dem BGB (also beim Lesen dieses Buches) oft verloren, da das BGB ja gerade die diversen Ausnahmen zu diesem Grundprinzip behandelt. Trotzdem oder gerade deshalb bleibt die Vertragsfreiheit immer der gedankliche Ausgangspunkt der juristischen Arbeit.

Klausurhinweis: Auch in der Klausur sollte man bei entsprechenden Problemstellungen immer von dem Grundsatz der Vertragsfreiheit ausgehen und die Frage stellen, ob im vorliegenden Fall ausnahmsweise eine Beschränkung der Vertragsfreiheit eingreift. Hierdurch erhält die Falllösung sofort eine sinnvolle Struktur. Dies sollte man in der Klausur auch explizit niederschreiben und dabei in dieser Frage wie auch bei anderen Fragestellungen immer zunächst das Grundprinzip nennen und dann nach Ausnahmetatbeständen suchen und diese prüfen.

Internationaler Aspekt: Auf Ebene des Internationalen Privatrechts wird die Vertragsfreiheit durch die **grundsätzliche Rechtswahlfreiheit** bei vertraglichen Schuldverhältnissen komplettiert (vgl. Art. 3 Rom I-VO).

7.4.2 Abstraktionsprinzip

Das deutsche Zivilrecht unterscheidet zwischen der Verpflichtung, z. B. den Kaufpreis zu zahlen oder die Kaufsache zu übereignen (dies bezeichnet man als **Verpflichtungsgeschäft)** und der Verfügung selbst, z. B. der Übereignung der Kaufsache (dies bezeichnet man als **Verfügungsgeschäft**). Diese Trennung bezeichnet man als Trennungsprinzip. **Abstraktionsprinzip** bedeutet nun, dass das Verpflichtungsgeschäft und das Verfügungsgeschäft unabhängig voneinander wirksam sind, d. h. die Unwirksamkeit des Verpflichtungsgeschäfts führt nicht automatisch zu der Unwirksamkeit des Verfügungsgeschäfts. Daher bezeichnet man das Verfügungsgeschäft auch als abstraktes Geschäft, während das Verpflichtungsgeschäft den Rechtsgrund (die causa) für das Verfügungsgeschäft bildet (aber eben nicht dessen Wirksamkeitsvoraussetzung ist).

Beispiel: Stellen Sie sich vor, Sie erwerben am Kiosk eine Wasserflasche, dann würden Juristen diesen einfachen Vorgang in drei Teile und zwei Kategorien von Geschäften untergliedern: Zunächst würde zwischen Ihnen und dem Kioskbetreiber durch die Aussage »Ich hätte gerne eine Flasche Wasser« (Angebot) und die Bemerkung des Kioskbesitzers »OK« oder eine andere konkludente Handlung (Annahme) ein Verpflichtungsgeschäft in Form eines Kaufvertrags (§ 433 BGB) geschlossen (mündlich genügt – Formfreiheit!), d. h. durch diesen Kaufvertrag wären Sie verpflichtet, den Kaufpreis für die Wasserflasche zu entrichten und die Flasche anzunehmen (§ 433 II BGB) und der Kioskbesitzer wäre verpflichtet, ihnen die Wasserflasche zu übergeben und zu übereignen (§ 433 I BGB). Mit Abschluss des Kaufvertrages hat sich aber noch nichts an der Eigentumslage geändert, d. h. Sie wären noch nicht Eigentümer der Wasserflasche und der Kioskbesitzer wäre noch nicht Eigentümer ihres Geldes. Diese sachenrechtliche Situation ändert sich erst durch die (zwei) nachfolgenden Verfügungsgeschäfte: Der Kioskbesitzer übergibt Ihnen physisch die Wasserflasche und Sie und der Kioskbesitzer sind sich (konkludent) einig darüber, dass Sie Eigentümer der Wasserflasche werden sollen (§ 929 BGB). Mit dem Geld verhält es sich in umgekehrter Richtung genauso, d. h. auch über ihre Münzen wird nun gem. § 929 BGB durch Übergabe und dingliche Einigung verfügt. Diese beiden dinglichen Verfügungsgeschäfte über die Wasserflasche und das Geld sind unabhängig davon wirksam, ob der Kaufvertrag, das Verpflichtungsgeschäft, wirksam zustande gekommen ist.

Sollten Sie nun denken »*Die spinnen, die Juristen*«, dann kann man ihnen dies vor dem Hintergrund dieses Beispiels nicht ganz verübeln: Bei den Barzahlungsgeschäften des täglichen Lebens wirken die dargestellten Differenzierungen überzogen, aber stellen sie sich den zeitlich gestreckten Erwerb z. B. von Baumaschinen vor (zunächst wird ein Kaufvertrag geschlossen, einige Monate später kommt es zur Lieferung und Übereignung der Maschinen Zug um Zug gegen Zahlung des Kaufpreises), dann wird zumindest nachvollziehbar, wieso zwischen Verpflichtungs- und Verfügungsgeschäft unterschieden wird.

Es bleibt aber die Frage, warum die Wirksamkeit bzw. Unwirksamkeit des einen Geschäfts, die Wirksamkeit bzw. Unwirksamkeit des anderen Geschäfts unberührt lassen soll. Als Begründung für das **Abstraktionsprinzip** wird vor allem die **Rechtssicherheit** genannt: Stellen Sie sich in dem Beispiel mit der Maschine vor, dass der Kaufvertrag aus welchen Gründen auch immer unwirksam ist, der Käufer die Maschinen aber bereits an einen Dritten weiterverkauft und übereignet hat; in diesem Fall wäre es vermutlich nicht im Sinne eines effektiven Güterverkehrs, wenn der Dritte nie Eigentümer der Maschinen geworden wäre (nun mag der Leser mit Vorwissen einwenden, dass dieses Problem auch über die später dargestellten Regeln des gutgläubigen Erwerbs lösen ließe, aber das Abstraktionsprinzip hat seine Wurzeln in einer Zeit in der der gutgläubige Erwerb noch nicht anerkannt war).

Eine explizite Regelung des Abstraktionsprinzips enthält das BGB nicht, es wird vielmehr aus der Systematik des Gesetzes und einer Vielzahl von Einzelbestimmungen hergeleitet. Wenn man wollte, könnte man sogar z. B. über § 139 BGB das Abstraktionsprinzip aus dem deutschen Recht verbannen – aber das will offenbar niemand! Letztlich kann die Frage, ob das Abstraktionsprinzip **rechtspolitisch** sinnvoll ist oder nicht, dahinstehen, da Sie mit diesem Prinzip in der Klausur ebenso arbeiten müssen wie Sie z. B. in der Statistikklausur im Zehnersystem rechnen sollten, auch wenn beides nicht zwingend sein mag.

> **Praxishinweis**: In der Praxis ist vor allem das Verständnis für das Trennungsprinzip wichtig (ohne dessen Kenntnis kann man etwa einen Kaufvertrag nicht wirklich verstehen).

Internationaler Aspekt: Das Abstraktionsprinzip (nicht aber das Trennungsprinzip) ist eine Besonderheit des *deutschen* Rechts, für welches Sie in bei den englischen Fachtermini vergeblich nach einer Übersetzung suchen – es gibt sie nicht, weil es im durch die Praxis der Gerichte entwickelten *Common Law* nichts gibt, was mit dem Abstraktionsprinzip vergleichbar wäre.

7.5 Der Allgemeine Teil des BGB (BGB AT)

Nachfolgend werden die allgemeinen, vom Gesetzgeber quasi vor die Klammer gezogenen Regelungen des BGB dargestellt, die immer dann anwendbar sind, wenn die nachfolgenden Büchern des BGB keine abweichenden Regelungen enthalten.

7.5.1 Rechtssubjekte und Rechtsobjekte

Die Rechtsordnung differenziert zwischen Rechtssubjekten und Rechtsobjekten.

Rechtssubjekte sind natürliche Personen und juristische Personen. Wesensmerkmal von natürlichen und juristischen Personen ist, dass sie Träger von Rechten und Pflichten sein können (**Rechtsfähigkeit**).

*   Wie Sie vielleicht bereits vermuten, versteht der Jurist unter **natürlichen Personen** den Menschen (aber diesen als solchen zu bezeichnen liegt dem Gesetzgeber selbstverständlich fern).
*   **Juristische Personen** existieren nur soweit sie durch die Rechtsordnung geschaffen wurden (NC der juristischen Personen). Grundform der juristischen Personen ist der eingetragene Verein (vgl. §§ 21 ff. BGB), zu den juristischen Personen zählen vor allem die **Kapitalgesellschaften** zu denen die Gesellschaft mit beschränkter Haftung (GmbH, vgl. GmbH-

Gesetz) und die Aktiengesellschaft (AG, vgl. AktG) und daneben auch die seltenere Kommanditgesellschaft auf Aktien (KGaA, vgl. §§ 278 ff. AktG) gehören. Des Weiteren sind auch der Versicherungsverein auf Gegenseitigkeit (VVaG, vgl. §§ 15 ff. VAG) und die eingetragene Genossenschaft (eG, vgl. GenG) juristische Personen. Ebenfalls eine juristische Person ist die Stiftung (§§ 80 ff. BGB), bei welcher es sich um eine selbständige Vermögensmasse handelt. Erwähnt werden sollen an dieser Stelle auch die juristischen Personen des *Öffentlichen* Rechts, dazu zählen vor allem die zahlreichen Körperschaften des Öffentlichen Rechts (wie die Gemeinden oder auch die meisten öffentlich-rechtlichen Hochschulen), dazu kommen die öffentlich-rechtlichen Anstalten (wie die Sparkassen) und die öffentlich-rechtlichen Stiftungen. Bei der Bundesrepublik Deutschland und den sechzehn Bundesländern handelt es sich ebenfalls jeweils um öffentlich-rechtliche (Gebiets-)Körperschaften, die die beiden staatlichen Ebenen in Deutschland bilden und insofern besonderen Regeln unterliegen.

- Die **Personengesellschaften** (GbR, OHG, KG und PartG) sind weder natürliche noch juristische Personen. Es handelt sich hierbei vielmehr um sog. **rechtsfähige Gesamthandsgemeinschaften,** die grundsätzlich Träger von Rechten und Pflichten sein können (vgl. insb. § 124 HGB, § 718 f. BGB, § 14 II BGB). Die Rechtsprechung hat in der zurückliegenden Dekade das Recht der (Außen-)GbR weiterentwickelt und damit die Eigenständigkeit der GbR gestärkt (dabei aber auch für viel Rechtsunsicherheit gesorgt). Im praktischen Ergebnis sind die Personengesellschaften damit den juristischen Personen angenähert, ohne aber juristische Personen zu sein.

Bei den **Rechtsobjekten** unterscheidet die Rechtsordnung zwischen Sachen, Tieren und Rechten:

- **Sachen** sind körperliche Gegenstände (vgl. **§ 90 BGB**) und umfassen sowohl bewegliche wie unbewegliche körperliche Gegenstände, d. h. insb. auch Grundstücke sind Sachen im Sinne des BGB (was sich ja offensichtlich auch daraus ergibt, dass im 3. Buch des BGB, dem Sachenrecht, sowohl die Mobilien als auch die Immobilien geregelt wurden).
- **Tiere** waren im ursprünglichen BGB Sachen, sind aber neuerdings gem. **§ 90a BGB** keine Sachen mehr, werden aber gem. § 90a BGB wie Sachen behandelt. Wenn Sie sich nun fragen, was diese feinsinnige Differenzierung soll, liegen Sie ganz richtig: Diese Unterscheidung des Gesetzgebers hat keinerlei praktische Relevanz, Tiere werden nach wie vor wie bewegliche Sachen behandelt. Tiere gehören somit zum Reich der Sachen und nicht in die Welt der Personen, daher sind sie auch *nicht* rechtsfähig,

können also *nicht* Träger von Rechten und Pflichten sein und werden gem. § 929 ff. BGB übertragen.

> **Praxishinweis:** Konsequenz der fehlenden Rechtsfähigkeit von Tieren ist, dass es nicht möglich ist einen Kanarienvogel als Erben einzusetzen (Lösung in der Praxis: Auflage an die Erben für das Wohl des Kanarienvogels zu sorgen).

- Die dritte Gruppe von Rechtsobjekten bilden die **Rechte**, dabei handelt es sich im Gegensatz zu den Sachen um unkörperliche Gegenstände wie Forderungen oder das allgemeine Persönlichkeitsrecht (letzteres leitet sich aus Art. 2 I i. V. m. Art. 1 I GG her).

Beispiel: In der Unternehmenspraxis spielt insb. der nur virtuell existierende (also nicht verbriefte) GmbH-Geschäftsanteil eine besonders große Rolle (vgl. hierzu §§ 5, 15 GmbH-Gesetz).

7.5.2 Rechtsgeschäfte

Als Rechtsgeschäft wird ein Vorgang bezeichnet, der aus einer oder mehreren Willenserklärungen besteht und auf die **Herbeiführung einer Rechtsfolge** gerichtet ist. Es gibt *einseitige* Rechtsgeschäfte wie Kündigungserklärungen und *zweiseitige* Rechtsgeschäfte wie Vertragsschlüsse. Einseitige Rechtsgeschäfte sind in der Regel empfangsbedürftig (wie Kündigungserklärungen), können aber ausnahmsweise auch nicht-empfangsbedürftig sein (wie die Errichtung eines Testaments). Abzugrenzen ist das Rechtsgeschäft vom Realakt (also einer Tathandlung wie z. B. der Verbindung gem. § 946 BGB).

7.5.2.1 Voraussetzungen von Willenserklärungen

Zentraler Begriff des Rechtsgeschäfts ist somit die Willenserklärung. Eine Willenserklärung besteht aus einem objektiven Tatbestandselement (der Erklärung) und einem subjektiven Tatbestandselement (dem Willen).

Dieses **subjektive Element**, der Wille, setzt wiederum verschiedene Elemente voraus:

- Einen **Handlungswillen** (fehlt z. B. bei einer Reflexhandlung);
- ein grundsätzliches **Erklärungsbewusstsein** inkl. **Rechtsbindungswille**; die Rechtsfolgen bei Fehlen des Erklärungsbewusstseins sind umstritten:

Nach h.M. ist aus Gründen des Verkehrsschutzes die Willenserklärung nur anfechtbar, wenn der Erklärende erkennen konnte, dass Dritte eine Willenserklärung annehmen würden (wie z. B. i. d. R. bei dem berühmten Winken auf einer Versteigerung), fehlt die Erkennbarkeit für den Erklärenden, liegt dagegen keine Willenserklärung vor (vgl. *Führich*, WPR Rd. 114);

- ein **Geschäftswille** bezogen auf ein ganz bestimmtes Geschäft ist grundsätzlich *nicht* erforderlich (fehlte der Geschäftswille bei Abgabe einer Willenserklärung kommt grundsätzlich nur eine Anfechtung in Betracht).

Die Erklärung, also das objektive **Element** der Willenserklärung, kann ausdrücklich (explizit) oder durch schlüssiges (konkludentes) Handeln erfolgen. Schweigen stellt in der Regel *keine* rechtlich relevante Erklärung dar, Ausnahmen existieren aber insb. im Handelsrecht (Details dazu ▸ Kap. 11).

7.5.2.2 Wirksamwerden und Zugang von Willenserklärungen

Nach dieser etwas theoretischen Kost nun eine Frage von hoher praktischer Relevanz: Wann werden Willenserklärungen wirksam? Hier ist zu differenzieren:

- Nicht-empfangsbedürftige Willenserklärungen – wie etwa ein Testament – werden mit Äußerung wirksam (allerdings gibt es nur wenige Arten von nicht-empfangsbedürftigen Willenserklärungen).
- **Empfangsbedürftige Willenserklärungen** werden wirksam, wenn sie in den **Machtbereich des Empfängers** gelangen (Standardfall: Einwurf in den Briefkasten) und die **Möglichkeit die Kenntnisnahme** unter normalen Umständen gegeben ist, also etwa zu dem Zeitpunkt zu dem nach der Verkehrsanschauung üblicherweise der Briefkasten geleert wird (ob der Briefkasten im konkreten Fall tatsächlich geleert wird oder aufgrund eines Urlaubs nicht geleert wird, ist nicht entscheidend).

Beispiel: Die aufgrund einer Vereinbarung im Arbeitsvertrag nur zum Quartalsende mögliche Kündigungserklärung des Arbeitgebers wird am Morgen des 31. März in den Briefkasten des Arbeitnehmers eingeworfen, der Arbeitnehmer ist aber bereits am 30. März für ein paar Tage in den Urlaub gefahren und liest das Kündigungsschreiben erst nach seiner Rückkehr am 3. April. Zugang ist hier (fristgemäß) bereits am 31. März erfolgt, auf besondere persönliche Umstände wie Urlaub kommt es hier grundsätzlich nicht an – im Sinne des Verkehrsschutzes muss ein potentieller Empfänger ggf. entsprechende Vorkehrungen treffen. Ausnahmen von diesem den

Verkehrsschutz begünstigendem Prinzip kommen nur in Betracht, wenn der Sender in treuwidriger Art und Weise die persönlichen Abwesenheiten gezielt auszunutzen versucht (gestützt wird diese Ausnahme auf die Generalklausel des § 242 BGB, die später noch ausführlich dargestellt werden wird).

Praxishinweise: Die fristgerechte Zustellung und deren Nachweis vor Gericht spielt vor allem in der arbeitsrechtlichen Praxis eine große Rolle. Die sicherste Methode wäre für den Erklärenden im vorstehenden Fall die persönliche Übergabe der Kündigung bei gleichzeitiger Bestätigung des Erhalts der Kündigung auf einer Kopie des Kündigungsschreibens durch den Empfänger. Alternativ hierzu könnte der Arbeitgeber die persönliche Übergabe oder den Einwurf der Kündigung in den Briefkasten durch oder im Beisein einer Person vornehmen, die als **Zeuge** in einem Prozess glaubwürdig wäre (nicht als Zeuge in Betracht kommt der Geschäftsführer oder Vorstand des Arbeitgebers). Die Verwendung eines Einschreibens, an die der Laie sicher zunächst gedacht hat, ist insofern problematisch als hierdurch nur der Zugang eines Schreibens, aber nicht dessen Inhalt nachgewiesen werden kann, hinzu kommt, dass je nach Art des Einschreibens, bei Abwesenheit des Empfängers, nur ein Benachrichtigungszettel über die Hinterlegung des Einschreibens bei der Post eingeworfen wird, aber mit einem solchen Benachrichtigungszettel noch nicht einmal die Voraussetzung »*in den Machtbereich gelangen*« erfüllt wird (also dann noch kein Zugang vorliegt). Einige private Zustelldienste schließen diese Lücke dadurch, dass sie Zustellungen per Bote mit Bestätigung des Inhalts des Schreibens durch den Boten anbieten. Je nach Bedeutung eines Schreibens, könnte man auch an die Kombination verschiedener Zustellungsvarianten denken. Sinnvoll ist es in der Praxis in jedem Fall, Kündigungen bei einer etwaigen Folgekorrespondenz vorsorglich noch einmal zu wiederholen.

Probleme können bei Zustellungen auch dadurch auftreten, dass der Empfänger Maßnahmen ergreift, um den Zugang zu verhindern oder jedenfalls zu verzögern. Diese Fälle der **Zugangsvereitlung** werden von der Rechtsprechung über den Grundsatz von Treu und Glauben (§ 242 BGB) gelöst: Ein solches Verhalten des Empfängers ist rechtsmissbräuchlich und führt dazu, dass ein rechtzeitiger Zugang angenommen wird.

Beispiel: Im vorstehend geschilderten Fall der Kündigung eines Arbeitnehmers, hat der Arbeitnehmer bevor er in den Urlaub gefahren ist, seinen Namen auf dem Briefkasten und das Klingelschild entfernt. Wenn es durch diese Handlungen zu einem nicht mehr fristgemäßen Zugang der Kündigung kommt, kann sich der Arbeitnehmer darauf nicht berufen, d. h. die Kündigung würde als fristgemäß gelten.

7.5.2.3 Auslegung von Willenserklärungen

Nachdem eine Willenserklärung zugegangen ist, stellt sich die Frage der Auslegung der Willenserklärung (**Achtung**: Diese Frage ist von der bereits ausführlich dargestellten Auslegung von Rechtsnormen streng zu trennen). Wichtig ist es, sich zunächst klarzumachen, dass das wir nicht in einer Rechtsordnung leben, die allen auf den Wortlaut einer Erklärung abstellt, vielmehr sind nach dem BGB Willenserklärungen nach Treu und Glauben unter Berücksichtigung der Verkehrssitte auszulegen. Als Grundlage für die Auslegung werden typischerweise §§ 133, 157 BGB gemeinsam zitiert; der Wortlaut nur des § 133 BGB, der auf den »*wirklichen Willen*« abstellt ist insofern irreführend, gemeint ist, dass keine reine buchstabengetreue Auslegung vorgenommen werden soll.

Klausurhinweis: Das Tückische an den Rechtswissenschaften ist u. a., dass es Paragraphen gibt, die abweichend von ihrem Wortlaut interpretiert werden (wie sich logischerweise aus den bereits dargestellten Auslegungsmethoden für *Rechtsnormen* ergibt, da der Wortlaut einer Norm ja stets nur die erste von mehreren Auslegungsmethoden ist), während andere Rechtsnormen wortgetreu angewendet werden (weil Systematik, Historie und Zweck der Norm zu keinem anderen Auslegungsergebnis führen), weswegen der professorale Hinweis »*lesen Sie doch den Gesetzestext einfach mal genau*« sicher nett gemeint, aber wenig hilfreich ist, denn zunächst einmal muss der Rechtsanwender (Student) ja wissen, zu welcher der beiden Gruppen von Rechtsnormen der fragliche Paragraph gerade gehört. Für die Klausur muss dies eben im Rahmen der Vorbereitung (stets mit Hilfe des Gesetzes und soweit – prüfungsrechtlich zulässig – entsprechenden Markierungen im Gesetzestext) entweder gelernt werden oder der Prüfling muss sich auf seinen Instinkt verlassen, in der Praxis hilft dagegen meist bereits ein kurzer Blick in einen Gesetzeskommentar.

Entscheidende Bedeutung kommt der Frage zu, auf wessen Perspektive bei der Auslegung von missverständlichen Willenserklärungen abgestellt werden soll: Kommt es darauf an, was der Sender wirklich gemeint hat oder darauf was der Empfänger tatsächlich verstanden hat? Auch hier stellt die Rechtsordnung im Sinne des Verkehrsschutzes auf den Empfänger ab, nicht jedoch auf den konkreten Empfänger, sondern auf einen objektiven Empfänger, d. h. maßgeblich ist der sog. **objektivierte Empfängerhorizont.**

Aus dem Verbot der buchstabengetreuen Auslegung lässt sich auch der durchaus praxisrelevante Grundsatz herleiten, dass die **falsche Bezeichnung nicht schadet**, wenn beide Parteien übereinstimmend etwas anderes meinten (lat. *falsa demonstratio non nocet*).

Beispiel: Die Parteien sprechen bei Abschluss eines Kaufvertrags unter Verwendung fremdsprachlicher Begriffe übereinstimmend von Haifischfleisch, meinten aber *beide* tatsächlich Walfischfleisch. Würde die Auslegung der Willenserklärungen allein auf das wörtlich Erklärte abstellen, würde die Rechtsordnung den Parteien einen Kaufvertrag über Haifischfleisch aufzwingen. Dies kann aber kein sachgerechtes Ergebnis sein, vielmehr ist in einem solchen Ausnahmefall keine der beiden Parteien schutzbedürftig und die Auslegung muss hier ergeben, dass ein Kaufvertrag über Walfischfleisch zustande gekommen ist.

Dieses Prinzip, dass die falsche Bezeichnung sich nicht auswirkt, solange die Parteien übereinstimmend etwas anderes wollten, gilt – auf den ersten Blick etwas überraschend – sogar für formbedürftige Geschäfte.

Beispiel: In einer Urkunde über den Erwerb eines Grundstücks kommt es bei den Angaben zu einem Flurstück zu einem Zahlendreher und es wird das Flurstück 31, statt des von beiden Seiten gewollten Flurstücks 13 in der Urkunde als Kaufgegenstand genannt. Auch in einem gem. § 311b I BGB beurkundungspflichtigen Kaufvertrag über ein Grundstück käme es zur Anwendung der Regel, dass die falsche Bezeichnung durch beide Parteien nicht schadet, d. h. hier wäre ein wirksamer Kaufvertrag über das Flurstück 13 geschlossen worden.

> **Praxishinweis:** In der Praxis wird diese Auslegungsregel gerne bemüht, wenn etwa in konzerninternen Verträgen Regelungen stehen, die sich als steuerlich ungünstig herausgestellt haben. Hier könnte die Parteien gegenüber der Finanzverwaltung die Auffassung vertreten, dass zivilrechtlich auch das eigentlich Gemeinte gelten würde (wenn dem denn so gewesen ein sollte).

7.5.3 Vertragsrecht

7.5.3.1 Angebot und Annahme

Die wichtigste Art von Rechtsgeschäft ist der Vertragsschluss, dieser besteht aus zwei Willenserklärungen, nämlich **Angebot** (§ 145 BGB) und **Annahme** (vgl. 147 BGB). Angebot und Annahme sind jeweils empfangsbedürftige Willenserklärungen, die miteinander übereinstimmen müssen.

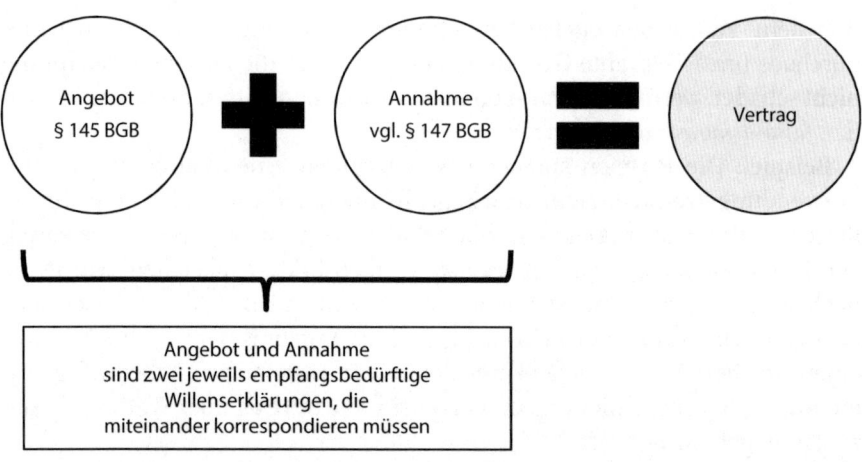

Klausurhinweis: Der Großteil der Klausuren beginnt mit der Prüfung der Frage, ob ein Vertrag geschlossen worden ist, d. h. der Bearbeiter wird sein Gutachten mit der Frage beginnen, ob z. B. ein Kaufvertrag (§ 433 BGB) geschlossen worden ist und dann ausführen, dass dies ein Angebot und ein mit dem Angebot korrespondierende Annahme voraussetzt (vgl. §§ 145 ff. BGB). Anschließend folgt die Prüfung dieser Frage (die sog. Subsumtion) anhand der Angaben im Sachverhalt. Sind Angebot und Annahme unproblematisch gegeben, kann dies kurz festgestellt werden, ansonsten ist eine genaue Prüfung notwendig, z. B. kann es ggf. erforderlich sein, die oben bereits dargestellten Voraussetzungen, die an eine Willenserklärung zu stellen sind, im Detail zu prüfen.

Internationaler Aspekt: Das Konzept von Angebot und Annahme ist international weit verbreitet, allerdings ist in den *Common Law*-Jurisdiktionen das Erfordernis einer Verpflichtung jeder Vertragspartei als zusätzliche Voraussetzung für die Wirksamkeit eines Vertragsschlusses erforderlich, d. h. neben »*offer*« und »*acceptance*« ist für die Wirksamkeit eines Vertrags auf beiden Vertragsseiten eine sog. »*consideration*« (d. h. eine Verpflichtung, nicht unbedingt eine Verfügung) notwendig (sog. »*consideration rule*«); dies wirkt sich z. B. bei Schenkungsverträgen aus, bei denen es auf einer Seite an einer entsprechenden *consideration* fehlt. Das deutsche Recht löst dieselbe Problematik durch das Erfordernis der notariellen Beurkundung der Erklärung des Schenkenden (§ 518 BGB). Dies zeigt, dass oft völlig unterschiedliche Instrumente in verschiedenen Rechtsordnungen zu jedenfalls ähnlichen Ergebnissen führen. In englischsprachigen Verträgen findet sich oft am Anfang die

Formulierung »*in full consideration*«, dies ist ein Bezug auf die *consideration rule* und in Verträgen, die deutschem Recht unterliegen, überflüssig, aber auch unschädlich.

Das **Angebot** (welches auch als Antrag oder Offerte bezeichnet wird) muss bereits alle für den Vertragsschluss wesentlichen Vertragsbestandteile enthalten, beim Kaufvertrag also neben den Partien die Bezeichnung der Kaufsache und des Kaufpreises: »*Dieses Auto für 2.000,- Euro.*«, so dass der Annehmende nur noch »*Ja*« sagen muss. Liegt ein Angebot vor, ist dieses für den Anbietenden bindend (§ 145 BGB).

Praxishinweis: Der Anbietende kann diese Bindungswirkung aber vermeiden, in dem er die Bindungswirkung ausschließt. In der Praxis geschieht dies oft durch die Verwendung von Begriffen wie »unverbindlich« oder »freibleibend«.

Das Zeitfenster in welchem das Angebot bindend ist, wurde vom Gesetzgeber in den §§ 145 ff. BGB sehr detailliert geregelt:

- Ein Angebot **unter Anwesenden** (wozu auch Telefonate zählen) kann nur sofort angenommen werden (§ 147 I BGB).
- Ein Angebot **unter Abwesenden** kann nur bis zu dem Zeitpunkt angenommen werden, in welchem der Antragende den Eingang der Antwort unter regelmäßigen Umständen erwarten darf (§ 147 II BGB). Um die damit verbundene Rechtsunsicherheit zu vermeiden, kann und sollte der Anbietende selbst eine **Annahmefrist** vorgeben (§ 148 BGB).
- Lehnt derjenige, dem ein Angebot gemacht wurde, das Angebot ab, dann erlischt das Angebot (es ist also nicht möglich, dass eine wankelmütige Partei innerhalb der Annahmefrist von der Ablehnung zur Annahme wechselt) (§ 146 BGB). Ein verspätete Annahmeerklärung oder eine Annahmeerklärung unter Änderung des Angebots (»*Okay, das Auto für 2.000,- Euro und dazu aber noch ein Satz Winterreifen*«) gelten als neuer Antrag (§ 150 I/II BGB).
- Stirbt der Antragende so bleibt der Antrag im Rahmen der vorstehenden Regelungen grundsätzlich bestehen (§ 153 BGB). Wir werden noch anderen Stellen sehen, dass der **Tod** einer Partei grundsätzlich die zivilrechtliche Rechtslage soweit wie möglich nicht beeinträchtigen soll.

Klausurhinweis: Die vorstehend geschilderten Fragen, werden gerne als Einstiegsprobleme bei Klausuraufgaben verwendet. Wenn Sie jetzt denken, dass es kaum möglich ist, sich diese ganzen Varianten zu merken, kann man Sie beruhigen: Es steht sehr viel im Gesetz, Sie müssen in erster Linie nur die entsprechenden Bestimmungen immer parallel zu diesem Lehrbuch lesen und sich merken, dass es hierzu gesetzliche Regelungen gibt und wo man sie findet. Was allerdings erfahrungsgemäß nicht funktionieren wird, ist das erstmalige Lesen und Anwenden dieser Bestimmungen in der Klausur, dies muss im Vorfeld einer Klausur (also jetzt) geschehen.

Kein Angebot ist das Ausstellen von Waren in **Schaufenstern** oder Schauräumen. Hierbei handelt es sich vielmehr nur um die Aufforderung zur Abgabe eines Angebots (*invitatio ad offerendum;* vgl. z. B. *Mehrings,* WPR, S. 691). Würde man in der Warenauslage im Schaufenster ein bindendes Angebot sehen, würde der Ladeninhaber Gefahr laufen, mehr Verträge zu schließen als er wirklich erfüllen kann. Außerdem müsste der Ladeninhaber jeden Käufer akzeptieren, ohne zuvor in der Lage zu sein z. B. dessen Solvenz zu prüfen.

7.5.3.2 Verzicht auf Zugang der Annahme

Gem. § 151 **BGB** (wichtige Vorschrift in der Praxis) ist der *Zugang* der Annahme gegenüber dem Anbietenden ausnahmsweise nicht erforderlich für den Vertragsschluss, wenn entweder der Anbietende darauf verzichtet hat oder der Zugang der Annahme nach der Verkehrssitte nicht zu erwarten ist.

Beispiel: Die Großmutter will dem bereits erwachsenen Enkel zu Weihnachten einen 100 Euro-Schein schenken und schickt den Schein mit einer Weihnachtskarte per Post an den Enkel. Da auch eine Schenkung ein Vertrag darstellt und die Weihnachtskarte das Angebot auf Abschluss eines Schenkungsvertrags konkludent enthält (zusammen mit dem Angebot zur dinglichen Übereignung gem. § 929 BGB, dazu später mehr), wäre nach den allgemeinen bisher gelernten Regeln zur Wirksamkeit des Schenkungsvertrags und der Übereignung der Zugang einer Annahmeerklärung durch den Enkel etwa in Form einer Dankeskarte des Enkels an die Großmutter notwendig. Nach der Verkehrssitte ist ein Zugang der Annahmeerklärung aber nicht notwendig, es genügt insofern, dass der Enkel das Schenkungsangebot konkludent durch das Einstecken des Geldscheins in die eigene Geldbörse annimmt, d. h. es ist nach wie vor eine Annahmeerklärung notwendig, diese muss aber gem. § 151 BGB ausnahmsweise nicht zuzugehen.

§ 151 BGB ist kein Fall der – nur in den nachstehend dargestellten Ausnahmen akzeptierten – Annahme durch Schweigen, da § 151 BGB nach wie vor eine Annahme verlangt, diese Annahme muss aber der Gegenseite nicht *zugehen*.

7.5.3.3 Schweigen im Rechtsverkehr

Schweigen stellt **grundsätzlich *keine* Willenserklärung** da. Dies ist eine der wichtigsten Regeln des Zivilrechts.

Beispiel: Wird dem Verbraucher Hans Hansen unaufgefordert ein Bildband »Wunder der Ozeane« für »nur« 999,- Euro mit dem Begleitschreiben übersandt, dass ein Kaufvertrag zustände käme, wenn er den Bildband nicht innerhalb von 14 Tagen zurücksendet, dann kommt kein Kaufvertrag zustande, wenn Hans Hansen gar nichts tut. Schweigen stellt eben keine Annahmeerklärung dar und keine Partei kann diese Regelung einseitig ändern. Diese Fallkonstellation ist mittlerweile sogar durch § 241a BGB explizit geregelt, aber auch ohne diese Regelung wäre das Ergebnis grundsätzlich dasselbe.

Im BGB finden sich nur ganz vereinzelt für besondere Konstellationen Ausnahmen von dem Grundsatz, dass Schweigen keinen Erklärungsgehalt hat. Als Beispiele seien §§ 108 II S. 2, 177 II S. 2, 516 II S. 2 BGB genannt. Im HGB finden sich dagegen einige wichtige Ausnahmen von diesem Prinzip (▶ Kap. 11, vgl. insofern §§ 362 I, 377 II HGB).

7.5.3.4 Einigungsmangel (Dissens)

Wie dargestellt setzt ein Vertrag übereinstimmende Willenserklärungen voraus, die die wesentlichen Vertragsbestandteile (beim Kaufvertrag also Kaufsache und Kaufpreis) enthalten (dies ergibt sich nur mittelbar aus dem Gesetz, vgl. § 150 II BGB). Nicht geklärt ist damit die Frage, was gilt, wenn keine Einigung über einen unwesentlichen Vertragsbestandteil erzielt wurde. Diese Frage hat der Gesetzgeber explizit in den zugegebenermaßen nicht ganz leicht verständlichen §§ 154, 155 BGB geregelt:

- Wissen die Parteien, dass sie sich noch nicht über einen Nebenpunkt geeinigt haben (offener Dissens), dann liegt im Zweifel noch kein Vertrag vor (dies folgt aus § 154 BGB).
- Glauben die Parteien, dass sie sich auch über alle Nebenpunkte, über die eine Einigung erzielt werden sollte, geeinigt haben, fehlt allerdings objektiv eine Einigung über einen dieser Nebenpunkte (versteckter Dissens), dann ist trotzdem ausnahmsweise ein wirksamer Vertragsschluss zu bejahen, wenn anzunehmen ist, dass der Vertrag auch ohne Regelung dieses Nebenpunktes geschlossen worden wäre (dies folgt aus § 155 BGB).

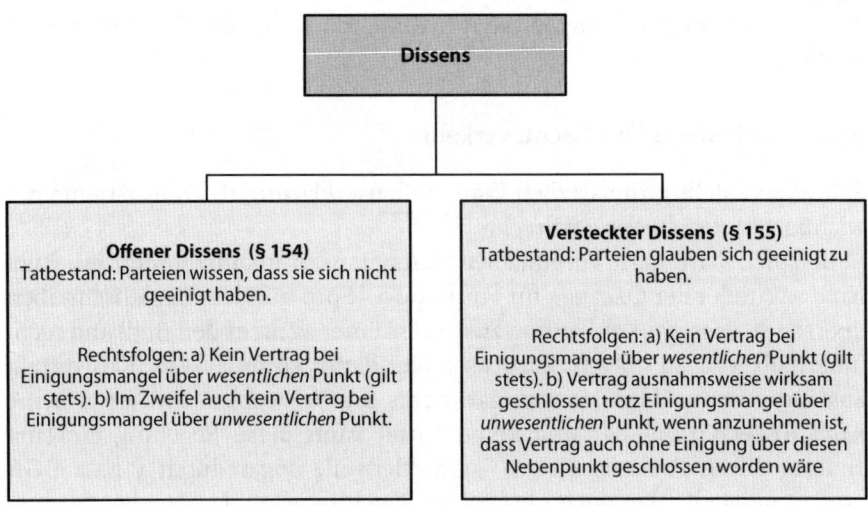

Merke: Ein wirksamer Vertragsschluss setzt immer voraus, dass eine **Einigung über sämtliche wesentlichen Vertragsbestandteile** (die sog. *essentialia negotii*) getroffen wurde. Die zugegebenermaßen schwer verständlichen §§ 154, 155 BGB betreffen nur die Frage, ob ein wirksamer Vertragsschluss vorliegt, wenn keine Einigung über einen *Nebenpunkt* getroffen wurde (die sog. *accidentalia negotii*).

7.5.4 Wirksamkeitsprobleme bei Rechtsgeschäften

7.5.4.1 Rechtsfähigkeit und Geschäftsfähigkeit

Rechtsfähigkeit bedeutet die Fähigkeit Träger von Rechten und Pflichten zu sein. Die Rechtsfähigkeit des Menschen beginnt bereits mit der Vollendung der Geburt (§ 1 BGB). Rechtsfähigkeit bedeutet aber noch nicht, dass ein Mensch rechtlich wirksame Erklärungen abgeben und annehmen kann, dies ist vielmehr eine Frage der **Geschäftsfähigkeit** bei welcher drei Gruppen zu unterscheiden sind:

- Vor Vollendung des **7. Lebensjahres** ist der Mensch geschäftsunfähig (§ 104 Nr. 1 BGB), d. h. seine Willenserklärungen sind nichtig (§ 105 I BGB).
- Zwischen dem **7. und der Vollendung des 18. Lebensjahres** ist der Mensch beschränkt geschäftsfähig (§ 106 BGB i. V. m. § 2 BGB), d. h. seine Willenserklärungen sind oder werden nur unter bestimmten Voraussetzungen wirksam: Die Willenserklärungen sind/werden wirksam,

wenn der gesetzliche Vertreter zustimmt (§107 BGB i. V. m. mit §§1626, 1629 BGB) oder der abgeschlossene Vertrag nur *rechtlich* (sic!) vorteilhaft ist (vgl. §107 BGB) oder der Vertrag mit eigenen Mitteln des Minderjährigen bewirkt wird (= tatsächlich geleistet wird, §110 BGB, sog. Taschengeldparagraph, der auf dem Gedanken einer vorweggenommen, pauschalen Einwilligung des gesetzlichen Vertreter für Geschäfte, die mit dem »Taschengeld« getätigt werden, beruht). Sonderregelungen greifen ein, wenn der beschränkt Geschäftsfähige selbständig ein Erwerbsgeschäft betreibt (vgl. § 112 BGB), im Falle einer Diensttätigkeit (vgl. §113 BGB) sowie bei einseitigen Rechtsgeschäften wie z. B. Kündigungen (vgl. §111 BGB).

- Mit Vollendung des 18. Lebensjahres ist der Mensch geschäftsfähig (§ 2 BGB), soweit nichts ausnahmsweise aus anderen Gründen Geschäftsunfähigkeit vorliegt (vgl. §104 Nr. 2 BGB).

7.5.4.2 Formvorschriften

1.   Grundsatz der Formfreiheit und Formzwecke

Aus dem wichtigen Prinzip der Vertragsfreiheit folgt wie bereits dargestellt auch, dass Verträge und andere Rechtsgeschäfte grundsätzlich *keiner* Form bedürften (Grundsatz der Formfreiheit). Es ist ein nicht ganz seltener Fehler von juristischen Laien, dass sie annehmen, dass rein mündliche Erklärungen keine juristische Relevanz hätten.

Beispiel: Auch bei dem morgendlichen Brötchenkauf beim Bäcker um die Ecke werden durch mündliche Erklärungen rechtliche wirksame Kaufverträge (und Übertragungsverträge) abgeschlossen (mögen sich hier Angebot und Annahme auch nur durch Auslegung des konkludenten Handelns der handelnden Personen ergeben).

Klausurhinweise: (1) Wie stets sollte auch bei etwaigen kritischen Formfragen in der Klausur zunächst festgestellt werden, dass grundsätzlich das Grundprinzip der Formfreiheit gilt, um dann mögliche Ausnahmen zu prüfen. (2) Steht in der Klausur, dass eine der Parteien mündlich eine bestimmte Erklärung abgegeben hat, dann ist diese Erklärung der Falllösung zu Grunde zu legen und nicht etwa vor dem Hintergrund möglicher Beweisschwierigkeiten zu ignorieren.

Der Grundsatz der Formfreiheit führt uns zu der Frage, warum der Gesetzgeber Formvorschriften erlassen hat: Diese Frage ist für jede Formvorschrift im Einzelfall zu beantworten und wirkt sich insb. auf die Bestimmung des Umfangs der Formvorschrift aus. Die beiden wichtigsten Gründe für Formvorschriften sind die Warn- und die Beweisfunktion:

- **Warnfunktion** bedeutet, dass den handelnden Personen deutlich gemacht werden soll, dass sie jetzt eine rechtserhebliche Handlung vornehmen.
- **Beweisfunktion** bedeutet, dass eine Formvorschrift sicherstellen will, dass getroffene Vereinbarungen auch hinreichend sicher dokumentiert werden und somit beweisbar sind.

Weitere Zwecke sind die **Beratungsfunktion** (durch den Notar), **Kontrollfunktion** (durch eine Behörde) oder die **Informationsfunktion** (insb. des Verbrauchers).

2.   Arten von Formvorschriften

Somit gelangen wir zu der Frage, welche Formvorschriften es im deutschen Zivilrecht überhaupt gibt. Beginnen wir mit der strengsten Formvorschrift, der **notariellen Beurkundung:** Die Beurkundung erfolgt in drei Schritten: Der Notar liest die gesamte Urkunde den physisch Anwesenden Parteien oder deren Vertretern vor (darauf kann nicht verzichtet werden, allerdings folgt aus § 128 BGB, dass die Parteien nicht zeitgleich anwesend sein müssen und ihre jeweiligen Erklärungen auch vor verschiedenen Notaren abgeben können), die Parteien genehmigen anschließend den Inhalt der Urkunde und dann unterzeichnen die Parteien und zum Schluss der Notar die Urkunde. Das Original der Urkunde verbleibt in der Regel in der Urkundensammlung des Notars, die Parteien erhalten eine Ausfertigung und beglaubigte Abschriften. Die Einzelheiten des Beurkundungsverfahrens sind im Beurkundungsgesetz (BeurkG) geregelt.

Beispiele: (1) Die »*Mutter aller Formvorschriften*« im deutschen Recht ist § 311b I BGB, der für Verpflichtungen zur Übertragungen oder zum Erwerb von Grundstücken eine notarielle Beurkundung verlangt. Erfasst werden damit insb. Grundstückskaufverträge, aber **Achtung:** § 311b I BGB betrifft nur die Formfrage beim Verpflichtungsgeschäft, die Erfordernisse des dinglichen Vollzugs bei der Übertragung eines Grundstücks sind im Sachenrecht in §§ 873, 925 BGB geregelt (wenn Sie diese Differenzierung nun völlig überrascht, sollten Sie unbedingt noch einmal die Ausführungen zum Abstraktionsprinzip lesen ▸ Kap. 7.4.2). (2) Weitere beurkundungspflichtige Rechtsgeschäfte finden sich an zahlreichen Stellen des gesamten Zivilrechts und vor allem im Gesellschaftsrecht: vgl. z. B. § 518 I **BGB** für das Schenkungs*versprechen,* § 2 I **GmbH-Gesetz** für die GmbH-Gründung, § 15 **GmbH-Gesetz** für die Verpflichtung zur Verfügung über einen GmbH-Geschäftsanteil (§ 15 IV S. 1 GmbH-Gesetz) und für die

Verfügung (genauer: Abtretung) selbst (§ 15 III GmbH-Gesetz) sowie §§ 6, 13 III UmwG für die Verschmelzung (gilt entsprechend für andere Umwandlungsvorgänge).

> **Praxishinweis:** Zum besseren Schutz von Verbrauchern sind Notare verpflichtet, den Entwurf eines Grundstückskaufvertrages in der Regel zwei Wochen vor der Beurkundung dem Verbraucher zu übersenden (§ 17 Abs. 2a BeurkG). Hiergegen wird in der Praxis allerdings nicht selten verstoßen, da insb. Grundstücksmakler, die wiederum für Notare wirtschaftlich wichtig sind, verhindern wollen, dass Verbraucher während der Überlegungsphase von zwei Wochen eventuell doch noch ihre Meinung ändern (Stichwort »*Mitternachtsnotare*«).

Internationaler Aspekt: Die Einschaltung eines neutralen Notars statt zweier Rechtsanwälte führt (im Zusammenspiel mit den Grundbuchämtern) im Hinblick auf Kosten und Rechtssicherheit von Grundstückstransaktionen im internationalen Vergleich durchaus zu vorzeigbaren Resultaten (vgl. die Studie von *Peter L. Murray* von der Harvard University aus dem Jahre 2007, Nachweise unter www.bnotk.de/buergerservice/notarkosten).

Bei der **öffentlichen Beglaubigung (§ 129 BGB)** wird durch den Notar nur die Authentizität der Unterschrift bestätigt. Eine Beglaubigung durch den Notar ist wie die Beurkundung nur bei physischer Anwesenheit desjenigen, der die Unterschrift geleistet hat, möglich.

In sehr vielen Fällen verlangt die Rechtsordnung die Einhaltung der **Schriftform (§ 126 BGB).** Für die Schriftform genügt nicht etwa bereits »*irgendein Stück Papier*«, vielmehr sind hier eine Reihe von Anforderungen zu beachten, wie insb.: Keine bloße Paraphe (Namenskürzel), sondern die Verwendung des Nachnamens (Vorname ist nicht notwendig, genügt aber auch nicht) und die »Unterschrift« muss das Dokument räumlich abschließen (also nicht irgendwo am Rand oder etwa auf dem Briefumschlag erfolgen); besteht das Dokument aus verschiedenen Blättern müssen diese durch eine entsprechende Bezugnahme zu einer einheitlichen Urkunde verbunden werden (eine echte physische Verbindung ist aber nicht notwendig). Es genügt im Übrigen auch, wenn die Parteien unterschiedliche Exemplare desselben Vertrags unterzeichnen.

Beispiele für Schriftformerfordernisse: Verbraucherkreditvertrag (§ 492 BGB); Miet- und Pachtverträge über ein Jahr (§ 550 BGB mit eigener Rechtsfolgenregelung); Bürgschafts*erklärung* (§ 766 BGB, vgl. aber Ausnahme in § 350 HGB); Kündigung eines Mietvertrags (§ 568 BGB) oder eines Arbeitsverhältnisses (§ 623 BGB); *nicht* aber Abschluss eines Arbeitsvertrag (vgl. insofern aber § 2 I Nachweisgesetz).

Relativ neu sind die **Elektronische Form (§ 126a BGB)**, welche eine qualifizierte elektronische Signatur nach dem Signaturgesetz voraussetzt, und die **Textform (§ 126b BGB)**, welche etwa bereits durch die traditionelle E-Mail oder das Computerfax erfüllt wird (unabhängig davon, ob diese tatsächlich ausgedruckt werden).

3.   Rechtsfolgen bei Verstoß gegen Formvorschriften

Wird eine gesetzliche Formvorschrift nicht eingehalten, führt dies zur Nichtigkeit des Rechtsgeschäfts (§ 125 S. 1 BGB).

Der Gesetzgeber hat aber an verschiedenen Stellen geregelt, dass (*nur!*) die Formnichtigkeit eines Verpflichtungsgeschäft mit Wirkung für die Zukunft ohne Rückwirkung (ex nunc) durch dinglichen Vollzug **geheilt** werden kann, da in diesen Fällen meist die ursprüngliche Warnfunktion der Formvorschrift offenbar an Bedeutung verloren hat (die handelnde Person sieht ja beim dinglichen Vollzug, welche Folgen ihre Erklärung hat). Andere Nichtigkeitsgründe wie etwa § 134 oder § 138 BGB werden durch den dinglichen Vollzug *nicht* geheilt.

Beispiele: Heilungsvorschriften finden sich in § 311b S. 2 BGB, § 518 II BGB, § 766 S. 3 BGB oder § 15 IV S. 2 BGB. Eine allgemeine Vorschrift, dass die Formnichtigkeit durch dinglichen Vollzug geheilt würde, existiert aber im BGB nicht (vgl. Palandt/*Ellenberger*, § 125 Rd.13).

Praxishinweis: Beim Verkauf und der Abtretung von GmbH-Geschäftsanteilen wird mitunter bewusst der Verkauf (also das Verpflichtungsgeschäft) nicht beurkundet, weil und wenn die Beurkundung der Abtretung (also dem dinglichen Rechtsgeschäft) zeitnah erfolgt und damit zeitnah die Heilung des Verpflichtungsgeschäfts eintritt.

In extremen Ausnahmefällen kann es sein, dass es gegen **Treu und Glauben** verstoßen würde, wenn eine Partei sich auf die Formnichtigkeit beruft, nachdem sie vorher unter Berufung auf ihr »*Ehrenwort*« erklärt hatte, dies nicht zu tun wie z. B. in den »*Edelmann-Konstellationen*« (vgl. hierzu *Medicus/ Petersen*, BR Rd.181 m.w.N.): Während das Reichsgericht hier die Korrektur der Nichtigkeitsfolge über § 242 BGB noch nach dem Motto »*wer sich nicht dem Recht unterstellt, soll sich nicht auf das Recht berufen*« abgelehnt hatte (RGZ 117, 121), hat der BGH in dieser besonderen Ausnahmekonstellationen eine Korrektur über § 242 BGB vorgenommen (vgl. BGHZ 48, 396).

Klausurhinweis: Es kann nie schaden am Ende der Falllösung auch über eine mögliche Anwendung der Korrekturvorschrift des § 242 BGB nachzudenken. Vornehmen sollte man eine solche Korrektur aber im Zweifel nicht, da das Recht ansonsten zu einem reinen (beliebigen) Billigkeitsrecht verkommen würde.

4. Vereinbarte Form

In fast allen schriftlich abgeschlossenen Verträgen findet sich in den Schlussbestimmungen eine Vereinbarung, dass Änderungen oder Ergänzungen des Vertrags der Schriftform bedürfen (vgl. zu derartigen Vereinbarungen §§127, 125 S. 2 BGB). Setzten sich die Parteien später über dieses Schriftformerfordernis im Rahmen einer mündlichen Vertragsänderung hinweg, dann enthält diese mündliche Änderung zunächst eine (konkludente) Aufhebung des vereinbarten Schriftformerfordernisses und eine logische Sekunde danach die eigentliche Änderung des ursprünglichen Vertrags. Dies gilt aber nur, wenn das Schriftformerfordernis im Vertrag sich nicht auch auf das Schriftformerfordernis selbst bezieht (sog. **einfache Schriftformklausel**). Heißt es in der Schriftformklausel aber, dass das Schriftformerfordernis sich auch auf die Änderung des Schriftformerfordernisses bezieht (sog. **qualifizierte oder doppelte Schriftformklausel**), dann ist (jedenfalls unter Kaufleuten) die mündliche Aufhebung des Schriftformerfordernisses *nicht* möglich, d. h. in diesem Fall wäre eine mündliche Änderung des Vertrags formnichtig (§125 S. 2 BGB; Einzelheiten sind umstritten vgl. *Medicus/Petersen*, BR Rd. 187 f.).

> **Hinweis**: Logisch ist diese Differenzierung streng genommen nicht wirklich und auch rechtspolitisch kann man sich darüber streiten, für die Praxis sollte man sich dieser Differenzierung aber bewusst sein.

7.5.4.3 Verstoß gegen ein gesetzliches Verbot

Fraglich ist, ob Rechtsgeschäfte, die gegen ein gesetzliches Verbot wie etwa das Ladenschlussgesetz oder das Schwarzarbeitsbekämpfungsgesetz verstoßen, bereits wegen dieses Verstoßes nichtig sind. **§134 BGB** bestimmt, dass ein Rechtsgeschäft, welches gegen ein gesetzliches Verbot verstößt, nichtig ist, wenn sich nicht aus dem Gesetz etwas anderes ergibt. Dies bedeutet, dass die jeweilige Verbotsnorm auszulegen ist. Entscheidend ist dann, ob **Sinn und Zweck der Verbotsnorm** die Nichtigkeit der gegen sie verstoßenden Rechtsgeschäfte verlangt.

Beispiel für Nichtigkeit: Die Rechtsprechung hat entschieden, dass Werkverträge, die gegen das **Schwarzarbeitsbekämpfungsgesetz** verstoßen, gemäß §134 BGB nichtig sind, wenn der Werkunternehmer vorsätzlich handelt und der Besteller dies weiß und zum eigenen Vorteil ausnutzt (BGH vom 1.8.2013 – VII ZR 6/13 und BGH vom 10.4.2014 – VII ZR 241/13). Dies hat nicht zu unterschätzende Konsequenzen für die Praxis: Der Besteller hat keine Mängelansprüche gegen den Werkunternehmer und der Werkunternehmer hat keinen Anspruch auf seinen Werklohn. Der BGH hat – entgegen früherer Auffassungen – außerdem entschieden, dass der Werkunternehmer gem. § 817 S. 2 BGB auch keine gesetzlichen Ansprüche aus Bereicherungsrecht hat (vgl. *Medicus/Petersen*, GW BürgerlR, Rd. 101; zum Bereicherungsrecht ► Kap. 7.7.18).

Beispiel für Wirksamkeit: Anders wird die Frage traditionell bei Verstößen gegen die **Ladenschlussgesetze** der Bundesländer entschieden. Diese dienen als Ordnungsvorschriften primär dem Schutz der Arbeitnehmer und betreffen nicht den Inhalt des Geschäfts, sondern nur die äußeren Umstände des Geschäftsabschlusses, d. h. hier findet § 134 BGB keine Anwendung (vgl. zu dieser Differenzierung *Klunzinger*, Einführung, S. 155).

7.5.4.4 Sittenwidrige Rechtsgeschäfte

Eine weitere wichtige Einschränkung der Privatautonomie stellt § 138 I BGB dar, der bestimmt, dass Rechtsgeschäfte, welche gegen die guten Sitten verstoßen, nichtig sind. § 138 BGB ist eine der wichtigsten Generalklauseln des BGB und eröffnet der Rechtsprechung die Möglichkeit entsprechend der jeweils geltenden Moralvorstellungen die Privatautonomie zu beschränken. Dabei dürfen die Richter aber nicht einfach auf ihre eigenen besonders strengen oder besonders laxen Wertvorstellungen zurückgreifen, sondern müssen sich insb. an den in den Grundrechten zum Ausdruck gebrachten objektiven Wertvorstellungen des Verfassungsgebers (sog. mittelbare Drittwirkung der Grundrechts ► Kap. 3) und dem Sozialstaatsprinzip (Art. 20 I GG) orientieren.

Beispiele: (1) Eine traditionelle Domäne der Sittenwidrigkeit sind Formen der **Kommerzialisierung der Sexualität**, d. h. Vereinbarungen über Sexualdienstleistungen werden traditionell und auch noch nach Inkrafttreten des liberalen Prostitutionsgesetzes als sittenwidrig und damit als nichtig angesehen (§ 1 des Prostitutionsgesetzes stellt allerdings sicher, dass die Prostituierte ihren Anspruch auf die Gegenleistung rechtlich durchsetzen kann). (2) Lehrreich – auch unter dem Aspekt der mittelbaren Drittwirkung der Grundrechte über die Generalklauseln des Zivilrechts – ist eine Entscheidung des Bundesverfassungsgerichts zur Inhaltskontrolle von **Bürgschaftserklärungen** einkommens- und vermögensloser Familienangehöriger gegenüber Finanzinstituten (BVerfG, Beschluss vom 19.10.1993 – 1 BvR 567/89 u. a., NJW 1994, 36, Leitsatz): »*Die Zivilgerichte müssen – insb. bei der Konkre-*

tisierung und Anwendung von Generalklauseln wie § 138 BGB und § 242 BGB – die
grundrechtliche Gewährleistung der Privatautonomie in Art. 2 I GG beachten.
Daraus ergibt sich ihre Pflicht zur Inhaltskontrolle von Verträgen, die einen der
beiden Vertragspartner ungewöhnlich stark belasten und das Ergebnis strukturell
ungleicher Verhandlungsstärke sind.«

Der in § 138 II BGB geregelte Fall des **Wuchers** wird in der Praxis meist
über den § 138 I BGB, der weniger strenge Anforderungen hat, gelöst.
Daneben käme im Falle des Wuchers auch eine Nichtigkeit gem. § 134 BGB
i. V. m. § 291 StGB in Betracht.

7.5.4.5 Scheingeschäfte

Gibt eine Partei mit dem Einverständnis der anderen Partei eine Willenserklärung nur zum Schein ab, dann ist diese nichtig (§ 117 **BGB**). Auf den
ersten Blick mag man sich fragen, wieso Parteien dies in der Praxis überhaupt tun sollten, praktisch relevant wird dieses Vorgehen immer dann,
wenn ein Dritter (z. B. die Finanzverwaltung) getäuscht werden soll, die
Parteien also einvernehmlich ein tatsächlich nicht gewolltes Rechtsgeschäft
vortäuschen, um dadurch Vorteile (z. B. steuerlicher Art) zu erlangen (die
Täuschung eines Dritten ist aber nicht Tatbestandsvoraussetzung für ein
Scheingeschäft).

Beispiel: K und V vereinbaren mündlich den Verkauf eines Grundstücks
für EUR 200.000. Um Transaktionskosten (insb. Grunderwerbssteuer,
Notarkosten) zu reduzieren, wird in dem anschließenden notariellen
Kaufvertrag nur ein Kaufpreis von EUR 150.000 angegeben. Die mündliche
Vereinbarung ist hier gem. § 311b I S. 1 BGB i. V. m. § 125 S. 1 BGB nichtig, die
Vereinbarung in der notarielle Urkunde ist gem. § 117 BGB nichtig.
Allerdings ist eine Heilung (nur) des Formmangels der mündlichen
Absprache gem. § 311b I S. 2 BGB durch dinglichen Vollzug der Grund-
stückübertragung gem. §§ 873, 925 BGB möglich. Eine Nichtigkeit gem.
§§ 134, 138 BGB wird in diesen Schwarzkauffällen von der Rechtsprechung
bislang abgelehnt (**Achtung**: Würde man § 134 oder § 138 BGB bejahen, käme
keine Heilung in Betracht!).

Klausurhinweise: (1) Diese Konstellation gehört zu den Klassikern in
Theorie und Praxis und sollte unbedingt bekannt sein. (2) Bitte beachten
Sie, dass § 117 BGB in der Praxis nur in diesen Spezialfällen (Täuschung
eines Dritten!) zur Anwendung gelangt und immer voraussetzt, dass die
Parteien einvernehmlich handeln. Es ist ein verbreiteter Fehler, den § 117
BGB auch in anderen Konstellationen anzuwenden. (3) Die bereits dar-
gestellte falsa demonstratio-Regel (gemeinsame Falschbezeichnung), die

hier ja genau genommen vorliegt, greift in den Fällen der *vorsätzlichen* gemeinsamen Falschbezeichnung nicht, da insofern mit § 117 BGB eine vorrangige Spezialregelung existiert.

7.5.5 Rechtsfolgen nichtiger Rechtsgeschäfte

Sollte ein Nichtigkeitsgrund vorliegen, so stellen sich verschiedene Folgefragen.

7.5.5.1 Teilnichtigkeit

Die erste und wichtigste Folgefrage ist, wie sich *eine* nichtige Klausel in einem Vertrag auf die übrigen Klauseln des Vertrags auswirkt, d. h. es stellt sich die Frage, ob damit der gesamte Vertrag nichtig ist oder es bei der Nichtigkeit der betroffenen Regelung bleibt. Der Gesetzgeber hat in **§ 139 BGB** als Auslegungsregel festgelegt, dass eine nichtige Klausel in der Regel zur Unwirksamkeit des gesamten Vertrags führt.

Praxishinweis: Diese gesetzliche Rechtsfolge entspricht allerdings meist nicht den Bedürfnissen der Rechtspraxis, da die Parteien komplexer vertraglicher Vereinbarungen meist nicht wollen, dass die Wirksamkeit des geschlossenen Vertrags an einer Klausel scheitert. Daher findet sich in fast allen Verträgen meist in den Schlussbestimmungen des Vertrags (oft unter der an juristischer Klarheit nicht mehr zu überbietenden Überschrift »Verschiedenes«) eine sog. **salvatorische Klausel**, die in Abbedingung der Auslegungsregel des § 139 BGB bestimmt, dass der Vertrag auch dann gültig sein soll, wenn eine oder mehrere Klauseln des Vertrags aus welchen Gründen auch immer unwirksam sein sollte. Solche salvatorische Klauseln werden oft wie folgt formuliert: *»Sollte eine Klausel dieses Vertrags ganz oder teilweise nichtig sein, dann bleiben die übrigen Bestimmungen des Vertrages wirksam. Die Parteien verpflichten sich, an Stelle der unwirksamen Klausel eine wirksame Vereinbarung zu treffen, die der unwirksamen Klausel wirtschaftlich soweit wie möglich entspricht.«*

7.5.5.2 Umdeutung

Ein nichtiges Rechtsgeschäft ist in ein wirksames Rechtsgeschäft umzudeuten, wenn anzunehmen ist, dass dieses bei Kenntnis der Nichtigkeit gewollt sein würde (**§ 140 BGB**).

Beispiel: Ein Arbeitsverhältnis wird durch den Arbeitgeber aus wichtigem Grunde gem. § 626 BGB gekündigt. Stellt sich etwa im anschließenden Arbeitsrechtsstreit heraus, dass kein wichtiger Grund vorliegt, so würde regelmäßig die außerordentliche Kündigung in eine ordentliche, fristgemäße Kündigung gem. § 140 BGB umgedeutet (vgl. *Brox/Walker*, BGB AT, Rd. 367).

Praxishinweis: Um die Frage der Umdeutung nicht der Einschätzung des Gerichts zu überlassen, werden außerordentliche Kündigungen in der Praxis typischerweise wie folgt formuliert: »*Hiermit wird das Arbeitsverhältnis außerordentlich mit sofortiger Wirkung gekündigt. Höchstvorsorglich wird das Arbeitsverhältnis ordentlich zum nächstmöglichen Zeitpunkt gekündigt.*« Im Übrigen sollte man sich bei rechtsgeschäftlichen Erklärungen nicht unnötig eine mögliche spätere Umdeutung durch ungeschickte – zu einengende – Formulierungen verbauen (etwa durch Formulierungen wie »*hiermit kündigen wir ausschließlich wegen des Vorgangs XY aus wichtigem Grunde mit sofortiger Wirkung*«), oft ist es zweckmäßig, die Zielsetzung des eigenen rechtsgeschäftlichen Handelns explizit offenzulegen (»*vor diesem Hintergrund wollen wir das Vertragsverhältnis in jedem Fall beenden und erklären damit hiermit .... und vorsorglich ....*«).

7.5.5.3 Bestätigung

Die Bestätigung eines nichtigen Geschäfts durch den, der es vorgenommen hat, zumindest in dem Bewusstsein einer möglichen Nichtigkeit, gilt als Neuvornahme des Rechtsgeschäfts (§ 141 I BGB). Dabei kann bereits der Vollzug des Rechtsgeschäfts eine solche Bestätigung darstellen, wenn beim Vollzug zumindest Zweifel an der Wirksamkeit des Rechtsgeschäfts vorliegen.

7.5.6 Willensmängel und Irrtumsanfechtung

Willenserklärungen sind – wie oben dargestellt – aus Gründen des Verkehrsschutzes aus der Perspektive des objektivierten Empfängerhorizontes auszulegen. Logische Konsequenz dieses Ansatzes ist, dass es vorkommen kann, dass der Erklärende mit nicht gewollten rechtlichen Konsequenzen konfrontiert wird. Um den Erklärenden hier nicht schutzlos zu lassen, gesteht die Rechtsordnung dem Erklärenden die Möglichkeit zu, in bestimmen Konstellationen durch eine fristgebundene Anfechtungserklärung diese Rechtsfolgen wieder zu beseitigen (und ggf. nur den Vertrauensschaden des

Erklärungsempfängers zu kompensieren). Folgende Anfechtungstatbestände erkennt der Gesetzgeber als zur Anfechtung berechtigend an:

Der **Inhaltsirrtum (§ 119 I 1. Alt. BGB)** erfasst die Fälle bei denen der Erklärende zwar erklären will, was er dann auch tatsächlich erklärt, dabei aber über die rechtliche Bedeutung der Erklärung irrt.

Beispiel: Verwendung der Bezeichnung »Dutzend« in der Annahme, dass es sich dabei um die Zahl 10 (statt der Zahl 12) handelt.

Der **Erklärungsirrtum (§ 119 I 2. Alt. BGB)** erfasst die Fälle der Verwendung eines falschen Erklärungszeichens.

Beispiele: Versprechen, Verschreiben oder Vertippen.

Eine besondere Variante ist der Erklärungsirrtum, der bei der Einschaltung eines Boten unterläuft. Dieser ist in § 120 **BGB** mit derselben Rechtsfolge versehen worden, wie der Erklärungsirrtum ohne Bote in § 119 I Alt. 1 BGB.

Klausurhinweis: Die Abgrenzung von Inhalts- und Erklärungsirrtum bereitet oft Kopfzerbrechen. Da die Rechtsfolge aber dieselbe ist, kann man sich etwas vereinfachend merken, dass technische Fehler in der Kommunikation (im Gegensatz zu Fehlern bei der Willensbildung) – ausnahmsweise – zu einer Anfechtung der Willenserklärung gem. § 119 I BGB berechtigen.

Nun noch ein wichtiger Punkt: *Kein* zur Anfechtung berechtigender Irrtum ist der Irrtum bei der Willensbildung, der sog. **Motivirrtum.**

Beispiel: Der Hauseigentümer im Rheinland, rechnet mit einem Hochwasser und bestellt im Baumarkt Sandsäcke und andere Hilfsmittel zum Schutz gegen das drohende Wasser. Bleibt das Hochwasser aus, kann der Hauseigentümer nicht den Kaufvertrag mit dem Baumarkt anfechten. Der Hauseigentümer wusste genau, was er erklärte (kein technischer Kommunikationsirrtum), es liegt nur eine Fehleinschätzung in der Motivation (drohendes Hochwasser) vor. Diese berechtigt aber grundsätzlich *nicht* zur Anfechtung.

Aber keine Regel ohne Ausnahme: In Ausnahmefällen berechtigt ein Motivirrtum doch zur Anfechtung, wenn es sich um einen Irrtum über eine **verkehrswesentliche Eigenschaft (§ 119 II BGB)** handelt. Verkehrswesentliche Eigenschaften sind solche, die Eigenschaften einer Person oder Sache, die dieser – nicht nur vorübergehend – anhaften oder nach der Verkehrsanschauung für deren Wertbildung relevant sind. Die Vorstellung über den Wert selbst berechtigt dagegen nicht zur Anfechtung.

Beispiele: (1) Der Käufer eines Bildes glaubt, dass dieses von Picasso wäre, später stellt sich heraus, dass es sich um das relativ unbedeutende Bild eines unbekannten Künstlers handelt. Der Käufer könnte den Kaufvertrag gem. § 119 II BGB anfechten (im umgekehrten Fall, d. h. der Verkäufer verkennt, dass es sich um einen echten Picasso handelt, wäre ebenfalls eine Anfechtung gem. § 119 II BGB möglich). Anders wäre es, wenn es sich um einen Risikokauf bzw. -verkauf handeln würde (dann würden beide Seiten ja nicht irren) oder wenn die Parteien zwar wüssten, dass es sich um einen echten Picasso handelt, aber eine Partei sich über den Wert des Bildes täuscht (dann läge ein unbeachtlicher Motivirrtum vor – es ist nicht Aufgabe der Gerichte angemessene Kaufpreise zu bestimmen!). (2) Auch im Arbeitsrecht, wo Kündigungen meist nur unter erschwerten Voraussetzungen wirksam sind, spielt die Anfechtung gem. § 119 II BGB eine nicht ganz unwichtige Rolle, etwa wenn es um Eigenschaften von Arbeitnehmern/innen wie Vorstrafen (grundsätzlich keine verkehrswesentliche Eigenschaft) oder die Schwangerschaft (nur vorübergehend, daher jedenfalls kein § 119 II BGB) geht.

Liegt ein Irrtum i.S.v. §§ 119 I, II oder 120 BGB vor, dann kann der Irrende, seine Willenserklärung **anfechten** und die Willenserklärung damit rückwirkend (**ex tunc**) beseitigen (§ 142 I BGB), d. h. das betroffene Rechtsgeschäft wird als von Anfang an als nichtig behandelt. Um den Vertragspartner zu schützen, kann die Anfechtung nur **unverzüglich**, d. h. ohne schuldhaftes Zögern erfolgen (§ 121 I BGB). Außerdem wird der Vertragspartner dadurch geschützt, dass er **Ersatz des Vertrauensschadens** (also Ersatz des sog. negativen Interesses) verlangen kann (§ 122 BGB).

Beispiel: Hat in unserem vorstehenden »*Picasso-Fall*« der Verkäufer das Bild aufwendig verpacken und transportieren lassen, dann kann der Verkäufer im Falle einer Anfechtung durch den Käufer Ersatz dieser Aufwendungen verlangen. Der Vertrauensschaden umfasst aber eben nicht das positive Interesse, das wäre in diesem Fall der Gewinn, der mit dem Verkauf erzielt worden wäre.

Die **arglistige Täuschung** (§ 123 I 1. Alt. BGB) setzt die vorsätzliche Herbeiführung oder Aufrechterhaltung eines Irrtums voraus, die jedenfalls mitursächlich für die Willenserklärung geworden ist. Die Täuschung kann durch positives Tun erfolgen: Dafür genügt bereits, dass der Täuschende »*ins Blaue hinein*« Angaben macht, oder die Täuschung kann durch Unterlassen erfolgen, dann muss auf Seiten des Täuschenden aber noch zusätzlich eine Aufklärungspflicht hinzutreten, damit der Tatbestand des § 123 I 1. Alt. BGB erfüllt wird.

Beispiel 1: Der Gebrauchtwagenhändler, der »*ins Blaue hinein*« behauptet, dass ein Gebrauchtwagen mit Unfallschaden kein Unfallwagen sei, obwohl er überhaupt nicht weiß, ob diese Aussage richtig ist, begeht bereits eine arglistige Täuschung (vgl. *Brox/Walker*, BGB AT, Rd.454).

Beispiel 2: Der Gebrauchtwagenhändler, der dem Käufer gegenüber verschweigt, dass ein Gebrauchtwagen ein Unfallwagen ist, obwohl der

Händler dies weiß, begeht eine arglistige Täuschung, *wenn* der Händler nach Treu und Glauben (§ 242 BGB) verpflichtet gewesen wäre, entsprechende Angaben zu machen (wozu der gewerbliche Gebrauchtwagenhändler abhängig von den Umständen des Einzelfalls nach der Rechtsprechung in der Regel verpflichtet ist) (vgl. zu den verschiedenen Konstellationen Palandt/*Ellenberger*, § 123, Rd. 7).

Praxishinweise: Die arglistige Täuschung ist nicht ausschließlich eine Domäne des Gebrauchtwagenhandels, sondern spielt in der gesamten Rechtspraxis eine bedeutende Rolle und kann insb. vor Abschluss von Dauerschuldverhältnissen mit sozialem Bestandsschutz wie etwas dem Arbeitsvertrag oder dem Wohnraummietvertrag von Seiten des Arbeitgebers bzw. Vermieters auch taktisch eingesetzt werden, in dem man den potentiellen Arbeitnehmer oder Mieter im Vorfeld des Vertragsschlusses umfangreiche Fragebögen ausfüllen lässt, um bei Falschangaben später das Vertragsverhältnis eventuell durch Anfechtung wegen arglistiger Täuschung unabhängig von sozialen Bestandsschutzbestimmungen beenden zu können.

Die **widerrechtliche Drohung (§ 123 I 2. Alt. BGB)** erfasst keine Irrtumsvariante, sondern die Fälle in denen die Freiheit der Willensentschließung in unzulässigerweise beeinträchtigt wird, durch ein unzulässiges Mittel (Gewaltandrohung), einen widerrechtlichen Zweck (Begehung einer Straftat) oder eine widerrechtliche Zweck-Mittel-Relation (Drohung mit einer Anzeige, obwohl die Anzeige in keinem inneren Zusammenhang zu der gerbeigeführten Willenserklärung steht).

Die Anfechtungen gem. § 123 I BGB führen wie die Anfechtungen gem. §§ 119 I, II, 120 BGB zur **Nichtigkeit** der Willenserklärung **von Anfang** an (§ 142 I BGB), allerdings ist hier der Getäuschte schutzbedürftig und nicht der Vertragspartner, was dazu führt, dass der Anfechtende *keinen* Ersatz des Vertrauensschadens leisten muss (dies folgt u. a. auch aus Stellung des § 122 BGB nach § 119 BGB und vor § 123 BGB – systematische Auslegung!) und die Anfechtung auch nicht unverzüglich erfolgen muss, sondern innerhalb eines Jahres nach Entdeckung der Täuschung bzw. Wegfall der Drohung (§ 124 I, II BGB).

Praxishinweis: Insb. bei wirtschaftlich bedeutenden Rechtsgeschäften sollte *nicht* ohne Rücksprache mit einem Juristen die Anfechtung erklärt werden, da durch die rückwirkende Beseitigung insb. eines Vertragsverhältnisses die Basis für eigene Ansprüche z. B. aus akzessorischen

Sicherungsrechten (▸ Kap. 20.2) zerstört werden könnte, d. h. die Wirkungen der Anfechtung können sich auch zum Nachteil des Anfechtenden auswirken (»*der Anfechtende läuft hier Gefahr, den Ast abzusägen, auf dem er selbst sitzt*«).

7.5.7 Bedingungen und Befristungen

§§ 158 bis 161 BGB enthalten Regelungen über Bedingungen und Befristungen. Wirklich praxisrelevant ist hier der § 161 I BGB, der bestimmt, dass im Falle mehrfacher aufschiebend bedingter Übertragungen im Falle des Eintritts der jeweiligen Bedingungen, das **Prioritätsprinzip** gilt (soweit nicht Regelungen über den gutgläubigen Erwerb eingreifen, vgl. § 161 III BGB).

7.5.8 Stellvertretung

Die Stellvertretung (§§ 164 bis 181 BGB) kann durch Gesetz oder durch Rechtsgeschäft entstehen. Beispiele für die **gesetzliche Stellvertretung** sind der Geschäftsführer als gesetzlicher Vertreter der GmbH (§ 35 GmbH-Gesetz), der Vorstand als gesetzlicher Vertreter der AG (§ 78 AktG) oder die Eltern als i. d. R. gesetzliche Vertreter der minderjährigen Kinder (§ 1629 BGB). Bei der **rechtsgeschäftlichen Stellvertretung** wird gem. § 167 BGB eine Vollmacht erteilt.

Der Stellvertreter gibt nicht nur Erklärungen für den Vertretenen ab (Aktivvertretung), sondern kann auch Erklärungen entgegennehmen (**Passivvertretung**, vgl. § 164 III BGB; man könnte auch sagen »*Der Vertreter ist Mund und Ohr des Vertretenen*«). Bei der Gesamtvertretung (Vier-Augen-Prinzip bei Gesellschaften) genügt bei der Passivvertretung, dass die Erklärung nur *einem* Vertreter gegenüber abgegeben wird (vgl. insb. § 35 II S.2 GmbH-Gesetz, § 78 II S.2 AktG, § 1629 I S.2 BGB).

Wichtig ist, die **Vertretungsmacht vom Innenverhältnis (Grundverhältnis) zu trennen.** Die Vertretungsbefugnis ist grundsätzlich unabhängig (abstrakt) von dem zugrundeliegenden Innenverhältnis.

Beispiele: (1) Bei der Mandatierung eines Rechtsanwalts oder Steuerberaters ist die Erteilung des Auftrags in Form einer Geschäftsbesorgung (das Innenverhältnis) von der meist parallel erteilten Vollmacht (für das Außenverhältnis) zu trennen. (2) Beim Geschäftsführer oder Vorstand ist stets die Organstellung streng von dem regelmäßig bestehenden Dienstvertrag zu trennen.

Praxis: Bei der Mandatierung von Rechtsanwälten werden typischerweise eine Mandatsvereinbarung und eine Vollmacht (sowie ggf. noch eine separate Honorarvereinbarung) unterzeichnet. Die Vollmacht wird vorsorglich immer sehr umfassend erteilt, während in der Mandatsvereinbarung im Innenverhältnis oft konkrete Weisungen erteilt werden. Würde bereits die Vollmacht derartige Weisungen und andere, einschränkende Vorgaben enthalten, wäre die Vollmacht in der Praxis unbrauchbar, da die Gegenseite wegen der unklaren Reichweite der Vollmacht diese nicht akzeptieren würde (einmal ganz abgesehen davon, dass man derartige Weisungen Dritten gegenüber nicht unbedingt offenlegen sollte).

Die Stellvertretung hat folgende **Voraussetzungen**:

1. **Zulässigkeit**: Grundsätzlich ist Stellvertretung im deutschen Recht zulässig, es gibt nur wenige Rechtsgeschäfte bei denen ausnahmsweise Vertretung nicht zulässig ist. Beispiele für unzulässige Vertretung sind die Eheschließung (§ 1311 BGB) oder letztwillige Verfügungen (§ 2064 BGB).

   Praxishinweis: Auch die Tätigkeit als Aufsichtsrat ist höchstpersönlicher Natur, d. h. Aufsichtsräte können sich nicht vertreten lassen; aber sie können einen sog. Stimm*boten* beauftragen, in bestimmter Art und Weise für das verhinderte Aufsichtsratsmitglied abzustimmen (§ 108 III AktG).

2. *Eigene* **Willenserklärung des Vertreters**: Der Vertreter ist von dem Boten abzugrenzen. Während der Bote wie ein Postbote nur eine fremde Erklärung überbringt (oder als Empfangsbote entgegennimmt), gibt der Vertreter eine eigene Willenserklärung (für den Vertretenen) ab. Nachfolgende Übersicht macht die Unterschiede zwischen Stellvertreter und Boten deutlich:

Stellvertreter (§§ 164 ff. BGB)	Bote (keine Regelung im BGB)
gibt eine *eigene* Willenserklärung ab	überbringt lediglich eine *fremde* Willenserklärung
bei Empfang (Passivvertretung, § 164 III BGB): Zugang beim Stellvertreter	bei Empfang(sbote): Zugang entsprechend »menschlicher Briefkasten«

Stellvertreter (§§ 164 ff. BGB)	Bote (keine Regelung im BGB)
muss (daher) zumindest beschränkt geschäftsfähig sein (§ 165 BGB)	kann auch geschäftsunfähig sein
bei der Anfechtung wegen Irrtums kommt es auf die Kenntnis des Vertreters an (§ 166 I BGB)	bei einem Irrtum des Boten gilt § 120 BGB (Grund: Der Bote überbringt eine fremde Willenserklärung!)

3. Handeln im fremden Namen und auf fremde Rechnung (**Offenkundigkeit**): Der Vertreter muss sein Handeln für einen anderen gem. § 164 I BGB offenlegen, schließlich will der Vertragspartner ja wissen, mit wem er kontrahiert. **Ausnahme**: Daran besteht aber kein Bedürfnis bei Bargeschäften des täglichen Lebens, daher wird hier im Wege der teleologischen Reduktion von dem Erfordernis der Offenkundigkeit abgesehen.

4. Vertretungsmacht (**Vollmacht oder kraft Gesetzes**): Kernvoraussetzung ist die Vertretungsmacht kraft Gesetzes (wie § 35 GmbH-Gesetz) oder durch die Erteilung einer Vollmacht gegenüber dem Dritten oder gegenüber dem Stellvertreter (§ 167 I BGB). Interessanterweise ist die Erteilung der Vollmacht formfrei, selbst wenn das Rechtsgeschäft zu dem die Vollmacht erteilt wurde einer bestimmten Form bedarf (§ 167 II BGB). **Ausnahmen**: Von dieser Formfreiheit macht der Gesetzgeber an verschiedenen Stellen Ausnahmen (vgl. z. B. § 2 II GmbH-Gesetz für GmbH-Gründung oder § 12 I HGB für Handelsregisteranmeldungen). Des Weiteren hat die Rechtsprechung eine Ausnahme von § 167 II BGB für den Fall entwickelt, das eine *unwiderrufliche* Vollmacht zum Abschluss eines Grundstückskaufvertrags abgeben wird, um auf diese Weise zu verhindern, dass die Warnfunktion des § 311b S. 1 BGB leerläuft (vgl. Palandt/*Ellenberger*, § 167 Rd. 2 m.w.N.).

5. **Grenzen** der Vertretungsmacht:
   a) Verbot von Insichgeschäften (§ 181 BGB): Ein Vertreter darf nach dem Gesetz nicht gleichzeitig für den Vertretenen und sich selbst handeln, d. h. ein Vertreter darf nicht einen Vertrag zwischen sich selbst und dem Vertretenem abschließen (**§ 181 Alt. 1 BGB**). Des Weiteren darf ein Vertreter nicht gleichzeitig für zwei Vertretene handeln, d. h. der Vertreter darf nicht einen Vertrag zwischen zwei Parteien schließen, die beide bei diesem Vertragsschluss von ihm vertreten werden (Verbot der Mehrfachvertretung, **§ 181 Alt. 2 BGB**). **Ausnahmen**: *Kein* Verstoß gegen § 181 BGB liegt vor, wenn der Vertretene dies gestattet hat (§ 181 BGB ist also dispositiv), oder es sich um die bloße Erfüllung einer Verbindlichkeit handelt (z. B. bei der Auszahlung der festgelegten monatlichen Bezüge). **Rechtsfolge**: Bei einem Verstoß gegen § 181 BGB ist das Ge-

schäft schwebend unwirksam, d. h. das Geschäft kann durch Genehmigung rückwirkend wirksam werden.

Praxishinweise: (1) Das Verbot der Mehrfachvertretung (§ 181 Alt. 2 BGB) spielt in der Unternehmenspraxis eine überragende Bedeutung und führt selbst bei namhaften deutschen Konzernen oft zu unwirksamen konzerninternen Vertragsabschlüssen, was daran liegt, dass die Kombination von Gesamtvertretung (Vier-Augen-Prinzip) und unterbliebener Befreiung von § 181 BGB dazu führt, dass z. B. konzerninterne Unternehmensverträge von vier verschiedenen Geschäftsführern (lassen wir die Prokuristen einmal weg) unterzeichnet werden müssen, um wirksam zu sein. Dies führt insb. bei Auslandsbeurkundungen zu Problemen, da der § 181 BGB eine Besonderheit des deutschen Rechts ist und von ausländischen Notaren daher nicht berücksichtigt wird (vgl. hierzu *Fischer*, FAZ v. 4.10.2006). (2) Des Weiteren ist zu beachten, dass bei der AG eine Befreiung des Vorstands von den Beschränkungen des § 181 *Alt. 1* BGB von vorneherein nicht möglich ist, da es Aufgabe des Aufsichtsrates ist, die AG in allen Angelegenheiten gegenüber dem Vorstand zu vertreten (vgl. § 112 AktG). Die Situation ist bei der GmbH etwas anders als bei der AG: Zwar wird die GmbH im Verhältnis zu den Geschäftsführern durch die Gesellschafterversammlung vertreten, dieses gilt aber nur für Fragen, die das Organverhältnis des Geschäftsführers betreffen, bei normalen Verkehrsgeschäften wird die GmbH also auch gegenüber dem Geschäftsführer durch die Geschäftsführung vertreten (wenn denn eine Befreiung von § 181 Alt. 1 BGB vorliegt). (3) Wenn man sich fragt, ob ein Fall des § 181 BGB vorliegt, hilft es vielleicht, sich das Formular eines Kaufvertrags, bei dem die Parteien und deren etwaige Vertreter auf der ersten Seite eingetragen werden müssen, vorzustellen. Ein Fall des § 181 BGB liegt vor, wenn ein Name auf beiden Vertragsseiten vorkommt, sei es einmal als Partei und einmal als Vertreter (§ 181 Alt. 1 BGB) oder zweimal als Vertreter (§ 181 Alt. 2 BGB).

b) Ein **Missbrauch der Vertretungsmacht** liegt nach der Rechtsprechung in zwei Fallgruppen vor:
- Vertreter und Dritter wirken beim Rechtsgeschäft einvernehmlich zusammen, um dem Vertretenen zu schaden (**Kollusion**), **Rechtsfolge**: Das Rechtsgeschäft ist sittenwidrig und somit gem. § 138 I BGB nichtig.
- Vertreter überschreitet die Vertretungsmacht und der Dritte weiß dies (der Dritte ist also bösgläubig); **Rechtsfolge**: Das Geschäft ist schwebend unwirksam (könnte aber noch vom Vertretenen genehmigt werden).

Zwei besondere Varianten der Vollmacht seien noch kurz erwähnt:

- **Duldungsvollmacht:** Im Grunde eine stillschweigend (konkludent) erteilte Vollmacht, bei der der Geschäftsherr weiß, dass der »Vertreter« in seinem Namen handelt und der Geschäftsherr trotzdem nicht einschreitet.
- **Anscheinsvollmacht:** Hier müsste der Geschäftsherr bei pflichtgemäßer Sorgfalt erkennen, dass ein Dritter in seinem Namen auftritt, und der Geschäftsherr müsste einschreiten. Dies ist genaugenommen keine Vollmacht, sondern eine besondere Variante der Rechtsscheinhaftung: Dogmatisch besteht daher ein struktureller Unterschied zur Duldungsvollmacht.

Eine **wirksame Vertretung** führt dazu, dass das Geschäft zwischen Vertretenem und dem Dritten zustande kommt (§ 164 I BGB), d. h. der Vertreter wird nicht Vertragspartei (kann aber ggf. ausnahmsweise gem. § 311 III BGB als Sachwalter haften). Hinsichtlich Willensmängel und Kenntnis ist grundsätzlich die Person des *Vertreters* maßgebend (**§ 166 I BGB**); **Ausnahme:** Wenn der Vertretene den Bevollmächtigten zu dem Geschäftsabschluss irgendwie veranlasst hat (= der weisungsgebundene Vertreter), kommt es maßgebend auf den Vertretenen an (§ 166 II BGB, der extensiv – also weit – ausgelegt wird; der Vertretene soll sich nicht hinter einem gutgläubigen Vertreter verstecken können).

Liegt *keine* wirksame Vertretung vor, dann ist der Vertrag gem. **§ 177 I BGB schwebend unwirksam.** Der Vertretene kann genehmigen und so das Geschäft von Anfang an wirksam werden lassen (vgl. § 184 I BGB) oder die Genehmigung verweigern und so das Geschäft endgültig unwirksam machen. Die Genehmigung ist formlos möglich (§ 182 II BGB). Der **Vertreter ohne Vertretungsmacht haftet gem. § 179 I BGB** nach Wahl der Gegenseite auf Vertragserfüllung *oder* Schadensersatz (wichtige Anspruchsgrundlage, gehört zur Gruppe des quasi-vertraglichen Ansprüche). Hat der Vertreter den Mangel der Vertretungsmacht nicht erkannt, haftet er gem. § 179 II BGB nur für den Vertrauensschaden (das sog. negative Interesse). Der Vertreter ohne Vertretungsmacht haftet gem. § 179 III BGB gar nicht, wenn die Gegenseite den Mangel der Vertretungsmacht kannte oder kennen musste.

Praxishinweis: Mitunter wird bewusst ein Vertreter ohne Vertretungsmacht (unter Ausschluss der Haftung aus § 179 I BGB) eingesetzt, weil etwa aus technischen Gründen noch keine Vollmacht vorliegt oder die Parteien sich die Genehmigung der Transaktion noch offenhalten wollen (z. B. bei steuerlich veranlassten Umstrukturierungsmassnahmen, die noch in den letzten Tagen des Dezembers durchgeführt werden sollen).

Klausurhinweis: Ist unklar, ob eine wirksame Vertretungsmacht vorliegt, so empfiehlt es sich im Zweifel zuerst Ansprüche gegen den Vertretenen zu prüfen (wenn auch danach gefragt wird) und erst wenn sich im Rahmen dieser Prüfung herausstellt, dass es an einer wirksamen Stellvertretung fehlt, Ansprüche gegen den Vertreter ohne Vertretungsmacht aus § 179 I BGB zu prüfen. An dem Ergebnis darf sich aber durch diese technische Prüfungsreihenfolge nichts ändern.

Um den Empfänger einer **einseitigen Erklärung** wie einer Kündigung durch einen Vertreter zu schützen, kann der Empfänger die einseitige Erklärung unverzüglich gem. **§ 174 BGB** zurückweisen und damit beseitigen, wenn der Erklärung keine Originalvollmacht beigefügt war und die Vertretungsmacht des Erklärenden sich insb. auch nicht aus dem Handelsregister ergibt.

Praxishinweis: Zurückweisungen gem. § 174 BGB sind ein äußerst beliebtes »Spiel« in der Praxis und können bei fristgebundenen einseitigen Erklärungen wie z. B. der Kündigung aus wichtigem Grunde gem. § 626 BGB neben einem gewissen psychologischen Effekt auch weitreichende materielle Folgen haben, da eine später nachgeholte Kündigungserklärung mit Originalvollmacht keine rückwirkende Wirkung hat und damit ggf. verfristet sein kann (was insb. bei »*gut getimeter unverzüglicher*« Zurückweisung passieren kann).

Ergänzende Regelungen zum Stellvertretungsrecht finden sich im Handelsrecht (§§ 48 ff. HGB: Prokura und Handlungsvollmacht) und werden dort im Detail dargestellt.

7.5.9 Fristen

Die zutreffende Berechnung von Fristen gehört zu den schwierigsten und haftungsträchtigen Tätigkeiten, bei der man in Rechtsanwalts- oder Steuerberaterkanzleien stets sowohl bei der Berechnung als auch bei der Kontrolle **(Fristenkalender)** mit einem Vier-Augen-Prinzip arbeiten sollte. Dies ist nicht nur wegen der Fehlervermeidung wichtig, sondern ist auch für eine etwaige Wiedereinsetzung in den vorigen Stand in einem gerichtlichen Verfahren oder – im schlimmsten Fall – aus versicherungsrechtlichen Gründen zum Nachweis der fehlenden groben Fahrlässigkeit notwendig.

> **Praxis:** Die Empfehlung für die Praxis von Nicht-Juristen in diesem Bereich ist denkbar einfach: Wenn es auf die taggenaue Berechnung einer Frist ankommt, sollte man diese Berechnung niemals selbst vornehmen.

Die Grundregeln zur Fristenberechnung, die über das BGB hinaus Bedeutung haben, finden sich in **§§ 186 bis 193 BGB**, daneben existieren aber zahlreiche Sonderregeln, die die Problematik noch einmal verschärfen. Im Rahmen dieses Lehrbuches sollen nur folgende zwei wichtige Basisregeln vermittelt werden.

- Eine nach Wochen oder Monaten bestimmte Frist endigt mit Ablauf desjenigen Tages, welcher durch seine Benennung dem Tage entspricht, in den das Ereignis fällt (§ 188 II BGB).

  Beispiele: (1) Macht etwa ein Autoverkäufer einem Interessenten an einem Montagnachmittag ein Angebot, welches dieser innerhalb einer Woche annehmen kann (vgl. § 148 BGB), dann endet die Annahmefrist am folgenden Montag (Tag der Benennung des Beginns der Frist) um 24.00h (wobei zu beachten ist, dass z. B. ein am Montag um 23.30 Uhr beim Händler eingeworfene Annahme erst am Dienstagmorgen zugeht, s. o.). (2) Macht der Autohändler das Angebot am Montag, den 29. März für einen Monat bindend, dann endet es am 29. April (Tag der Benennung! – um 24.00 Uhr), fehlt ein entsprechender Tag im Folgemonat wie etwa im Februar, dann endet die Frist am letzten Tag des Monats (§ 188 III BGB).

- Fällt der letzte Tag der Frist auf einen Samstag, Sonntag oder gesetzlichen **Feiertag**, so endet die Frist erst mit Ablauf des nächsten Werktags (**§ 193 BGB**). Feiertage zu Beginn der Frist oder während der Frist sind dagegen irrelevant für die Fristberechnung.

  Achtung: § 193 BGB findet *nicht* auf alle Fristen Anwendung, insb. Ladungsfristen für Versammlungen (z. B. bei der Hauptversammlung der AG, vgl. § 121 VII AktG) und **Kündigungsfristen** (z. B. im Arbeitsrecht) werden *nicht* von § 193 BGB erfasst (bez. Spezialfall Kündigung eines Mietverhältnisses vgl. insoweit Palandt/*Weidenkaff* § 573c, Rd. 10 ff.).

7.5.10 Verjährung

Ansprüche unterliegen (im Gegensatz zu absoluten Rechten wie etwa das Eigentum) der Verjährung (**§ 194 BGB**). Verjährung bedeutet, dass nach Ablauf der Verjährung der Anspruch zwar noch besteht (also auch einen Rechtsgrund i.S.v. § 812 I BGB darstellen kann), aber der Schuldner sich im

Wege der Einrede auf die Verjährung berufen kann, so dass der Anspruch nicht mehr gerichtlich durchsetzbar wäre.

Beispiel: Leistet ein Schuldner etwa aus Unkenntnis trotz Verjährung an den Gläubiger, kann er den geleisteten Betrag nicht gem. § 812 I S. 1 Alt. 1 BGB zurückfordern, da der Rechtsgrund für die Leistung nach wie vor besteht.

Praxis: Während es in früheren Zeiten z. B. unter Hamburger Kaufleuten üblich war, sich nicht auf die Einrede der Verjährung zu berufen, ist dies heute immer und überall üblich. Rechtsanwälte auf Beklagtenseite erheben im Prozess routinemäßig immer die Einrede der Verjährung.

Der Regelungstechnik des BGB folgend enthalten die §§ 194 bis 218 BGB die allgemeinen Regeln der Verjährung. Im Besonderen Schuldrecht und anderen Gesetzen finden sich davon abweichende Spezialregelungen (vgl. z. B. für das Kaufrecht § 438, für das Werkvertragsrecht 634a BGB, für die Organhaftung § 93 VI AktG und § 43 IV GmbH-Gesetz, für die Produkthaftung § 12 ProdHaftG), so dass man wie auch bei anderen Rechtsfragen zunächst in die speziellen Regelungen schaut, bevor man auf die allgemeinen Regeln zurückgreift. Innerhalb des BGB AT gibt es wiederum nach demselben Prinzip allgemeine und besondere Regelungen:

Soweit keine Spezialregelung existiert gilt die **regelmäßige Verjährungsfrist** des **§ 195 BGB**: Diese beträgt **drei Jahre**. Bei jeder Verjährungsfrist ist aber noch genau zu prüfen, wann diese beginnt: Die regelmäßige Verjährungsfrist von drei Jahren beginnt erst, wenn der Anspruch entstanden ist *und* zusätzlich der Gläubiger Kenntnis oder grobfahrlässig Unkenntnis von den den Anspruch begründenden Umständen und der Person des Schuldners hat (§ 199 I BGB). Aus Gründen der technischen Vereinfachung bestimmt das Gesetz weiter, dass die dreijährige Verjährungsfrist erst am Ende des Jahres beginnt, in dem diese beiden Voraussetzungen vorliegen (§ 199 I BGB), was wiederum dazu führt, dass die regelmäßige dreijährige Verjährung immer am 31. Dezember eines Jahres endet.

Praxishinweis: Daher macht es auch Sinn, Anfang Dezember drohende Verjährungsfristen routinemäßig zu prüfen.

Die **maximale regelmäßige Verjährungsfrist** beträgt **zehn Jahre** (§ 199 IV BGB), d. h. insoweit kommt es auf subjektive Kenntnis oder Unkenntnis des Gläubigers von dem Anspruch nicht an. Diese maximale regelmäßige Verjährungsfrist gilt wiederum *nicht* für Schadensersatzansprüche wegen der

Verletzung von Leben, Körper, Gesundheit oder Freiheit, welche unabhängig von weiteren Voraussetzungen **30 Jahre** nach Begehung der jeweiligen Handlung verjähren.

Auf **Sonderverjährungsregelungen** wegen vorsätzlicher deliktischer Handlungen oder Herausgabeansprüche aus dem Eigentum (paradoxerweise unterliegt der Herausgabeanspruch aus § 985 BGB der Verjährung, obwohl das Eigentum selbst als absolutes Recht nicht verjähren kann) sei hier nur kurz hingewiesen: Gemäß § 197 BGB gilt auch hier eine 30jährige Verjährungsfrist.

Als Ausfluss der Vertragsfreiheit sind auch Vereinbarungen über die Verjährung zulässig, dabei sind aber insb. folgende Grenzen zu beachten:

- Eine Verkürzung der Verjährung im Voraus für die Haftung wegen **Vorsatzes** ist *nicht* zulässig (§ 202 I BGB); diese Bestimmung ergänzt den wichtigen § 276 III BGB, der einen Haftungsausschluss für Vorsatz im Voraus ausschließt.
- Eine **Verlängerung** der Verjährung über 30 Jahre hinaus ist nicht zulässig (§ 202 II BGB). 30 Jahre ist traditionell die längste Verjährungsfrist im deutschen Zivilrecht, die auch nicht durch vertragliche Vereinbarungen verlängert werden soll.

Unter verschiedenen Umständen kann es zur **Hemmung** der Verjährung kommen, d. h. die Verjährung läuft für eine bestimmte Zeit nicht, beginnt nach Wegfall der Umstände aber nicht neu, sondern läuft nach Wegfall der Hemmung dort weiter, wo sie vor der Hemmung stehen geblieben war (vgl. §§ 209 bis 211 BGB). In anderen Fällen kann es ausnahmsweise zum **Neubeginn** der Verjährung kommen (vgl. § 212 BGB). Wichtig ist sich klar zu machen, dass eine einfache Mahnung die Verjährung nicht verhindert, so dass bei drohender Verjährung entweder Klage erhoben muss (§ 204 I Nr. 1 BGB) oder – weniger aufwendig – ein gerichtlicher Mahnbescheid beantragt werden sollte (§ 204 I Nr. 3 BGB).

> **Praxishinweis:** Um unnötige Klagen oder gerichtliche Mahnverfahren während laufender Verhandlungen zu vermeiden (und wenn der Gläubiger sich nicht auf die Hemmung gem. § 203 BGB verlassen will) ist es nicht unüblich, dass die Parteien vereinbaren, dass »*der Schuldner auf die Einrede der Verjährung verzichtet, soweit zum Zeitpunkt der Erklärung noch keine Verjährung eingetreten ist*«.

Auch wenn noch keine Verjährung eingetreten ist, kann ein Anspruch durch **Verwirkung** erlöschen, wenn kumulativ ein Recht längere Zeit nicht geltend gemacht wurde (sog. **Zeitelement)** und ein schutzwürdiges Vertrauen des Schuldners darauf, dass der Anspruch nicht mehr geltend gemacht wird, besteht (sog. **Umstandselement)**. Die Verwirkung ist gesetzlich nicht geregelt, sondern wurde von der Rechtsprechung auf der Basis von Treu und Glauben (§ **242 BGB**) entwickelt worden. Im Gegensatz zur Verjährung führt die Verwirkung nicht nur zu einer Einrede (die im Prozess geltend gemacht werden muss), sondern zu einer von Amts wegen zu beachtenden Einwendung.

Literaturempfehlungen: *Brox/Walker*, BGB AT; *Wolf/Neuner* (vormals *Larenz*) Allgemeiner Teil des BGB, 10. Aufl. 2012.

7.6 Schuldrecht Allgemeiner Teil

Nachdem im vorhergehenden Teil, dem BGB AT, insb. das Zustandekommen von Verträgen dargestellt worden ist, steht im Schuldrecht der Inhalt und die Konsequenzen von Verträgen im Mittelpunkt. Auch innerhalb des Schuldrechts gilt wieder das bereits bekannte System aus Allgemeinem und Besonderem Teil: Im Schuldrecht AT stehen diejenigen Regeln, die vor die Klammer gezogen wurden und für alle Schuldverhältnisse gelten, während im Schuldrecht BT spezielle Regelungen für die verschiedenen vertraglichen und gesetzlichen Schuldverhältnisse stehen.

7.6.1 Leistungsinhalt und Grundbegriffe

Die Verpflichtung zu einer Leistung ist von einer bloßen Obliegenheit abzugrenzen: Eine **Obliegenheit** liegt dann vor, wenn eine Partei nicht verpflichtet ist, etwas zu tun oder zu unterlassen, die Nichtbefolgung der Obliegenheit aber die Rechtsposition der betreffenden Partei schwächen, etwa dadurch, dass diese Rechte nicht mehr ausüben kann.

Beispiel einer Obliegenheit: Die unterlassene Mängelrüge gem. § 377 HGB führt zum Verlust von Gewährleistungsrechten.

Die Leistung ist so zu bewirken, wie **Treu und Glauben** mit Rücksicht auf die Verkehrssitte es erfordern (§ **242 BGB**). Diese vielleicht wichtigste Bestimmung des BGB gilt – entgegen ihrer systematischen Stellung am Anfang des Schuldrechts AT – für das gesamte Zivilrecht und findet darüber hinaus in der gesamten Rechtsordnung Anwendung. § 242 BGB ist damit zur Allzweckwaffe geworden, die allerdings immer nur subsidiär herangezogen werden darf, wenn und soweit es keine vorrangigen Spezialregelungen gibt. Gleichzeitig ist § 242 BGB das Einfallstor für die Grundrechte des Grundgesetzes (sog. mittelbare Drittwirkung ▸ Kap. 3) und das Sozialstaatsprinzip (Art. 20 I GG) in das Zivilrecht. Der Wortlaut des § 242 BGB hilft dem Rechtsanwender nicht wirklich weiter, stattdessen sollte man die wichtigsten Funktionen und Fallgruppen des § 242 BGB zumindest zur Kenntnis nehmen:

- Konkretisierung der Leistung;
- Begründung von Nebenpflichten wie z.B. Informations- und Schutzpflichten, ggf. auch nachvertraglich;
- Beschränkungen im Falle unzulässiger Rechtsausübung, z.B. bei fehlendem schutzwürdigem Eigeninteresse (vgl. insofern auch das Schikaneverbot in § 226 BGB);
- Verbot des Widerspruchs zu eigenem früheren Verhalten;
- Verwirkung von Rechten.

Vorsicht bei der Unverhältnismäßigkeit (diese ist kein allgemeines Prinzip im Zivilrecht – im Gegensatz zum Öffentlichen Recht ▸ Kap. 1.1), aber es gibt auch im Zivilrecht eine Opfergrenze, d.h. es dürfen nicht an einen geringfügigen, folgenlos gebliebenen vertraglichen Verstoß weitreichende, unangemessene Konsequenzen geknüpft werden.

Der Leistungsinhalt muss **bestimmbar** sein, da es sonst keine Möglichkeit der Einklagbarkeit gibt. Fehlt es daran, dann besteht keine Leistungspflicht.

Praxishinweis: Dies bereitet in der Praxis mitunter Probleme, wenn es etwa darum geht, einen Kaufpreis im Falle der künftigen Ausübung einer Option zu bestimmen. Diese Problematik kann man dadurch lösen, dass ein bestimmter **Dritter die Leistung nach billigem Ermessen** bestimmen soll (**§ 315 BGB**). So finden sich in derartigen Fällen häufig Regelungen, dass der Kaufpreis bei Ausübung der Option der wirtschaftliche Wert der Sache zu diesem Zeitpunkt sein soll und dieser Wert bei Uneinigkeit der Parteien durch einen von der Wirtschaftsprüferkammer ausgewählten Wirtschaftsprüfer nach billigem Ermessen gem. § 315 BGB bestimmt werden solle. Ergänzt wird eine solche Regelung gerne durch eine Kostenregelung für das Gutachten, welche die Kosten anteilig zwischen den Parteien verteilt, abhängig davon wie stark die Angebote der Parteien von dem im Gutachten festgestellten Preis abweichen (oft wird dabei auf die entsprechende Regelung im Zivilprozess, § 91 ZPO, Bezug genommen).

Leistungsort (oft findet sich im Gesetz und in der Literatur auch die Bezeichnung Erfüllungsort) **ist im Zweifel der Sitz der Schuldners** (§ 269 I BGB). Wenn die Parteien weder explizit noch konkludent etwas anderes vereinbart haben, d. h. bei fehlender Vereinbarung handelt sich um eine sog. **Holschuld** im Gegensatz zu einer **Bringschuld**, bei welcher der Schuldner die Leistung zum Gläubiger zu bringen hat, und auch im Gegensatz zur **Schickschuld**, bei welcher der Schuldner die Leistung dem Gläubiger senden muss. Diese Frage ist u. a. im Zusammenhang mit der später dargestellten Konkretisierung von Bedeutung (vgl. § 243 II BGB).

Im Zweifel ist sofort zu leisten (§ 271 I BGB), dies ist für die Frage der Fälligkeit wichtig. Davon zu trennen ist die Frage der Erfüllbarkeit, d. h. die Frage, wann frühestens geleistet werden kann; auch insofern gilt, dass Erfüllbarkeit im Zweifel sofort eintritt (vgl. § 271 II BGB).

Hinweis: Um die Zahlungsmoral im Geschäftsverkehr zu verbessern, bestimmt der Gesetzgeber in Umsetzung einer EU-Richtlinie in **§ 271a BGB** für vertragliche Vereinbarungen nach denen bei Entgeltforderungen gegenüber Unternehmern die Erfüllung erst nach mehr als 60 Tagen (oder gegenüber einem öffentlichen Auftraggeber nach mehr als 30 Tagen) nach Empfang der Leistung verlangt werden können, dass diese Vereinbarungen gem. § 271a BGB nur wirksam sind, wenn sie ausdrücklich getroffen wurden und im Hinblick auf die Belange des Gläubigers nicht grob unbillig sind (zu den Details vgl. § 271a I, II BGB).

Teilleistungen sind grundsätzlich unzulässig (§ 266 BGB), d. h. der Schuldner hat im Zweifel die gesamte Leistung auf einmal zu erbringen. Eine Ausnahme gilt nur im Falle der Aufrechnung (die ansonsten oft nicht möglich wäre). Außerdem setzt der Grundsatz von Treu und Glauben (§ 242 BGB) dem § 266 BGB Grenzen.

Wichtig ist, dass die **Leistung grundsätzlich auch durch einen Dritten** erfolgen kann (§ 267 BGB). Dies gilt nicht, wenn es sich um eine höchstpersönliche Leistungspflicht handelt (wie etwa um eine Dienstleistung, vgl. § 613 BGB).

Es ist zwischen **Stückschulden** und **Gattungsschulden** zu differenzieren: Während bei der Stückschild ein ganz konkreter Leistungsgegenstand definiert ist (z. B. dieser Gebrauchtwagen), ist bei der Gattungsschuld der Leistungsgegenstand nur der Gattung nach, also nach allgemeinen Merkmalen, definiert (z. B. zehn Sack Zement Qualität XYZ). Bei einer Gattungsschuld ist eine Sache mittlerer Art und Güte geschuldet (**§ 243 I BGB** vgl. ergänzend § 360 HGB, wenn der Schuldner Kaufmann ist), wobei die Gattung durch die Parteien definiert wird (es existiert nicht etwa ein Verzeichnis von Gattungen als Anlage zum BGB).

> **Hinweis:** Besondere Relevanz hat diese Unterscheidung im Zusammenhang mit der – im Rahmen des allgemeinen Leistungsstörungsrechts dargestellten – Unmöglichkeit.

Das Gesetz sieht an verschiedenen Stellen **Leistungsverweigerungsrechte** vor, die den Schuldner bei wechselseitig bestehenden Verpflichtungen davor schützen, seine Leistung zu erbringen ohne die Gegenleistung zu erhalten. Im Detail unterscheiden sich die drei nachstehend dargestellten Zurückbehaltungsrechte, aber der Kerngedanke ist immer derselbe:

- **Einrede des nicht erfüllten gegenseitigen Vertrags (§ 320 BGB):** Bei einem gegenseitigen Vertrag (also bei den meisten Verträgen) ist jede Seite nur zur **Zug-um-Zug**-Leistung verpflichtet, solange die Parteien nicht Vorleistung durch eine Seite vereinbart haben.

> **Klausurhinweis:** Diese Bestimmung ist der Grund, warum in vielen Bearbeitervermerken in Klausuren der Klammerzusatz »Zug-um-Zug« zu finden ist.

- **Allgemeines Zurückbehaltungsrecht (§ 273 BGB):** Das allgemeine zivilrechtliche Zurückbehaltungsrecht des § 273 BGB ähnelt der spezielleren Einrede des § 320 BGB sehr, setzt aber keinen gegenseitigen Vertrag voraus, sondern nur das die wechselseitigen Ansprüche aus demselben rechtlichen Verhältnis stammen (**Konnexitätserfordernis**).
- **Kaufmännisches Zurückbehaltungsrecht (§ 369 HGB):** Dieses geht noch einen Stück weiter und unterscheidet sich insb. dadurch vom § 273 BGB, dass hier *kein* Konnexitätserfordernis zwischen den wechselseitigen Ansprüchen besteht.

7.6.2 Art und Umfang des Schadensersatzes

In den §§ 249 ff. BGB hat der Gesetzgeber geregelt, in welcher Art und Weise und in welchem Umfang Schadensersatz zu leisten ist, d. h. die §§ 249 ff. BGB bestimmen das »**Wie des Schadensersatzes**«, das »*Ob des Schadensersatzes*«, bestimmt sich nach den vertraglichen, quasivertraglichen und gesetzlichen Anspruchsgrundlagen, die an anderer Stelle im Einzelnen dargestellt werden.

Das deutsche Schadensersatzrecht beruht auf dem **Ausgleichs- und Totalreparationsgedanken** (und klammert dabei Leistungsfähigkeit und Billigkeitserwägungen grundsätzlich aus), d. h. bereits ein leicht fahrlässig verursachter Schaden ist in voller Höhe zu erstatten, selbst wenn dies die wirtschaftlichen Möglichkeiten des Schädigers bei weitem überschreitet.

Praxishinweis: Vor dem Hintergrund der unbegrenzten Haftung selbst in Fällen einfacher Fahrlässigkeit (z. B. im Falle des § 823 I BGB) sollte jeder über eine adäquate Haftpflichtversicherung verfügen.

Gedanklicher Ausgangspunkt der Schadensberechnung ist die Wiederstellung in natura (**Naturalrestitution**, vgl. § 249 I BGB), d. h. der Geschädigte ist so zu stellen wie er ohne das Schadensereignis gestanden hätte: Der Schaden ist die Differenz zwischen dem fiktiven Zustand ohne Schadensereignis und dem real eingetretenen Zustand nach Schadensverursachung (man spricht daher auch von der **Differenztheorie**). Der Schaden umfasst damit auch den entgangenen Gewinn (was § 252 BGB noch einmal klarstellt). In einigen Schadensersatzbestimmungen wird der Umfang des Schadensersatzes auf das **negative Interesse** begrenzt (vgl. z. B. §§ 122 I, 179 II BGB), dies bedeutet, dass nur der Vertrauensschaden ersetzt wird, nicht aber ein potentiell erzielter Gewinn (der Gewinn wäre das positive Interesse).

Kompensation für **immaterielle Schäden** (auf Deutsch: **Schmerzensgeld**) wird im deutschen Recht traditionell nur in Ausnahmefällen und dann auch nur in überschaubaren Größenordnungen gewährt. Maßgeblich ist insoweit **§ 253 BGB**, der Ersatz von immateriellen Schäden nur in den gesetzlich bestimmten Fällen zulässt (§ 253 I BGB), um dann selbst zu bestimmen, dass bei Verletzung des Körpers, der Gesundheit, der Freiheit und der sexuellen Selbstbestimmung eine »*billige Entschädigung in Geld*« gefordert werden darf (§ 253 II BGB). Auch im Falle »*nutzlos aufgewendeter Reisezeit*« kann Entschädigung in Geld verlangt werden (§ 651f II BGB) – man sieht immer wieder, das Reiserecht wurde mit besonderer Hingabe vom deutschen Gesetzgeber geregelt.

Beispiel: Im Jahre 2013 sorgte eine Entscheidung des LG Wuppertal (Urteil vom 05.02.2013 – 16 O 95/12) wegen der für deutsche Verhältnisse ungewöhnlich hohen Entschädigung für Aufsehen bei der im Falle einer »*mehrtägigen Geiselnahme in Tateinheit mit besonders schwerer Vergewaltigung*« einer sechzehnjährigen Schwangeren als Ersatz für immaterielle Schäden eine Summe von 100.000,- EUR zugesprochen wurde (bei der Berechnung spielten die Vermögensverhältnisse des beklagten Täters wie auch sonst im Schadensrecht keine Rolle), d. h. bereits diese bei einem solchen Fall erschreckend niedrige Summe war für deutsche Verhältnisse besonders hoch, so dass darüber in den Medien einschließlich der Fachpresse berichtet wurde.

Praxishinweis: In der Rechtspraxis werden Schmerzensgeldtabellen mit zahlreichen Beispielsfällen herangezogen.

Internationaler Aspekt: Die Möglichkeit des Strafschadensersatzes (*punitive damages*) des US-amerikanischen Rechts ist dem deutschen Recht fremd. Trotzdem sollte man sich mit voreiligen und überheblichen Bemerkungen über den amerikanischen Strafschadensersatz zurückhalten: Einerseits wurden die in den Medien genannten exorbitanten Schadensersatzsummen in der Praxis meist von der nächsten Instanz wieder kassiert (worüber mangels Nachrichtenwert meist nicht berichtet wurde), zum anderen verfolgen die stark an der Privatautonomie orientierten USA damit Ziele, die in Deutschland und Europa mit öffentlich-rechtlichen Maßnahmen erzielt werden sollen. **Beispiel:** Will man schwerwiegende und äußerst schmerzhafte Unfälle beim Ausschank zu heißer Getränke an einem *DRIVE THRU* verhindern, kann man dies einmal durch öffentlich rechtliche Regelungen erreichen (man denke etwa an eine EU-Richtlinie zur Regelung der Temperatur von Heißgetränken an Autoausschankstellen), d. h. der Steuerzahler trägt die Folgekosten dieser Maßnahmen, oder man kann dasselbe Ziel dadurch erreichen, dass Unternehmen bei wiederholten und rücksichtslosen Verstößen gegen Sorgfaltspflichten an einen Kläger einen spürbaren Strafschadensersatz zahlen müssen. Dabei ist eines klar: Die einzige Sprache, die Unternehmen und ihre Gesellschafter verstehen, ist die des Geldes, denn allein medienwirksame Entschuldigungen des Vorstandsvorsitzenden sind leicht zu haben, insb. wenn dieser persönlich keine Verantwortung trägt, und nur spürbare Geldzahlungen führen zu einer nachhaltigen Disziplinierung der Unternehmensführung für die Zukunft.

7.6.3 Kausalität

Zwischen dem geltend gemachten Schaden und der Haftungsnorm muss ein Kausalzusammenhang bestehen. Diese Kausalität bestimmt sich im deutschen Zivilrecht nach der sog. **Adäquanztheorie**, nach welcher nur der Schaden ursächlich zugerechnet werden kann, der **nach dem normalen Lauf der Dinge generell geeignet** war, einen bestimmten Erfolg herbeizuführen; unwahrscheinliche, atypische Schadensfolgen sind somit *nicht* mehr adäquat kausal verursacht und müssen daher auch nicht mehr ersetzt werden. Oder anders formuliert: Eine rein naturwissenschaftliche Kausalität (welche bei der sog. Äquivalenztheorie ausreichend wäre) ist eine notwendige, aber keine hinreichende Bedingung für die notwendige Kausalität nach der Adäquanztheorie. Ergänzend wird die Adäquanztheorie normativ korrigiert durch den sog. Schutzzweck der Norm und den Rechtswidrigkeitszusammenhang: Danach fehlt an der Kausalität, wenn der Zweck der verletzten Norm derartige Schäden gar nicht verhindern wollte.

Beispiel für fehlenden Schutzzweck der Norm: Nach einem Rotlichtverstoß kommt es an der *übernächsten* Kreuzung zu einem Unfall. Sinn des Verbots, bei rot über die Ampel zu fahren, ist es nicht, zu verhindern, dass jemand zu einem bestimmten späteren Zeitpunkt an einem bestimmten anderen Ort ist, d. h. hier würde man den Kausalzusammenhang zwischen dem ursprünglichen Rotlichtverstoß und dem späteren Unfall an der übernächsten Kreuzung unter dem Gesichtspunkt des fehlenden Schutzzwecks verneinen (mag auch ein naturwissenschaftlicher Kausalzusammenhang zwischen Rotlichtverstoß und Unfall vorliegen).

7.6.4 Verschuldensprinzip und Zurechnung fremden Handelns

Das deutsche Schadensersatzrecht beruht auf dem **Verschuldensprinzip,** d. h. grundsätzlich (Ausnahmen werden noch dargestellt) setzen vertragliche wie deliktische Schadensersatzansprüche ein Verschulden des Schuldners voraus. Dieses Verschulden wird vom Gesetzgeber auch als Vertretenmüssen bezeichnet. Im Bereich der vertraglichen Leistungsstörungen wird das Verschulden grundsätzlich vermutet und es obliegt i. d. R. dem Schuldner zu beweisen, dass ihn kein Verschulden trifft (vgl. § 280 I S. 2 BGB).

Gemäß § 276 I BGB umfasst das Verschulden (Vertretenmüssen) Vorsatz und jede Form der Fahrlässigkeit, d. h. auch die leichte Fahrlässigkeit genügt grundsätzlich, um das Tatbestandsmerkmal des Verschuldens zu begründen, jedenfalls soweit nicht der Gesetzgeber etwas anderes bestimmt hat oder die Parteien nicht etwas anderes vereinbart haben.

Der Gesetzgeber definiert in § 276 II BGB die **normale Fahrlässigkeit,** die auch als einfache oder gewöhnliche Fahrlässigkeit bezeichnet wird, als die Außerachtlassung der im Verkehr erforderlichen Sorgfalt. Die nicht im Gesetz definierte **grobe Fahrlässigkeit** wird nach ständiger Rechtsprechung als Außerachtlassung der im Verkehr erforderlichen Sorgfalt in besonders schwerem Maße definiert. Wichtig ist, dass hier – wie meist im Zivilrecht – aus Gründen des Verkehrsschutzes ein objektiver Sorgfaltsmaßstab angewendet wird, d. h. auf individuelle Fähigkeiten kommt es nicht an.

Für den **Vorsatz** genügt im Zivilrecht – ebenso wie im Strafrecht – grundsätzlich bereits der sog. bedingte Vorsatz (*dolus eventualis*), der nach der ständigen Formel der Rechtsprechung bereits vorliegt, wenn der Handelnde einen bestimmten Erfolg *»billigend in Kauf nimmt«*. Vorsätzliches Handeln liegt also schon deutlich eher vor als man gemeinhin annimmt.

Beispiel: Wer einen Suizid durch eine Geisterfahrt auf der Autobahn begehen will und bei einem hierbei verursachten Unfall zwar nicht sich selbst, aber einen anderen Menschen tötet, muss anschließend mit einer Anklage wegen eines vorsätzlichen Tötungsdeliktes rechnen, weil er den Tod eines anderen billigend in Kauf genommen hat, mag dies auch nicht Absicht gewesen sein.

Während im Strafrecht der Abgrenzung von Vorsatz und Fahrlässigkeit entscheidende Bedeutung zukommt, ist diese Abgrenzung im Zivilrecht oft nicht entscheidend, da wie erwähnt bereits Fahrlässigkeit für die Annahme des Verschuldens genügt (§ 276 BGB im Gegensatz zum § 15 StGB). Im Zivilrecht kommt stattdessen der **Abgrenzung von einfacher und grober Fahrlässigkeit** größere Bedeutung zu. Ein Grund hierfür ist, dass der Gesetzgeber an verschiedenen Stellen die Haftung auf grobe Fahrlässigkeit und Vorsatz beschränkt, so etwa die Haftung des Schenkers (§ 521 BGB) oder die Haftung des Verleihers (§ 599 BGB). Der Grund für diese beiden Fälle der Haftungserleichterung ist, dass es sich hier um unentgeltliche Verträge handelt (vgl. § 516 bzw. § 598 BGB), trotzdem gibt es jedenfalls nach Auffassung der Rechtsprechung *keinen* Rechtsgrundsatz, dass bei Unentgeltlichkeit die Haftung immer auf grobe Fahrlässigkeit beschränkt wäre (vgl. *Medicus/Petersen*, BR, Rd. 369 m.w.N.); die Rechtsprechung begründet diese Meinung u. a. damit, dass auch im Auftragsrecht, welches in seiner Grundform nur Fälle ohne Vergütung erfasst (vgl. § 662 BGB), der Gesetzgeber keine Haftungsbeschränkung auf grobe Fahrlässigkeit vorgesehen hat.

Der zweite Grund für die besondere Bedeutung der Abgrenzung von einfacher und grober Fahrlässigkeit ist, dass die Parteien **Vereinbarungen über den Haftungsmaßstab** treffen können. Hier gelten aber wichtige Grenzen: So kann die Haftung für Vorsatz im Vorhinein niemals ausgeschlossen werden (**§ 276 III BGB**), dieses Verbot erstreckt sich auch auf summenmäßige Begrenzungen und gilt auch für Verkürzungen der Verjährung (§ 202 I BGB). Somit bleiben selbst bei extrem ungünstigen Vertragsgestaltungen immer noch mögliche Ansprüche wegen vorsätzlicher Schädigungen.

In der modernen arbeitsteiligen Wirtschaft wird meist nicht der Schuldner selbst, sondern eine von ihm zum Zwecke der Erfüllung eingesetzte Person die schuldhafte Pflichtverletzung begehen. Wenn diese Person mit Wissen und Wollen des Schuldners bei der Erfüllung (und nicht nur bei Gelegenheit der Erfüllung) tätig wird, handelt es sich um einen sog. **Erfüllungsgehilfen** gem. **§ 278 BGB**, dessen Verhalten (umfasst über den Wortlaut des § 278 BGB hinaus nicht nur das Verschulden, sondern auch das pflichtwidrige Handeln) gem. § 278 BGB dem Geschäftsherrn zugerechnet wird. Gleiches gilt für das Verhalten des gesetzlichen Vertreters. Zwei Abgrenzungen sind zu beachten:

- Für die gesetzlichen Vertreter von juristischen Personen findet sich in § 31 **BGB** eine abschließende Sonderregel, d. h. Geschäftsführer und Vorstände sind keine Erfüllungsgehilfen i.S.v. § 278 BGB.
- Für das Deliktsrecht gibt es eine Parallelbestimmung in § 831 **BGB**. Eine Gegenüberstellung von § 278 BGB und § 831 BGB erfolgt im Deliktsrecht (▸ Kap. 7.7.19).

Die Haftung für – einfache und grobe – Fahrlässigkeit kann vertraglich grundsätzlich ausgeschlossen werden, allerdings gelten hier wichtige Beschränkungen für AGB (vgl. § 309 Nr. 7 a und b, § 307 BGB).

7.6.5 Allgemeine Geschäftsbedingungen

Jede Leserin und jeder Leser wird schon eine unüberschaubare Zahl von Verträgen abgeschlossen haben, denen für eine Vielzahl von Verträgen **vorformulierte Vertragsbedingen** zugrundelagen, welche die andere Vertragspartei einseitig gestellt hat (sog. Allgemeine Geschäftsbedingungen, vgl. § 305 I S. 1 BGB). Die **äußere Form** der Präsentation der AGB ist dabei irrelevant (auch ein einfaches Hinweisschild »*Für die Garderobe wird nicht gehaftet.*« in einer Gastwirtschaft kann eine – freilich in diesem Fall unwirksame – AGB darstellen). Auf der anderen Seite unterliegen **Preise oder Leistungsbeschreibungen** (auch wenn sie Teil von AGBs sind, wie etwa Angaben zum Mietzins in einem Formular-Mietvertrag) *nicht* der Inhaltskontrolle nach §§ 307 bis 309 BGB (vgl. § 307 III BGB).

Die mit derartigen einseitigen Vertragsbedingungen verbundenen Risiken für die andere Vertragspartei liegen auf der Hand und bedürfen daher einer strengen gesetzlichen Reglementierung, die ursprünglich von den Gerichten auf Basis der Generalklauseln §§ 138, 242 BGB entwickelt, dann im AGB-Gesetz kodifiziert und später – quasi wie ein Gesetz im Gesetz – in den §§ 305 **bis 310** in das BGB integriert wurden und zugleich die Vorgaben einer EU-Richtlinie umsetzen. Diese Technik des Gesetzgebers hat den Vorteil, dass alle AGB-Bestimmungen kompakt zusammen stehen und nicht über das BGB verstreut wurden.

Der sachliche und persönliche **Anwendungsbereich** der §§ 305 ff. BGB wird in § 310 **BGB** in mehrfacher Hinsicht beschränkt:

- Die AGB-Bestimmungen gelten insb. *nicht* für Verträge auf dem Gebiet des **Erb-, Familien- und Gesellschaftsrechts** sowie für Tarifverträge (§ 310 IV S. 1 BGB). Seit 2002 gelten die AGB-Bestimmungen auch für **Arbeitsverträge** allerdings müssen die dort geltenden Besonderheiten angemessen berücksichtigt werden (vgl. § 310 IV S.2 BGB).

- Die AGB-Bestimmungen gelten bei der Verwendung gegenüber Unternehmern (also in den Bereichen B-to-B und C-to-B) nur eingeschränkt, insb. gelten die §§ 308, 309 BGB nicht bei der Verwendung gegenüber Unternehmern (§ 310 I Nr. 1 BGB, der von dieser Regel wiederum die § 308 Nr. 1a und Nr. 1b BGB ausnimmt). Dies ist eine für Klausur und Praxis relevante Regelung, die allerdings durch die Rechtsprechung dadurch wieder relativiert wird, dass die Auslegung der Generalklausel des § 307 BGB, die auch Unternehmer schützt, in vielen Punkten zu ähnlichen Ergebnissen führt wie die §§ 308, 309 BGB (was wiederum rechtspolitisch oft kritisiert wird).

Für die Auslegung von AGB gelten einige wichtige Besonderheiten (im Vergleich insb. zu den Regelungen des BGB AT):

- **Individualabreden** gehen widersprechenden Regelungen in AGB vor (§ 305b BGB).
- **Überraschende Klauseln** in AGB sind nicht etwa unwirksam, sondern werden gar nichts erst Vertragsbestandteil (§ 305c I BGB).
- **Unklarheiten** bei der Auslegung von AGB gehen zu Lasten des Verwenders (§ 305c II BGB).
- Entgegen der Auslegungsregel des § 139 BGB lassen **unwirksame Klauseln** in AGB den Vertrag einschließlich der übrigen AGB unberührt (§ 306 I BGB; wegen der hohen Anzahl an nichtigen Klauseln, wären ansonsten viele Verträge unwirksam).

Kernbestandteil der Bestimmungen in AGB ist die **Inhaltskontrolle** gem. den recht unübersichtlichen §§ 307 bis 309 BGB. Um dies noch einmal deutlich zu machen, §§ 307 bis 309 BGB ermöglichen den Gerichten etwas, was sie sonst nicht oder jedenfalls nur in engen Grenzen tun: Eine inhaltliche Kontrolle von Verträgen, d. h. hier prüfen Gerichte z. B. die Angemessenheit von Klauseln.

Exemplarisch sei hier nur die besonders wichtige Regelung zum **Haftungsausschluss in § 309 Nr. 7 BGB** genannt (die übrigen Bestimmungen sollte der interessierte Leser zumindest einmal überfliegen, um einen Eindruck vom Regelungsgehalt der §§ 308, 309 BGB zu erhalten). Gemäß dem zugegebenermaßen schwer verständlichen § 309 Nr. 7 BGB ist eine AGB-Klausel (die gegenüber einem Verbraucher verwendet wird) unwirksam, wenn

- die Haftung für **grobe Fahrlässigkeit** ausgeschlossen wird (**§ 309 Nr. 7b BGB**), d. h. die Haftung für grobe Fahrlässigkeit kann in AGB nicht ausgeschlossen werden (bei der Verwendung der AGB gegenüber einem

Unternehmer, gelangt die Rechtsprechung über § 307 BGB zu einem ähnlichen Ergebnis); *oder*

- (nur) die Haftung für sonstige Formen der Fahrlässigkeit (also eine die grobe Fahrlässigkeit vom Ausschluss ausnehmende Klausel) ausgeschlossen wird und dieser Ausschluss auch bei der Verletzung von **Leben/Körper/Gesundheit** greift (**§ 309 Nr. 7a BGB**); deswegen finden sich in AGB immer Ausnahmen, soweit Leben-Körper-Gesundheit betroffen sind; damit ist allerdings noch nicht gesagt, ob eine diese besonders wichtigen Rechtsgüter ausnehmende AGB-Klausel der überdies anwendbaren Inhaltskontrolle gem. der Generalklausel des § 307 BGB standhält.

Die nachstehende Übersicht fasst die wichtigen Grenzen vertraglicher Haftungsausschlussklauseln noch einmal zusammen:

Verschuldens-Maßstab	Grenze vertraglicher Regelungen
Vorsatz	Ausschluss der Haftung für Vorsatz ist nicht möglich (**§ 276 III BGB**), dies gilt auch für summenmäßige Begrenzungen oder die Verkürzung der Verjährung (§ 202 I BGB).
Grobe Fahrlässigkeit	Haftung für grobe Fahrlässigkeit kann gegenüber Verbrauchern nicht in AGB ausgeschlossen werden (**§ 309 Nr. 7 b BGB**), gegenüber Unternehmern wohl ebenfalls nicht gem. § 307 BGB.
Einfache Fahrlässigkeit	Haftung für einfache Fahrlässigkeit kann nicht in AGB ausgeschlossen werden, soweit **Leben/Körper/Gesundheit** betroffen sind (bei Verbrauchern folgt dies aus **§ 309 Nr. 7 a BGB**; bei Unternehmern gilt auch insoweit § 307 BGB und die Frage ist dort sehr umstritten; bei anderen Rechtsgütern als Leben/Körper/Gesundheit ist aber auch bei Verbrauchern noch die Generalklausel des § 307 BGB zu prüfen).
Hinweis: An diversen Stellen des BGB und in Spezialgesetzen finden sich weitere Beschränkungen für vertragliche Haftungsausschlüsse/zwingende gesetzliche Regelungen: vgl. z. B. §§ 619, 651h/651m, 702a BGB, § 14 Produkthaftungsgesetz, usw.	

Greifen §§ 308 und 309 BGB nicht oder sind diese nicht anwendbar, da die AGB gegenüber einem Unternehmer verwendet werden, dann ist immer noch eine **Inhaltskontrolle gem. § 307 BGB** erforderlich: Entsprechend der erwähnten historischen Entwicklung der AGB wird in § 307 BGB auf Treu und Glauben Bezug und stellt darauf ab, ob eine Klausel unangemessen ist, was vor dem Hintergrund der ansonsten geltenden gesetzlichen Regelung zu beurteilen ist (vgl. § 307 II Nr. 1 und Nr. 2 BGB). § 307 I S. 2 BGB enthält auch das sog. **Transparenzgebot:** Der Verwender von AGB muss die darin enthaltenen Klauseln klar und verständlich formulieren, ansonsten sind diese unangemessen und damit unwirksam (vgl. insofern auch §§ 305c II, 305 II Nr. 2 BGB).

Verstößt eine Klausel (auch nur minimal) gegen die AGB, dann kommt es nicht etwa zu einer Umdeutung der unwirksamen in eine wirksame Klausel, sondern es gelten die gesetzlichen Bestimmungen (*keine* **geltungserhaltende Reduktion!**). Würde man eine geltungserhaltende Reduktion zulassen, dann würden die Gerichte im Ergebnis dem Steller von AGB automatisch zu optimal formulierten AGB verhelfen.

Praxishinweise: (1) Dieser wichtige Grundsatz, dass es keine geltungserhaltende Reduktion etwa im Wege der Umdeutung gibt, führt dazu, dass der Ersteller von AGBs taktisch sehr geschickt vorgehen muss und im Zweifel wohl eine nicht ganz so günstige, aber wirksame Klausel einer weiterreichenden, aber vermutlich nichtigen Klausel vorziehen dürfte. Ergänzt werden könnte eine solche Regelung dann – wenn gegenüber dem Vertragspartner durchsetzbar – durch eine weiterreichende Individualabrede. (2) Bei deutschen Tochtergesellschaften ausländischer Konzerne entsteht häufig der Bedarf nach AGB in deutscher Sprache und in Übereinstimmung mit dem deutschen Recht. In diesen Fällen sollte man keinesfalls die im Ausland verwendeten AGB als Vorlage nehmen und diese übersetzen und rechtlich anpassen, sondern besser sofort komplett neue AGB erstellen (und diese dann an Besonderheiten des jeweiligen Unternehmens anpassen).

7.6.6 Verbraucherschutz

Die Bestimmungen zum Schutz der Verbraucher werden als **Sonderprivatrecht der Verbraucher** bezeichnet. Anders als beim Sonderprivatrecht der Kaufleute, welches in der gesonderten Kodifikation, dem HGB, zu finden ist, wurde das Sonderprivatrecht der Verbraucher vor allem in das BGB integriert (vgl. insb. §§ 355 bis 361 BGB), die Schaffung eines Verbrauchergesetzbuchs wäre rein technisch auch ein möglicher Weg gewesen. Das Verbraucherschutzrecht geht in weiten Teilen auf verschiedene EU-Richtlinien zurück, was die Konsequenz hat, dass diese Bestimmungen richtlinienkonform auszulegen sind.

Klausurhinweis: In der Klausur wird es nicht möglich sein, eine richtlinienkonforme Auslegung vorzunehmen, man sollte aber zumindest wissen, dass diese Auslegungsmethode existiert und gerade im Verbraucherrecht eine gewisse Bedeutung hat.

Auch die Legaldefinitionen von Verbraucher und Unternehmer, finden sich konsequenterweise im BGB: **Verbraucher (§ 13 BGB)** ist nach BGB jede natürliche Person, die ein Rechtsgeschäft zu Zwecken abschließt, das *überwiegend* weder ihrer gewerblichen noch ihrer selbständigen Tätigkeit zugerechnet werden kann. **Unternehmer (§ 14 BGB)** ist dagegen jede natürliche oder juristische Person oder rechtsfähige Personengesellschaft, die bei Abschluss des Rechtsgeschäfts in Ausübung einer gewerblichen oder selbständigen beruflichen Tätigkeit handelt. Verträge zwischen Verbrauchern und Unternehmern werden – wenig überraschend – als **Verbraucherverträge (§ 310 III BGB)** bezeichnet. Damit hat der Gesetzgeber zusätzlich zu dem Begriffspaar Kaufmann – Nicht-Kaufmann eine neue Unterscheidung eingeführt. Dabei ist zu beachten, dass jeder Kaufmann auch Unternehmer ist, aber nicht jeder Unternehmer ist ein Kaufmann; insb. die Freiberufler sind Unternehmer, aber mangels gewerblicher Betätigung *keine* Kaufleute.

Hinweis: An der Einführung des Begriffs des Unternehmers zusätzlich zu dem bereits seit langem eingeführten Terminus des Kaufmanns kann man sehr schön erkennen, dass die **Rechtsordnung** (geradezu vergleichbar einem physikalischen Gesetz) **permanent komplexer** wird und die in Wahlkämpfen viel beschworene Vereinfachung des Rechts wohl niemals erfolgen wird (will man nicht z. B. auf Errungenschaften wie den Rechtsstaat, die horizontale und vertikale Gewaltenteilung oder gar den Grundrechtsschutz verzichten). Diese Aussage gilt in besonderem Maße für eine Rechtsordnung wie die deutsche, die tendenziell die Einzelfallgerechtigkeit über die Rechtssicherheit und Rechtssystematik stellt.

Für das Verständnis des Verbraucherschutzes von zentraler Bedeutung ist, dass dieser immer nur **punktuell** für bestimmte Arten von Geschäften gewährleistet wird. Oder anders formuliert: Es gibt insofern keine Generalklausel! Dies wiederum hat zur Konsequenz, dass der Verbraucherschutz sehr technisch und detailliert geregelt ist.

Rechtliche Konsequenz der beiden nachfolgend dargestellten Tatbestände ist jeweils, dass der betroffene Verbraucher – entgegen den allgemeinen gesetzlichen Regeln – nach Vertragsschluss noch ein 14tägiges Widerrufsrecht gem. § 312g BGB i. V. m. § 355 BGB hat. Hier sollen nur die Kernpunkte der beiden zentralen Widerrufstatbestände für Verbraucher dargestellt werden (sofort vom Unternehmer erfüllte und vom Verbraucher bezahlte Kleingeschäfte bis EUR 40,- werden dabei nicht erfasst, vgl. § 312 II Nr. 12 BGB):

- **§ 312b BGB** schützt Verbraucher in **Überrumpelungssituationen außerhalb von Geschäftsräumen** (ursprünglich war dies im sog. Haustürwiderrufsgesetz geregelt). Voraussetzung für den Anwendungsbereich ist zunächst, dass ein Verbrauchervertrag vorliegt (vgl. §§ 312 I, 310 III BGB), dass es sich um eine entgeltliche Leistung handelt (vgl. § 312 I BGB) und dass alternativ eine der vier folgenden Umstände gegeben ist:
  1. Vertragsschluss bei gleichzeitiger körperlicher Anwesenheit außerhalb der Geschäftsräume des Unternehmers;
  2. Vertragsschluss nach Abgabe eines Angebot des Verbrauchers unter den unter 1. genannten Umständen (die bekanntlich notwendige Annahme erfolgt trickreich z. B. zeitversetzt in den Geschäftsräumen des Unternehmers, was den Anwendungsbereich der Nr. 1 ausschließen würde, weswegen der Gesetzgeber diese Alternative geschaffen hat);
  3. Vertragsschluss nach Ansprache des Verbrauchers außerhalb der Geschäftsräume erfolgt, *oder*
  4. Vertragsschluss auf einem vom Unternehmer organisierten Ausflug (»*Kaffeefahrten*«).
- **§ 312c BGB** schützt Verbraucher vor den Gefahren moderner Kommunikationsmittel im Rahmen von **Fernabsatzverträgen**. Hier haben Verbraucher ein Widerrufsrecht, wenn die Vertragsverhandlungen und der Vertragsschluss unter *ausschließlicher* Verwendung von Fernkommunikationsmitteln erfolgen (Kriterium: Keine gleichzeitige körperliche Anwesenheit, also z. B. ausschließlich Telefonate, Emails, etc.) und der Unternehmer nicht nachweisen kann, dass dies nicht im Rahmen eines für den Fernabsatz organisierten Vertriebs- und Dienstleistungssystems erfolgte.

Klausurhinweis: Offensichtlich kann sich niemand sämtliche Details der §§ 312b, 312c BGB merken, dies ist aber auch nicht notwendig, denn dem Praktiker wie dem Klausurbearbeiter genügt es zu wissen, wo die entsprechenden Details nachgelesen werden können.

Noch eine in *systematischer* Hinsicht ebenso herausgehobene wie fragwürdige Bestimmung soll hier genannt werden: Gem. **§ 241a BGB** begründet die Zusendung unbestellter Waren durch einen Unternehmer an einen Verbraucher keinerlei Ansprüche des Unternehmers gegen den Verbraucher. Die Kernaussage des § 241a BGB ergibt sich wie erwähnt bereits aus dem

Grundsatz, dass Schweigen grundsätzlich keine rechtlichen Verpflichtungen begründet. § 241a BGB geht darüber aber noch hinaus, da durch § 241a BGB jedenfalls nach h.M. sogar Ansprüche aus § 985 BGB ausgeschlossen werden, obwohl der Verbraucher ja durch die Übersendung nur Besitzer, aber nicht Eigentümer der übersandten Waren geworden ist (vgl. Palandt/*Grünberg*, § 241a Rd. 7; vor Geltung des § 241a BGB war der Verbraucher zumindest verpflichtet, die unbestellten Waren aufzubewahren und zur Abholung bereit zu halten).

Internationaler Aspekt: Abgerundet wird der Verbraucherschutz durch Beschränkungen der Wirkungen einer etwaigen Rechtswahl zu Lasten des Verbrauchers (vgl. Art. 6 Rom I-VO).

Praxishinweis: In »*Abwehrschreiben*« gegenüber unberechtigten Forderungen von sog. »*Abzockern*« sollte man nicht zuletzt zur Fristwahrung im Zweifel stets sofort alle in Betracht kommenden Abwehrmittel kumulativ einsetzen (aber auf die Angabe von §§ – anders als in der Klausur – eher verzichten, um eine sachgerechte Auslegung oder Umdeutung durch einen Richter nicht selbst unnötigerweise zu vereiteln). **Beispiel:** »*Sehr geehrte Damen und Herren, Ihr Forderungsschreiben vom _____ bez. _____ erstaunt mich sehr, da wir überhaupt keinen Vertrag miteinander geschlossen haben. Vorsorglich erkläre ich hier hiermit (wie bereits mündlich in unserem Telefonat/Gespräch vom ___ geschehen) insb. den Widerruf eines etwaigen Vertrages sowie die Anfechtung wegen arglistiger Täuschung und Irrtums, außerdem kündige ich hiermit rein vorsorglich aus wichtigem Grund und – höchstvorsorglich – auch ordentlich fristgemäß zum nächstmöglichen Zeitpunkt. ...... (ggf. auch Widerruf einer etwaigen Einziehungsermächtigung)...... Schadensersatzansprüche und die Einschaltung eines Rechtsanwalt behalte ich mir vor....Unterschrift (mindestens Nachname, nicht nur Handzeichen)*«.
Schufa-Problematik: Im Hinblick auf eine etwaige drohende Schufa-Eintragung ist es meist besser gegenüber »Abzockerforderungen« mit einem solchen Schreiben vorzugehen (auch wenn nach BGB mangels Vertragsschluss keine Forderungen entstanden sein sollten) (vgl. § 28a I Nr. 4d BDSG).

7.6.7 Allgemeines Leistungsstörungsrecht

7.6.7.1 Überblick über das allgemeine Leistungsstörungsrecht

Es gehört zu den zentralen und schwierigsten Fragen jeder Rechtsordnung, zu regeln was passiert, wenn Verträge nicht wie vereinbart erfüllt werden, weil entweder die Erfüllung nicht mehr möglich ist oder weil zu spät geleistet wurde oder weil schlecht geleistet wurde. Der Gesetzgeber hat diesen gesamten Regelungskomplex im Rahmen der großen Schuldrechtsreform im Jahre 2002 komplett neu geregelt und damit die »Benutzerfreundlichkeit« in diesem Bereich deutlich erhöht – mag dies für den Leser jetzt auch nur ein schwacher Trost sein!

> **Praxishinweis:** Aufgrund der Komplexität gerade dieser Thematik wird eine eigenständige Anwendung der *gesetzlichen* Regelungen (ein Blick vorab in den Vertrag wird immer notwendig und sinnvoll sein) einem Betriebswirt in der Praxis auch im Sinne einer ersten Orientierung kaum wirklich zu empfehlen sein (anders als vielleicht bei Fragen der Unternehmensformen).

Entsprechend der Systematik des Schuldrechts ist die Frage der Leistungsstörungen für sämtliche Schuldverhältnisse im Allgemeinen Teil des Schuldrechts geregelt, während der Besondere Teil des Schuldrechts für einzelne Schuldverhältnisse ergänzende oder abweichende Regelungen enthält (vgl. z. B. §§ 437, 634 BGB), welche als *lex specialis* den Regelungen im Schuldrecht AT vorgehen. Wie stets gehen entsprechend dem Prinzip der Vertragsfreiheit vertragliche Regelungen grundsätzlich den gesetzlichen Regelungen vor, soweit diese nicht ausnahmsweise zwingende Regelungen enthalten. Diese Systematik führt in Klausur und Praxis zu folgender grundsätzlicher Prüfungsreihenfolge:

---

1. Etwaige **vertrag**liche Vereinbarungen:
   a) Wirksame (Individual-)Vereinbarungen;
   b) Wirksame Allgemeine Geschäftsbedingungen;
2. etwaige Regelungen des **Besonderen Schuldrechts**;
3. Regelungen des Allgemeinen Schuldrechts;
4. ggf. Regelungen des BGB AT (hier eher selten).

Trotz dieser Prüfungssystematik sollen hier zunächst die Bestimmungen des Schuldrecht AT dargestellt werden, da das Schuldrechts BT auf diesen aufbaut. Innerhalb des Schuldrecht AT wiederum sind entsprechend der verschiedenen Arten von Leistungsstörungen folgende wichtige Tatbestände von Leistungsstörungen zu unterscheiden, die jeweils auf dem zentralen und umfassenden Begriff der **Pflichtverletzung (vgl. § 280 I BGB)** aufsetzen:

1. **Unmöglichkeit** (vgl. §§ 275, 280/283, 326 BGB): hier kann der Schuldner seine Primärleistung nicht mehr erbringen;
2. **Schuldnerverzug** (vgl. §§ 280 I/II, 286, 281, 323, 325 BGB): hier kann der Schuldner zwar noch leisten, erbringt die Leistung aber zu spät;
3. **Schlechtleistung** (vgl. §§ 280 I, 281, 282, 241 II, 324, 325 BGB): hier leistet der Schuldner, die Leistung ist aber mangelbehaftet.

Die Schlüssel- und Ausgangsnorm sekundärer Ansprüche, **§ 280 I BGB**, setzt tatbestandlich voraus, dass ein Schuldverhältnis vorliegt, welches schuldhaft verletzt worden ist. Auf der Rechtsfolgenseite geht es hier in erster Linie um die Frage des Schadensersatzes (vgl. hierzu §§ 280 ff. BGB) und in zweiter Linie um die Frage des Rücktritts vom Vertrag (vgl. hierzu §§ 323 ff. BGB), wobei die Geltendmachung von Schadensersatz trotz Ausübung des Rücktrittsrechts möglich ist, was keine Selbstverständlichkeit ist (§ 325 BGB). Das Rücktrittsrecht ist ein einseitiges Gestaltungsrecht, welches bis zu seiner Ausübung neben dem Erfüllungsanspruch besteht, die Ausübung des Rücktrittsrechts ist jedoch unwiderruflich und begründet ein sog. Rückgewährschuldverhältnis gem. §§ 346 ff. BGB (d. h. nach Erklärung des Rücktritts kann die ursprünglich vereinbarte Leistung nicht mehr verlangt werden). Bei der Unmöglichkeit kommt noch die Frage des Ausschlusses der Primärleistung (also der Leistung, die ggf. unmöglich geworden ist) hinzu (vgl. § 275 I-III BGB) sowie die Frage, was aus der Gegenleistung wird (vgl. § 275 IV i. V. m. § 326 BGB).

Dieses komplexe Zusammenspiel der Grundtatbestände der Leistungsstörung und deren verschiedene Rechtsfolgen sollen in folgender Übersicht zusammengefasst werden:

	Primärleistung (Primäranspruch)	Gegenleistung (Rücktritt, erfordert kein Verschulden)	Schadensersatz (Sekundäranspruch, erfordert Verschulden)
Unmöglichkeit	Primärleistung z. B. aus § 433 I BGB erlischt gem. § 275 I-III BGB	Konsequenz für die Gegenleistung bestimmt § 326 I/II BGB (i. V. m. § 275 IV BGB); den Rücktritt regelt § 326 V i. V. m. § 323 BGB (i. V. m. § 275 IV BGB)	Schadensersatz gem. §§ 280, 283 bis 285 (i. V. m. § 275 IV) BGB; Ausnahme: Bei anfänglicher Unmöglichkeit gem. § 311a BGB

	Primärleistung (Primäranspruch)	Gegenleistung (Rücktritt, erfordert kein Verschulden)	Schadensersatz (Sekundäranspruch, erfordert Verschulden)
Schuldnerverzug	Primärleistung bleibt grundsätzlich bestehen, aber ggf. §§ 280 III, 281 BGB	Rücktritt gem. § 323 I, II BGB	§ 280 I/II i. V. m. § 286 BGB bez. Verzögerungsschaden; §§ 280 I/ III, 281 BGB bei Schadensersatz statt Leistung
Schlechtleistung	Primärleistung bleibt grundsätzlich bestehen, aber ggf. §§ 280 III, 281, ggf. 282 BGB	Rücktritt gem. § 323 I, II BGB	Schadensersatz gem. §§ 280 I, 281, 282, 241 II BGB

Zu diesen zentralen Leistungsstörungstatbeständen kommen noch weitere Tatbestände, die nicht oder jedenfalls nicht ganz in dieses System passen:

- Werden Rücksichtnahmepflichten (gem. § 241 II BGB) gegenüber dem Vertragspartner bereits *vor/bei* Vertragsschluss (s. § 311 II/III BGB) verletzt, kommt als sog. quasivertraglicher (vertragsähnlicher) Haftungstatbestand das Verschulden bei Vertragsanbahnung/Vertragsschluss, traditionell besser bekannt als **culpa in contrahendo (c.i.c.)**, zur Anwendung, welche auch als Pflichtverletzung angesehen und seit der Schuldrechtsreform somit ebenfalls auf § 280 I BGB gestützt wird: Die Anspruchsgrundlage der culpa in contrahendo lautet somit **§§ 280 I, 241 II, 311 II/III BGB**.

> **Klausurhinweis:** In der Klausur sollte aber zusätzlich zu den §§ 280 I, 241 II, 311 II/III BGB auch immer die verbreitete Bezeichnung culpa in contrahendo (c.i.c.) abgekürzt oder ausgeschrieben verwendet werden (dies ist der einzige lateinische Fachterminus, den jeder WPR-Kandidat zwingend kennen muss).

- Kommt es – ausnahmsweise – zu schwerwiegenden Störungen der Geschäftsgrundlage, die aber aufgrund besonderer Umstände keine Unmöglichkeit begründen, dann kommen die Regeln über die **Störung der Geschäftsgrundlage (§ 313 BGB)** zur Anwendung.
- Dauerschuldverhältnisse können immer aus wichtigem Grund außerordentlich gekündigt werden (**Kündigung von Dauerschuldverhältnissen aus wichtigem Grund, § 314 BGB**).

- Keine Leistungsstörung im eigentlichen Sinne ist der **Gläubiger- oder Annahmeverzug (§§ 293 bis 304 BGB)** bei dem keine Leistungspflicht des Schuldners, sondern nur eine Obliegenheit des Gläubigers verletzt wird.

Klausurhinweis: Allerdings sind die Voraussetzung des Gläubigerverzugs im Rahmen von Leistungsstörungsfällen häufig inzident also im Wege des bei Juristen so beliebten Schachtelaufbaus zu prüfen, *der* »Klausur-Klassiker« ist dabei das Zusammentreffen von Unmöglichkeit und Gläubigerverzug (vgl. hierzu insb. § 326 II S. 1 Alt. 2 BGB).

Nachfolgend wird zunächst die Unmöglichkeit, dann der Schuldnerverzug und die Schlechtleistung sowie die c.i.c. dargestellt, gefolgt von Sonderformen der Leistungsstörung namentlich der Störung der Geschäftsgrundlage und der Kündigung von Dauerschuldverhältnissen aus wichtigem Grund. Der Gläubigerverzug wird wegen seiner thematischen Nähe zu den Leistungs-störungstatbeständen im Anschluss an das Leistungsstörungsrecht erläutert.

Klausurhinweis: Damit folgt die nachstehende tatbestandsorientierte Darstellung im Wesentlichen der Prüfungsreihenfolge in der Klausur: Wenn eine Unmöglichkeit vorliegt, kommen andere Leistungsstörungs-tatbestände nicht mehr in Betracht, daher ist diese zuerst zu prüfen. Der Schuldnerverzug ist gem. § 280 II i. V. m. § 286 BGB an spezielle zusätz-liche Voraussetzungen gebunden, so dass dieser vor der Schlechtleistung gem. § 280 I BGB zu prüfen ist. Die c.i.c. ist quasi der Zwillingsbruder der Schlechtleistung (auf Tatbestandsseite mit dem entscheidenden Unter-schied, dass sie zeitlich vor dem Vertragsschluss erfolgt, auf Rechtsfol-genseite mit dem Unterschied der Begrenzung auf den Vertrauensscha-den), so dass sie im Anschluss an die Schlechtleistung dargestellt wird (nachdem sie bereits beim Vertragsschluss erwähnt wurde). Die Störung der Geschäftsgrundlage ist nur subsidiär anwendbar, insb. wenn die Unmöglichkeitsregeln nicht greifen, und soll daher am Ende dargestellt werden. Dort findet sich auch die Spezialregelung zur Kündigung von Dauerschuldverhältnissen aus wichtigem Grund (die eher aus themati-schen und weniger aus dogmatischen Erwägungen im Rahmen des Leistungsstörungsrechts dargestellt wird).

7.6.7.2 Die Unmöglichkeit

Unmöglichkeit bedeutet, dass die geschuldete **Primärleistung** nicht mehr erbracht werden kann (vgl. § 275 BGB), weil etwa der geschuldete Leistungsgegenstand zerstört wurde. Unmöglichkeit i.S.v. § 275 BGB ist dabei umfassend zu verstehen und erfasst folgende Varianten:

- Die objektive Unmöglichkeit (kein Mensch auf der Welt kann die Leistung mehr erbringen), und die subjektive Unmöglichkeit (nur der Schuldner kann die Leistung nicht mehr erbringen);
- anfängliche (bereits bei Vertragsschluss liegt Unmöglichkeit vor) und nachträgliche Unmöglichkeit (die Unmöglichkeit tritt erst nach Vertragsschluss ein, was der häufigere Fall sein wird); auch für die anfängliche Unmöglichkeit gilt § 275 BGB für den Ausschluss der Primärleistungspflicht, lediglich für die Frage des Schadensersatzes enthält § 311a II BGB für die *anfängliche* Unmöglichkeit eine eigene Anspruchsgrundlage;
- zu vertretene und nicht zu vertretene Unmöglichkeit (dies betrifft die Frage, ob ein Verschulden des Schuldners vorliegt);
- tatsächliche Unmöglichkeit (im Falle etwa der physischen Zerstörung) und rechtliche Unmöglichkeit (etwa im Falle eines öffentlich-rechtlichen Verbots wie z. B. einer Beschlagnahme durch den Zoll);
- Teilunmöglichkeit (die Unmöglichkeit betrifft nur einen Teil der Leistung);
- die faktische/praktische Unmöglichkeit ist in § 275 II BGB geregelt und betrifft den Fall, dass ein grobes Missverhältnis zwischen Aufwand und Leistungsinteresse besteht; **Schulbeispiel**: Der geschuldete goldene Ring ist auf den Meeresboden gefallen und kann nur mit enormen Aufwand geborgen werden. § 275 II BGB begründet anders als § 275 I BGB nur ein Leistungsverweigerungsrecht (Einrede) des Schuldners, der Schuldner »kann« also selbst entscheiden, ob er sich auf Unmöglichkeit berufen will oder nicht (muss also ggf. »reden«);
- die Unmöglichkeit bei persönlicher Leistungspflicht wegen Unzumutbarkeit regelt § 275 III BGB; **Schulbeispiel**: Das Kind des Opernsängers erkrankt schwer, so dass es dem Opernsänger nicht zuzumuten ist, in der Oper aufzutreten (wäre der Sänger selbst schwer erkrankt, wäre dies ein Fall des vorrangigen § 275 I BGB). Wie § 275 II BGB begründet auch § 275 III BGB nur eine Einrede (»kann«).

Während bei der Stückschuld eine Unmöglichkeit relativ schnell festgestellt werden kann (das verkaufte Originalbild ist verbrannt), ist dies bei der **Gattungsschuld** (§ 243 I BGB, § 360 HGB) schwieriger, da hier ja »nur« eine **Sache mittlerer Art und Güte** zu leisten ist. Bei der Gattungsschuld kann Unmöglichkeit in vier (alternativen) Fällen auftreten:

- Die gesamte Gattung geht unter;
- die Auslegung (§§ 133, 157 BGB) ergibt, dass eine beschränkte Gattungsschuld (sog. **Vorratsschuld**) vorliegt, d. h. die Schuld ist von vorneherein

auf einen Vorrat beschränkt, und dieser der Vorrat untergeht; **Schulbeispiel**: Weinkauf direkt beim Winzer und nicht beim Weingroßhändler, hier kann die Auslegung ergeben, dass nur Wein aus dem Weinkeller des Winzers verkauft werden sollte, so dass Unmöglichkeit vorliegt, wenn eben dieser Weinkeller mit dem gesamten Vorrat zerstört wird;

- die Gattungsschuld wird durch **Konkretisierung** gem. § 243 II BGB zur Stückschuld; hier ist inzident zu prüfen, ob der Schuldner alles getan hat, was er tun musste, was wiederum u. a. zu der Frage führt, ob eine Hol-, Bring- oder Schickschuld vorliegt;
- Untergang der Sache, wenn der Gläubiger sich im Annahmeverzug befindet (§ 300 II BGB) und zusätzlich jedenfalls nach h.M. eine Aussonderung der Sache erfolgt ist (vgl. Palandt/*Grüneberg*, § 300 Rd. 4); dies ist ein praktisch eher seltener Fall, da in diesen Konstellationen regelmäßig bereits Konkretisierung gem. § 243 II BGB vorliegen wird.

Klausurhinweis: Während die ersten beiden Fälle keine Besonderheit gegenüber der Unmöglichkeit bei der Stückschuld aufweisen, ist der Fall des Wandels der Gattungsschuld zur Stückschuld durch Konkretisierung (§ 243 II BGB) ein absoluter Klausurklassiker, den alle WPR-Studierende kennen sollten. Die vierte Variante, § 300 II BGB, wird nur in Ausnahmekonstellationen relevant und dürfte über das Anforderungsprofil einer WPR-Klausur im Bachelor-Studium hinausgehen.

Nicht unmöglich werden kann eine **Geldschuld**, hier gilt der berühmte Satz (der nicht etwa einer Ausgabe der »Titanic« entspringt) »**Geld hat man zu haben**«. Kann ein Schuldner Geldschulden nicht begleichen, ist dies eine Frage des Vollstreckungs- und Insolvenzrechts, würde man hier die Unmöglichkeitsregeln anwenden, würde man jedenfalls bei entsprechendem Verschulden des Schuldners in eine juristische Endlosschleife geraten – und wer will das schon?

Nachdem der Tatbestand der Unmöglichkeit relativ ausführlich dargestellt wurde, wird es nun Zeit, sich der **Rechtsfolgenseite** zuzuwenden. Benutzerfreundlich wie das neue Schuldrecht ist, findet sich eine Liste der einschlägigen Rechtsfolgenregeln in § 275 IV BGB. Es sind insgesamt drei Fragen zu unterscheiden: Die Frage nach der Primärleistung, die Frage nach der Gegenleistung und die Frage nach dem Schadensersatz:

1. Die Frage nach der **Primärleistung** beantwortet (für alle Arten der Unmöglichkeit) § 275 I bis III BGB: Liegt Unmöglichkeit nach diesen Bestimmungen vor (in den Varianten § 275 II und III BGB nachdem der Schuldner eine entsprechende Einrede erhoben hat), erlischt der Anspruch auf die Primärleistung.

2. Die Frage nach der **Gegenleistung** beantwortet (ebenfalls für sämtliche Formen der Unmöglichkeit) **§ 326 BGB** auf den der § 275 IV BGB verweist: Gem. § 326 I S. 1 HS 1 BGB entfällt im Falle der Unmöglichkeit grundsätzlich der Anspruch auf die Gegenleistung. Wichtige Ausnahmen von diesem Grundsatz enthält aber der nicht ganz einfach zu verstehende § 326 II BGB: Der Anspruch auf die Gegenleistung bleibt bestehen (also der Schuldner muss leisten ohne selbst die Primärleistung zu erhalten, man spricht insoweit von der Preisgefahr), wenn entweder der Gläubiger (also derjenige der die in Frage stehende Primärleistung erhalten sollte) den Untergang selbst allein oder überwiegend verursacht (wer selbst den Untergang der für ihn bestimmten Leistung verursacht, soll dadurch nicht von seiner eigenen Leistungspflicht befreit werden) (§ 326 II S. 1 Alt. 1 BGB) oder der (vom Schuldner nicht verursachte, man beachte in diesem Kontext die Haftungserleichterung des § 300 I BGB im Annahmeverzug) Untergang zu einem Zeitpunkt erfolgt zu dem der Gläubiger sich in Annahmeverzug befindet (§ 326 II S. 1 Alt. 2 BGB).

3. Die Frage des **Schadensersatzes** des Gläubigers ist für den Regelfall der nachträglichen Unmöglichkeit in **§§ 280, 283 bis 285 BGB** und für den Ausnahmefall der anfänglichen Unmöglichkeit in **§ 311a BGB** geregelt – auf die **§ 275 IV BGB** dankenswerterweise jeweils verweist. Entscheidend ist, dass Schadensersatz auch hier nur bei Verschulden des Schuldners zu leisten ist (**Verschuldensprinzip**), wobei das Verschulden bei der anfänglichen Unmöglichkeit in der Kenntnis von der Unmöglichkeit besteht (vgl. § 311a II S. 2 BGB). Es obliegt auch hier in beiden Varianten dem Schuldner zu beweisen, dass ihn kein Verschulden trifft. Die Details der §§ 280 ff. BGB werden nachfolgend dargestellt. An dieser Stelle soll aber eine Besonderheit des Unmöglichkeitsrechts erwähnt werden: Gem. **§ 285 BGB** hat der Gläubiger die weitere Option, dasjenige zu verlangen, welches als Ersatz oder Ersatzanspruch an die Stelle der unmöglich gewordenen Primärleistung getreten ist (das sog. **stellvertretende commodum**). Zu denken ist vor allem an Versicherungsleistungen oder Schadensersatzforderungen gegen denjenigen, der die Unmöglichkeit letztlich verursacht hat. Verlangt der Gläubiger das stellvertretende commodum, bleibt er logischerweise in jedem Fall zur (proportionalen) Gegenleistung verpflichtet (§ 326 III BGB). Durch § 285 BGB werden im Übrigen in der Praxis oft unbillige Ergebnisse vermieden, die durch den Übergang der Preisgefahr gem. § 326 II BGB entstehen können.

Klausurhinweis: In Unmöglichkeitsfällen ist Dreh- und Angelpunkt immer der § 275 BGB, auch wenn es wie immer von der jeweiligen Fragestellung abhängt, wie man in die Falllösung einsteigt. In einfachen Fällen wird im Bearbeitervermerk zunächst nach der Primärleistung gefragt, so dass unter der Anspruchsgrundlage z. B. des § 433 I BGB der § 275 BGB zu prüfen ist (§ 275 BGB selbst ist ja keine Anspruchsgrundlage, sondern nur eine Norm, die einen Anspruch ausschließt). Wird dagegen in einer etwas anspruchsvolleren Aufgabenstellung ausschließlich nach der Gegenleistung gefragt ist z. B. unter der Anspruchsgrundlage § 433 II BGB der § 326 BGB zu prüfen und innerhalb des § 326 BGB die Frage des § 275 BGB inzident zu klären – Juristen lieben bekanntlich diese Art von Schachtelaufbau!

7.6.7.3 Der Schuldnerverzug

Schuldnerverzug ist die schuldhafte Nichtleistung trotz Fälligkeit der noch möglichen Leistung nach Mahnung oder »*Mahnungsersatz*«. Diese Voraussetzungen des Schuldnerverzugs ergeben sich aus §§ **280 I, II i. V. m. § 286 BGB.**

- Fälliger und durchsetzbarer Erfüllungsanspruch;
- Nichtleistung trotz Möglichkeit der Leistung: Hier ist zu beachten, dass das Verstreichenlassen des Zeitpunkts der Fälligkeit grundsätzlich an der Möglichkeit der Leistung nichts ändert, aber in besonderen Fällen mit Ablauf der Fälligkeit Unmöglichkeit eintritt (sog. **absolutes Fixgeschäft**); **Beispiel:** Das Brautkleid wird nicht vereinbarungsgemäß am Tag der Trauung geliefert, dies führt zur Unmöglichkeit und nicht nur zum Schuldnerverzug. Zwischen einem solchen absoluten Fixgeschäft und dem »normalen« Schuldnerverzug liegt das sog. **relative Fixgeschäft**, welches Fälle erfasst, bei denen der Leistungszeitpunkt so wichtig ist, dass das Rechtsgeschäft mit der Einhaltung des Termins »*steht und fällt*«, aber die Leistung trotzdem noch nachholbar wäre: Beim relativen Fixgeschäft entfällt zwar gem. § 323 II Nr. 2 BGB das Erfordernis einer Fristsetzung, aber es gelangen nicht die Unmöglichkeitsregeln zur Anwendung; **Beispiele:** Die für den Verkauf bestimmten Weihnachtskränze werden nicht wie vereinbart bis zum 1. Advent geliefert, was noch nicht zu einer Unmöglichkeit führt, schließlich können die Kränze auch noch in der verbleibenden Adventszeit verkauft werden; hierher gehören regelmäßig auch die sog. Just-in-time-Verträge. Die nachfolgende Übersicht stellt die Varianten der unterschiedlichen Relevanz des Zeitpunkts der Lieferung noch einmal zusammen:

	Absolutes Fixgeschäft	Relatives Fixgeschäft	Kein Fixgeschäft
Tatbestand	Nach Ablauf des vereinbarten Termins ist die Leistung nicht mehr nachholbar (also unmöglich!).	Termin ist so wichtig, dass das Rechtsgeschäft mit der Einhaltung des Termins »steht und fällt«, aber trotzdem noch nachholbar wäre.	Normalfall/alle anderen Fälle.
Beispiel	Die Lieferung des Hochzeitskleides wird mit Beginn der Trauung unmöglich.	Weihnachtsartikel für den Einzelhändler sollen »spätestens« am 1. Advent geliefert werden.	Alle übrigen Fälle.
Rechtsfolge	Keine spezielle gesetzliche Regelung, es gelten die **Unmöglichkeits**regeln, also insb. § 275 BGB.	Gem. § 323 II Nr. 2 BGB ist eine **Fristsetzung** für einen Rücktritt **nicht notwendig**; daneben ggf. § 376 HGB; in besonders gelagerten Fällen kann auch für den Schadensersatz gem. § 281 II BGB (»besondere Umstände«) eine Fristsetzung entbehrlich sein (str.).	»Normale« Verzugsregeln (§§ 280 I, II, 286 BGB).

- weitere Voraussetzung für den Schuldnerverzug ist, dass der Gläubiger den Schuldner nach Fälligkeit und Nichtleistung mahnt (vgl. **§ 286 I BGB**); die **Mahnung** verlangt eine ernsthafte Aufforderung zur Leistung (Formvorgaben bestehen insoweit nicht, auch ist die Bezeichnung als »Mahnung« nicht notwendig); allerdings muss die Aufforderung zur Leistung eindeutig sein, es genügt z. B. nicht zu schreiben »der Leistung werde gern entgegen gesehen« (vgl. Palandt/*Grüneberg*, § 286 Rd. 17); eine Mahnung ist entbehrlich, wenn der Leistungszeitpunkt nach dem Kalender bestimmt ist (§ 286 II Nr. 1 BGB), der Leistung eine Ereignis vorauszugehen hat und die nachfolgende Leistungszeit nach dem Kalender bestimmbar ist (§ 286 II Nr. 2 BGB) (**Beispiel**: »*10 Tage nach Lieferung*«), eine ernsthafte und endgültige Verweigerung der Leistung durch den Schuldner vorliegt (§ 286 II Nr. 3 BGB) oder besondere Umstände vorliegen, die unter Abwägung der beiderseitigen Interessen den sofortigen Verzugseintritt rechtfertigen (§ 286 II Nr. 4 BGB); des Weiteren ist eine Mahnung gem. **§ 286 III BGB** nicht notwendig, wenn bei einer Entgeltforderung (also nicht etwa bei einer Schadensersatzforderung – der Begriff »Entgelt« ist wörtlich zu verstehen) der Schuldner nicht innerhalb von 30 Tagen nach Fälligkeit und Zugang der Rechnung leistet und, wenn Schuldner ein Verbraucher ist, wenn er auf diese Folge in der Rechnung hingewiesen worden ist;

- auch für den Schuldnerverzug gilt gem. § 286 IV BGB wie auch sonst bei Schadensersatzansprüchen das Verschuldensprinzip, d. h. ein **Vertretenmüssen** (vgl. dazu die unten dargestellten §§ 276 bis 278 BGB) des Schuldners ist notwendig, wobei auch hier die Beweislast beim Schuldner liegt.

Der Schuldnerverzug begründet folgende **Rechtsfolgen**:

- Ersatz des **Verzögerungsschadens** (§§ 280 I, II und § 286 BGB).
- Ersatz der **Verzugszinsen** bei Geldschulden (§ 288 BGB), die mit 5 % über dem Basiszinssatz (§ 288 I BGB) bzw. 9 % über dem Basiszinssatz, wenn kein Verbraucher beteiligt ist (also auch der Gläubiger kein Verbraucher ist) (§ 288 II BGB), in Zeiten des Niedrigzinses selbst bei einem leicht negativen Basiszinssatz wirtschaftlich erheblich sind.
- Zahlung einer **Pauschale von 40 Euro**, wenn der Schuldner kein Verbraucher ist (§ 288 V BGB n.F.).
- Haftungsverschärfung (§ 287 BGB).

Ein **Schadensersatz** *statt* **Leistung (§§ 280 I, III i. V. m. § 281 I S. 1 BGB)** setzt zusätzlich den Ablauf der gesetzten Frist voraus. Auch wenn die Voraussetzungen der §§ 280 I, III i. V. m. § 281 I S. 1 BGB technisch nicht an den Schuldnerverzug geknüpft sind, so ist es aufgrund der parallelen Bestimmungen zwingend so, dass immer ein Schuldnerverzug vorliegt, wenn die Voraussetzungen für einen Schadensersatz statt der Leistung gegeben sind (die Fristsetzung gem. § 281 I BGB wird regelmäßig auch als Mahnung gem. § 286 I BGB genügen).

Ähnlich ist die Situation beim Rücktritt gem. § 323 BGB: Ein Schuldnerverzug liegt immer vor, wenn die Voraussetzungen für einen Rücktritt gem. § 323 BGB gegeben sind. Liegt Schuldnerverzug vor, sind aufgrund der parallelen Strukturen häufig, aber nicht zwingend, auch die Voraussetzungen für einen **Rücktritt gem. § 323 BGB** gegeben. Zwingend ist dies aber deshalb nicht, weil ein Schuldnerverzug z. B. auf Basis der 30-Tage-Regel eintreten kann, ohne dass dadurch gleichzeitig ein Rücktrittsrecht gem. § 323 BGB begründet worden wäre.

7.6.7.4 Die Schlechtleistung

Die Schlechtleistung ist in § 280 I BGB geregelt und fungiert als Auffangtatbestand für alle Leistungsstörungen, die weder Unmöglichkeit oder Schuldnerverzug sind noch von dem im Besonderen Schuldrecht darzustellenden Gewährleistungsrecht erfasst werden. Da § 280 I BGB auch die Ausgangsnorm für den Schadensersatz im Falle der Unmöglichkeit und des Schuldnerverzugs bildet, ist § 280 I BGB die zentrale Anspruchsgrundlage für Sekundäransprüche im deutschen Recht.

Die tatbestandlichen Voraussetzungen der Schlechtleistung ergeben sich sehr deutlich aus dem Wortlaut des § 280 I BGB und bilden zugleich ein Grundschema für Schadensersatzansprüche (wie z. B. die später dargestellten Haftung von Organen), welches jeder Studierende verinnerlichen sollte:

1. Zunächst setzt § 280 I S. 1 BGB wenig überraschend ein **Schuldverhältnis** voraus, dies wird in der Regel ein vertragliches Schuldverhältnis (wie ein Kauf- oder Dienstvertrag) sein, kann aber auch ein gesetzliches Schuldverhältnis (wie die Geschäftsführung ohne Auftrag) sein.
2. Zweite Voraussetzung ist gem. § 280 I S. 2 BGB das Vorliegen einer **Pflichtverletzung**: Der Begriff der Pflichtverletzung ist weitreichend zu verstehen und erfasst sowohl die Nicht-, die Zuspät- und die Schlechtleistung sowie die Verletzung von Nebenpflichten. Bei der mangelhaften Leistung im Rahmen der Vertragserfüllung für die Anwendung ist folgende Differenzierung zu beachten:
   a) § 280 I BGB ist uneingeschränkt anwendbar bei mangelhaften Leistungen im Rahmen von **Verträgen ohne eigene, vorrangige Gewährleistungsregeln**; dies ist der Fall bei Dienst- und Arbeitsverträgen (§§ 611 ff. BGB), beim Maklervertrag (§§ 652 ff. BGB), beim Auftrag (§§ 662 ff. BGB), beim Geschäftsbesorgungsvertrag (§§ 675 ff. BGB) und beim Gesellschaftsvertrag (§§ 705 ff. BGB);
   Beispiele: Der Arbeitnehmer haftet für Pflichtverletzungen gegenüber seinem Arbeitgeber aus § 280 I BGB; Rechtsanwälte und Steuerberater haften für fehlerhafte Beratungsleistungen gegenüber ihren Mandanten ebenfalls aus § 280 I BGB.
   b) Bei **Verträgen mit eigenen Gewährleistungsregeln** wie insb. beim Kauf- (§§ 433 ff. BGB), Miet- (§§ 535 ff. BGB), Werk- (§§ 631 ff. BGB) und Reisevertrag (§§ 651a ff. BGB) ist § 280 I BGB nur anwendbar, soweit eine **Regelungslücke** vorliegt, was typischerweise nur bei sog. **Mangelfolgeschäden** der Fall ist, d. h. wenn nicht der Leistungsgegenstand selbst mangelhaft ist, sondern durch eine Verletzung der Vertragspflichten andere Rechtsgüter des Gläubigers verletzt werden;

Beispiel: Kontaminiertes Tierfutter führt zum Tod von Nutztieren, hier kann Schadensersatz für den Tod der Tiere (die ja nicht Leistungsgegenstand waren) gem. § 280 I BGB verlangt werden, da insoweit im Kaufrecht keine Regelung enthalten ist.

c) Die Verletzung von **Nebenpflichten i.S.v. § 241 II BGB** (also insb. Schutz- und Aufklärungspflichten) wird ebenfalls grundsätzlich von § 280 I BGB erfasst.

3. Dritte Voraussetzung des § 280 I S. 1 BGB ist ein durch die Pflichtverletzung **adäquat kausal** verursachter **Schaden**.

4. Entsprechend dem Verschuldensprinzip (im deutschen Schadensersatzrecht) ist als vierte Voraussetzung ein **Vertretenmüssen** des Schuldners (gem. §§ 276 bis 278 BGB) notwendig (§ 280 I S. 2 BGB), dessen Vorliegen vermutet wird.

Mit der Aufteilung dieser vier Voraussetzungen auf zwei Sätze hat der Gesetzgeber zugleich eine **Beweislast**regel geschaffen: Der Gläubiger hat die Voraussetzung des ersten Satzes des § 280 I BGB, also das Vorliegen eines Schuldverhältnisses, die Pflichtverletzung und den durch die Pflichtverletzung adäquat kausal verursachten Schaden zu beweisen, der Schuldner trägt die Beweislast für den zweiten Satz des § 280 I BGB und damit für das fehlende Vertretenmüssen (oder anders formuliert: das Verschulden wird vermutet).

Nachfolgende Übersicht fasst die Voraussetzungen des § 280 I BGB noch einmal zusammen:

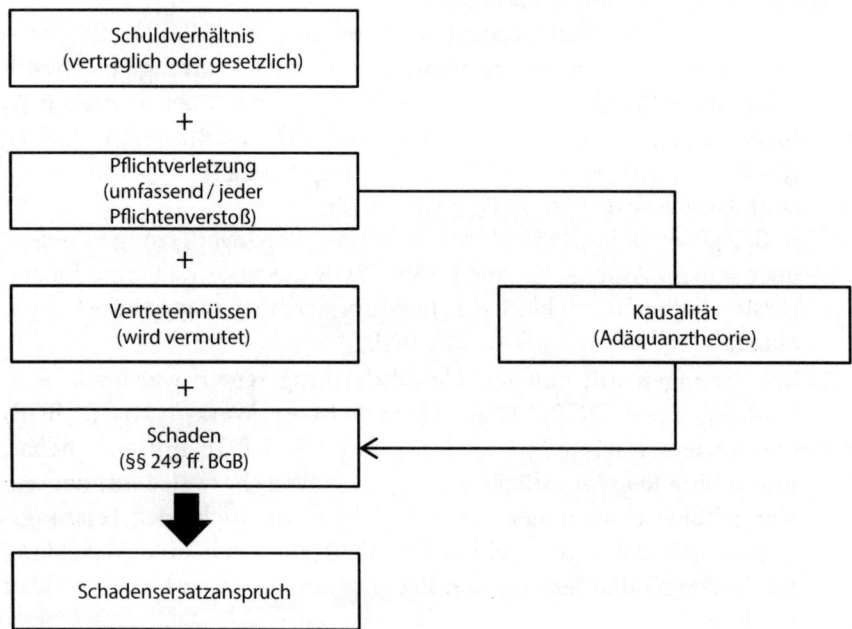

Rechtsfolge der Schlechtleistung ist die Leistung von Schadensersatz. Dabei wird der Schadensersatz *neben* der Leistung auf § 280 I BGB gestützt, während der Schadensersatz *statt* der Leistung nur unter den zusätzlichen Voraussetzungen der §§ 281 und 282 BGB verlangt werden kann (im Falle der Unmöglichkeit gem. § 283 BGB). Liegen also die Voraussetzungen des § 280 I BGB vor und hat der Gläubiger dem Schuldner eine angemessene Frist gem. § 281 I BGB gesetzt, so kann der Gläubiger nach Ablauf der Frist Schadensersatz statt der Leistung verlangen.

Vertiefung: Eine angemessene Frist setzt nicht voraus, dass der Schuldner die Möglichkeit erhalten muss, noch einmal ganz von vorne anzufangen, vielmehr ist diese Frist nur als letzte Chance zu begreifen. Die Länge der Frist ist einzelfallbezogen, aber in der Praxis werden häufig Fristen von gut einer Woche gesetzt. War diese Frist zu kurz, so wird durch die zu kurze Frist eine angemessene Frist in Gang gesetzt, d.h. der Gläubiger kann hier nichts falsch machen, zumal er nicht verpflichtet ist, nach Ablauf der Frist Schadensersatz statt der Leistung zu verlangen, vielmehr schafft der sich durch die Fristsetzung zunächst einmal eine komfortable Ausgangslage für das weitere Vorgehen (vgl. § 281 IV BGB). Die Fristsetzung wird regelmäßig zugleich die Voraussetzungen einer Mahnung i.S.v. § 286 BGB darstellen, so dass der Gläubiger sich durch die Fristsetzung zugleich die Vorteile des Schuldnerverzugs verschafft hat. Auch im Falle der Unmöglichkeit kann der Gläubiger so vorgehen, da er ja regelmäßig überhaupt nicht wissen kann, warum der Schuldner nicht leistet.

Werden **Nebenpflichten** aus § 241 II BGB verletzt tritt **§ 282 BGB** an die Stelle des § 281 BGB. § 282 BGB stellt dabei auf die Unzumutbarkeit der Leistung ab. Da aber auch die Verletzung von Nebenpflichten eine Schlechtleistung darstellt, besteht für § 282 BGB im Grunde kein Bedürfnis. Hinzu kommt, dass die Abgrenzung von Leistungs- und Rücksichtnahmepflichten insb. bei Dauerschuldverhältnissen schwierig ist, letztlich kann diese Einordnung aber offenbleiben, da es zu keinen praktischen Unterschieden kommt.

Der **Umfang des Schadensersatzes** bestimmt sich, wie bereits dargestellt, nach den §§ 249 ff. BGB. Dabei ist das positive Interesse des Gläubigers zu ersetzen. Anstelle des Schadensersatzes kann der Gläubiger gem. **§ 284 BGB** (ebenfalls unter den Voraussetzungen des §§ 280, 281 BGB also einschließlich eines Verschuldens – zwar wird nicht auf §§ 280, 281 BGB im § 284 BGB Bezug genommen, dieses wird aber aus der Formulierung »*anstelle des Schadensersatzes*« gefolgert) Ersatz der nutzlosen **Aufwendungen** verlangen. § 284 BGB ist insb. in den Fällen relevant, in denen der Gläubiger ideelle Zwecke verfolgt hat und damit keinen Schaden im Sinne des § 249 BGB hat. Allerdings hat der Gesetzgeber den Anwendungsbereich des § 284 BGB nicht auf diese ideellen Fälle beschränkt.

7.6.7.5 Die culpa in contrahendo

Die culpa in contrahendo (c.i.c.) erfasst Pflichtverletzungen, die zeitlich vor oder bei Vertragsschluss erfolgen (**Verschulden bei Vertragsschluss**; vgl. dazu u. a. *Kropholler*, Studienkommentar, § 311 Rd. 1 ff.).

Bevor die c.i.c. im Rahmen der Schuldrechtsreform in §§ 280 I, 311 II/III, 241 II BGB in das Bürgerliche Gesetzbuch geschrieben wurde (bitte erwarten Sie nicht die Bezeichnung c.i.c. in den zitierten Bestimmungen), war sie bereits von der Rechtspraxis im Rahmen einer Gesamtanalogie entwickelt worden und auch gewohnheitsrechtlich anerkannt. Der Grund für diese Entwicklung der c.i.c. dürfte vor allem darin zu sehen sein, dass das deutsche Deliktsrecht mit seiner Generalklausel § 823 I BGB nur absolute Rechte und nicht das Vermögen als solches schützt (dieses schützt zwar § 826 BGB, aber nur unter sehr engen tatbestandlichen Voraussetzungen) und im Übrigen eine Haftung für Verrichtungsgehilfen gem. § 831 BGB im Falle der Exkulpation ausscheidet (dazu die Ausführungen ▸ Kap. 7.7.19). Hierdurch entstand im vorvertraglichen Bereich eine Lücke, die mit der Entwicklung der c.i.c. durch Rechtsprechung und Literatur sachgerecht geschlossen wurde.

Die tatbestandlichen Voraussetzungen der c.i.c. decken sich mit denen der Schlechtleistung mit der entscheidenden Besonderheit, dass die Pflichtverletzung bei der c.i.c. *vor oder bei* Vertragsschluss erfolgt, d. h. die c.i.c. hat folgende Voraussetzungen (vgl. §§ 280 I, 311 II/III, 241 II BGB):

1. Vorliegen eines **vorvertraglichen Schuldverhältnisses** durch die Aufnahme von Vertragsverhandlungen, die Vertragsanbahnung oder ähnliche geschäftliche Kontakte (vgl. § 311 II BGB, eine Abgrenzung der dort genannten, sich überschneidenden Alternativen ist letztlich nicht notwendig).
   Beispiele: Betreten eines Ladenlokals zum Kauf von Waren begründet bereits ein vorvertragliches Schuldverhältnis, nicht ausreichend wäre das Betreten des Ladens nur zum Schutz vor Regen.
2. Vorliegen einer Pflichtverletzung i.S.v. § 241 II BGB.
3. Ein durch die Pflichtverletzung **adäquat kausal** verursachter **Schaden**.
4. Entsprechend dem Verschuldensprinzip (im deutschen Schadensersatzrecht) ist ein **Vertretenmüssen** des Schuldners (gem. §§ 276 bis 278 BGB) notwendig, welches vom Gesetzgeber vermutet wird, d. h. die Beweislast liegt insofern beim Schuldner (vgl. § 280 I S. 2 BGB).

Die **Rechtsfolgenseite** weist eine wichtige Besonderheit gegenüber der Schlechtleistung auf: Da hier noch kein Vertrag vorliegt, besteht (von besonderen Ausnahmefällen abgesehen) auch kein Anspruch auf Vertragserfüllung oder das Erfüllungsinteresse, vielmehr besteht grundsätzlich nur ein Anspruch auf Ersatz des Vertrauensinteresses, des sog. **negativen Interesses**! Allerdings ist das negative Interesse nicht der Höhe nach beschränkt.

Beispiel: Verletzt sich ein Kunde bei Betreten eines Antiquariats durch das Umstürzen eines unsachgemäß aufgestellten Bücherregals, so bilden die etwaigen Arztkosten und der Verdienstausfall den zu ersetzenden Vertrauensschaden, mag dieser auch den Wert der avisierten Transaktion weit übersteigen. Umgekehrt kann der Kunde nicht als Schadensersatz geltend machen, dass durch den Unfall der Kauf eines für ihn vorteilhaften Buches unterblieben ist, mit welchem der Kunde nachweislich einen bestimmten Gewinn erzielt hätte.

Grundsätzlich haften nur die potentiellen Vertragspartner aus c.i.c. Allerdings können gem. § 311 III BGB ausnahmsweise auch **Dritte** (wie z. B. Vertreter oder Gehilfen), die selbst nicht Vertragspartner werden sollten oder geworden sind, aus der c.i.c. in Anspruch genommen werden, insb. wenn einer der beiden folgenden Fälle gegeben war (sog. **Sachwalterhaftung**):

- Der Dritte hat in besonderem Maße persönliches Vertrauen für sich in Anspruch genommen (diese Alternative nennt § 311 III BGB explizit); **Beispiele**: Erklärungen man »verbürge« sich für den Geschäftsherrn (ohne hierdurch eine Bürgschaft zu begründen, die die Anwendung des § 311 III BGB hinfällig machen würde).
- Der Dritte hat ein eigenes wirtschaftliches Interesse an dem Vertragsschluss, dafür genügt aber nicht etwa bereits ein Provisionsinteresse, vielmehr muss der Dritte quasi Vertragspartei gewesen sein (diese Alternative nennt § 311 III BGB nicht explizit, ist aber seit langem von der Rechtsprechung anerkannt, vgl. Palandt/*Grüneberg*, § 311 Rd. 60); **Beispiel**: Der Gebrauchtwagenhändler verkauft den bereits in Zahlung genommen Wagen des Kunden im Namen des Kunden.

Klausur- und Praxishinweise: Als sog. quasivertraglicher oder vertragsähnlicher Anspruch ist die c.i.c. nach den vertraglichen Ansprüchen zu prüfen. Dabei kommen Ansprüche aus c.i.c. auch in Betracht, wenn später ein Vertrag geschlossen wurde, d. h. der nachfolgende Vertragsschluss führt nicht zum Erlöschen der c.i.c. Ansprüche. Da c.i.c.-Ansprüche auch nach Vertragsschluss in der Praxis eine große Relevanz haben, werden c.i.c.-Ansprüche in Verträgen oft soweit wie möglich ausgeschlossen.

Internationaler Aspekt: Wegen der Nähe zu vertraglichen Ansprüchen findet bei Fällen mit Auslandsberührung auf etwaige c.i.c.-Ansprüche grundsätzlich das Recht des Staates Anwendung, welches für den Vertrag gilt bzw. gegolten hätte (Art. 2 I, 12 I Rom II-VO).

7.6.7.6 Die Störung der Geschäftsgrundlage

Mit der Störung der Geschäftsgrundlage (§ 313 BGB) werden Fallkonstellationen erfasst, die mit üblichen Leistungsstörungsregeln wie insb. der Unmöglichkeit nicht gelöst werden können. Entwickelt wurde sie ursprünglich unter der Bezeichnung »*Wegfall der Geschäftsgrundlage*« auf Basis von § 242 BGB im Zusammenhang mit der Geldentwertung nach dem 1. Weltkrieg, um offensichtlich unbillige Auswirkungen der Geldentwertung auf Verträge zu korrigieren.

Man muss sich dabei klar machen, dass bei Anwendung des § 313 BGB Gerichte in Verträge eingreifen und damit den wichtigsten Grundsatz des Zivilrechts »*pacta sunt servanda*« (d. h. Verträge müssen eingehalten werden, Vertragstreue) durchbrechen. Es gehört ja in unserer Rechtsordnung nicht zu den Aufgaben der Justiz ausgewogene und gerechte Verträge herbeizuführen, vielmehr beschränken sich die Zivilgerichte grundsätzlich darauf festzustellen, ob die Parteien geschäftsfähig waren oder wirksam vertreten wurden, ob Angebot und Annahme vorliegen und nur bei der Frage der Sittenwidrigkeit wird auch der Inhalt des Vertrages überprüft. Vor diesem Hintergrund ist § 313 BGB nur mit großer Zurückhaltung anzuwenden und primär ist die weniger einschneidende Rechtsfolge der *Vertragsanpassung* anzuwenden (anstatt Rücktritt oder Kündigung, vgl. dazu § 313 III BGB).

Bei der Störung der Geschäftsgrundlage sind folgende vier Fallgruppen zu unterscheiden (vgl. dazu *Kallwass/Abels*, Privatrecht, S. 185 ff.):

- **Äquivalenzstörung** (§ 313 I BGB): Massive Störung der Gleichwertigkeit der sich gegenüberstehenden Leistungen; **Beispiel:** Geldentwertung wie nach dem 1. Weltkrieg (Hintergrund: Aufgrund des Grundsatzes des Nominalismus wird bei Geldschulden an sich keine Anpassung entsprechend der Inflation oder Deflation durchgeführt).
- **Leistungserschwerung** (§ 313 I BGB): Massive Erschwerung der Leistung ohne dass ein Fall der Unmöglichkeit vorläge; **Hinweis:** Hier gibt es eine große Nähe zu § 275 II/III BGB, die Abgrenzung ist schwierig, im Zweifel sollte man diese Fälle über § 275 II/III BGB lösen).
- **Zweckstörung** (§ 313 I BGB): Hier ist die noch mögliche Leistung sinn- und zwecklos geworden; **Schulbeispiel:** Anmietung eines Balkons um einen Umzug zu beobachten, doch dann wird der Umzug abgesagt (die Nutzung

des Balkons bleibt also möglich, d. h. die Unmöglichkeitsregeln helfen hier genauso wenig weiter wie das Mietrecht).

- **Gemeinschaftlicher Irrtum** (§ 313 II BGB): Gemeinsame subjektive Fehlvorstellung der Parteien, die sich nicht im Wege der Auslegung etwa durch Anwendung der falsa demonstratio-Regel lösen lässt; **Beispiel**: Angabe eines falschen Tageskurses bei einem Wertpapiergeschäft, wobei keine Anhaltspunkte dafür bestehen, dass das Geschäfts auch bei dem tatsächlichen Kurs abgeschlossen worden wäre.

Klausurhinweis: Die Anwendung des § 313 BGB bereitet nicht nur dem Anfänger große Schwierigkeiten. Diese lassen sich dadurch reduzieren, dass in der Klausurbearbeitung stets zunächst alle anderen Anspruchsgrundlagen wie insb. Unmöglichkeit und Schlechtleistung geprüft werden und erst wenn diese abgelehnt wurden, der § 313 BGB erörtert wird. Dabei sollte man den § 313 BGB nur in ›krassen Fällen‹ anwenden, wenn anderweitig ein offenbar unbilliges Ergebnis nicht vermieden werden kann. Wie stets ist bei der Darstellung zu beachten, dass in der Klausur der Weg das Ziel ist, d. h. entscheidend ist, dass möglichst viele Anspruchsgrundlagen unter allen denkbaren Aspekten diskutiert werden – ohne dass es entscheidend auf das Ergebnis ankommt, solange es in einem halbwegs vertretbaren Rahmen liegt.

7.6.7.7 Die Kündigung von Dauerschuldverhältnissen aus wichtigem Grund

Eine ebenso bedeutende wie alte Regel des deutschen Rechts besagt, dass Dauerschuldverhältnisse (also Schuldverhältnisse wie z. B. Miete oder Arbeitsvertrag bei denen es fortlaufend zu einem Leistungsaustausch kommt) stets aus wichtigem Grund fristlos gekündigt werden können. In der Schuldrechtsreform wurde dieses Grundprinzip in **§ 314 BGB** kodifiziert, daneben finden sich vorrangige Spezialregelungen bei einzelnen Schuldverhältnisse, sehr bekannt ist vor allem der (im Vergleich zu § 314 BGB ältere) § 626 BGB, der diesen Grundsatz für Dienstverhältnisse speziell regelt (für Mietverträge vgl. §§ 543, 569 BGB; für Darlehnsverträge vgl. § 490 BGB).

Zentrale Voraussetzung ist gem. § 314 I BGB zunächst das Vorliegen eines **wichtigen Grundes.** Hierbei handelt es sich um einen unbestimmten Rechtsbegriff, aber nicht um einen »*Gummi-Paragraphen*«, da der Begriff durch eine umfangreiche Rechtsprechung konkretisiert wurde. Maßgebend für die Frage des Vorliegens eines wichtigen Grundes ist, ob eine Fortführung des Vertrags unter Abwägung der beiderseitigen Interessen (bis zu dem nächsten ordentlichen Beendigungszeitpunkt) zumutbar ist oder die Vertrauensgrundlage zerstört ist. Ein Verschulden ist nicht notwendig.

Beispiel: Andauernde Nichterreichbarkeit aus allen Netzen nach Wechsel des DSL-Anbieters.

Bei der Verletzung von vertraglichen Verpflichtungen ist vor einer fristlosen Kündigung grundsätzlich gem. § 314 II S. 1 BGB zunächst eine **Frist** zu setzten oder, wenn eine Fristsetzung nicht möglich ist, wie bei einem Unterlassen, eine **Abmahnung** vorzunehmen. Bei Vorliegen besonderer Umstände kann auf die Fristsetzung bzw. Abmahnung verzichtet werden.

Praxishinweis: Wie in § 281 BGB sollte man in der Praxis im Zweifel eine Frist setzen oder abmahnen und im Übrigen eine Kündigung aus wichtigem Grund gründlich vorbereiten oder jedenfalls sich die Option einer außerordentlichen Kündigung schaffen, in dem man bei entsprechendem Fehlverhalten des Vertragspartners diesen abmahnt.

Eine Kündigung ist gem. **§ 314 III BGB** nur innerhalb einer **angemessenen Frist** möglich, gerechnet ab Kenntniserlangung des Berechtigten. Anders als in § 626 BGB gilt hier also keine kurze, präzise Frist von zwei Wochen (und diese findet in § 314 BGB auch *keine* analoge Anwendung). Die Fristbestimmung hängt offensichtlich stark von der Art des Schuldverhältnisses ab und wird üblicherweise in einem Rahmen von etwa einem bis drei Monaten liegen.

Die Kündigungserklärung (eine einseitige, empfangsbedürftige Willenserklärung) ist an *keine* Form gebunden, könnte theoretisch also auch mündlich erfolgen, wird in der Praxis aber selbstverständlich schriftlich vorgenommen. Auch ist *keine* Nennung des Kündigungsgrundes notwendig, aber auch dies wird man aus taktischen Gründen im Hinblick auf einen möglichen Prozess tun, zumal ein späteres Nachschieben von Gründen möglich ist, allerdings sollte man sich insoweit kurz fassen und ggf. auch auf eine bereits erfolgte Abmahnung Bezug nehmen. Wird der Grund nicht genannt, hat die Gegenseite einen Anspruch darauf, die Kündigungsgründe zu erfahren (§ 626 II S. 3 BGB analog).

§ 314 BGB ist in seinem Kern eine **zwingende Regel**, die von den Parteien nur beschränkt, aber nicht ausgeschlossen werden kann.

Praxishinweise: (1) Allerdings ist es in Grenzen möglich und üblich, dieses Prinzip durch eine nicht abschließende Liste von Fällen, die eine außerordentliche Kündigung rechtfertigen in den Vertrag aufzunehmen. Dies ist aber je nach Interessenlage eine zweischneidige Angelegenheit, denn eine solche Liste legt auch den Umkehrschluss nahe, dass ein bestimmtes dort nicht genanntes Handeln keinen wichtigen Grund darstellt. (2) Da Veränderungen auf der Gesellschafterebene eines Vertragspartners grundsätzlich kein ordentliches oder außerordentliches Kündigungsrecht der anderen Vertragspartei begründen, finden sich in der Praxis insb. bei wirtschaftlich bedeutenden und sensiblen Verträgen wie Joint Venture-Verträgen (das ist eine Vereinbarung zur Gründung und Führung eines Gemeinschaftsunternehmens) sog. *Change of Control*-Klauseln, die eine vertragliche Ausstiegsklausel meist in Form eines Sonderkündigungsrechts begründen, wenn der unmittelbare oder mittelbare Gesellschafter oder jedenfalls derjenige, der entsprechende Kontrolle ausübt, wechseln sollte. Derartige Klauseln sind immer sehr individuell formuliert und sind oft nicht leicht in Verträgen zu identifizieren zumal sie regelmäßig *nicht* die Bezeichnung *Change of Control* enthalten (auf die Bezeichnung kommt es ja bekanntlich auch nicht entscheidend an) und meist »versteckt« in komplexen Laufzeit- und Kündigungsregelungen eher im hinteren Drittel eines umfangreichen Vertragswerks zu finden sind.

7.6.7.8 Der Annahmeverzug

Unter dem **Annahmeverzug** (§§ 293 ff. BGB), der auch als **Gläubigerverzug** bezeichnet wird, versteht man die Nicht-Annahme der durch den Schuldner ordnungsgemäß angebotenen, noch möglichen Leistung durch den Gläubiger, d. h. der Gläubiger ist hier – ausnahmsweise – derjenige, der in diesem Fall das Problem kreiert.

Da der Gläubiger grundsätzlich nicht zur Abnahme verpflichtet ist (Ausnahmen finden sich in § 433 II BGB und § 640 I BGB), stellt die Nicht-Abnahme keine Pflichtverletzung i.S.v. § 280 I BGB dar, sondern nur die Nichteinhaltung einer **Obliegenheit**. Dies dürfte auch erklären, warum der Annahmeverzug *kein* **Verschulden** voraussetzt, d. h. die Frage, warum der Gläubiger die ordnungsgemäß angebotene Leistung nicht angenommen hat, ist irrelevant.

Die Rechtsfolgen des Annahmeverzugs ergeben sich aus der nachfolgenden Übersicht.

Rechtsfolgen des Annahmeverzugs:

- **Haftungsmilderung:** Schuldner hat nur noch Vorsatz und grobe Fahrlässigkeit zu vertreten (§ 300 I BGB);
- **Preisgefahr** geht auf den Gläubiger über (§ 326 II BGB);

- **Leistungsgefahr** bei Gattungsschulden geht auf den Gläubiger über (§ 300 II BGB),
  - wie bereits dargestellt, hat § 300 II BGB nur eine geringe praktische Relevanz, da in diesen Fällen regelmäßig bereits eine Konkretisierung gem. § 243 II BGB vorliegt;
- Wegfall der **Verzinsung** (des Schuldners) bei Geldschulden (§ 301 BGB);
- Ersatz von **Mehraufwendungen** (§ 304 BGB);
- ggf. **Hinterlegungsrecht** beim Amtsgericht (§§ 372 ff. BGB).

7.6.8 Einbeziehung Dritter in das Schuldverhältnis

Wie im wahren Leben sind auch im Recht Dreiecksverhältnisse besonders kompliziert. Die wichtigsten Grundkonstellationen sollen daher hier zumindest kurz angesprochen werden.

Beim **Vertrag zugunsten Dritter** (§§ 328 ff. BGB), der besonders bei Schenkungs- und Versicherungsverträgen eine Rolle spielt, stellt sich die Frage, ob ein Dritter einen eigenen Anspruch haben soll (dann spricht man von einem *echten* Vertrag zugunsten Dritter) oder nicht (dann spricht man konsequenterweise von einem *unechten* Vertrag zugunsten Dritter).

Hinweis: Einen **Vertrag zu Lasten Dritter gibt es nicht.** So trivial dies klingen mag, in der Praxis wird gar nicht so selten gegen diesen Grundsatz verstoßen. Bei komplexeren Vertragsstrukturen ist daher immer zu prüfen, ob alle Parteien (z. B. alle Gesellschaften eines Konzerns), die in dem Vertrag Verpflichtungen übernehmen, auch Parteien des Vertrags sind. Dabei ist zu beachten, dass eine fehlende Partei auch bei extensiver Vertragsauslegung nicht mehr zum Vertragspartei gemacht werden kann.

Beim gesetzlich nicht geregelten, aber seit langem gewohnheitsrechtlich anerkannten **Vertrag mit Schutzwirkung zugunsten Dritter** werden Dritte in den Schutzbereich eines Vertrag einbezogen, wenn ein Dritter wie der eigentliche Vertragspartner in die Nähe eines Vertrages gelangt (Leistungsnähe), der Gläubiger ein Interesse an der Einbeziehung des Dritten hat und dem Schuldner eine entsprechende Schutzpflicht zukommt.

Bei der **Drittschadensliquidation** fallen Anspruch und Schaden zufällig auseinander, so dass zur Vermeidung von unbilligen Ergebnissen Schaden und Schadensersatzanspruch zusammengezogen werden. Diese Konstellation liegt z. B. der Regelung in § 285 BGB zugrunde.

Der **Wechsel eines Vertragspartners** setzt stets einen dreiseitigen Vertrag zwischen den beiden bisherigen Vertragspartnern und dem neuen Vertragspartner voraus, allerdings können einzelne Ansprüche aus einem Vertragsverhältnis (z. B. der Anspruch auf Kaufpreiszahlung) grundsätzlich auch ohne Zustimmung des Schuldners an Dritte abgetreten werden (**Gläubigerwechsel, §§ 398 ff. BGB**). Eine Abtretung ist (nur) bei höchstpersönlichen Verpflichtungen oder bei einem entsprechenden vertraglichen Ausschluss nicht möglich. Die Position des Schuldners darf sich dadurch nicht verschlechtern (vgl. insofern §§ 404 ff. BGB). **Beispiel**: Die Forderungsabtretung wird in der Praxis u. a. bei der Sicherungsabtretung und im Factoring eingesetzt.

Der **Schuldnerwechsel** ist aus naheliegenden Gründen immer nur mit Zustimmung des Gläubigers zulässig (§§ 414, 415 BGB).

Jedem Betriebswirt sollte der Begriff des Gesamtschuldners bekannt sein: **Gesamtschuldnerschaft** bedeutet gem. der Legaldefinition in **§ 421 BGB**, dass bei einer Mehrheit von Schuldnern jeder Schuldner vom Gläubiger in voller Höhe (und nicht nur anteilig) in Anspruch genommen werden kann, der Gläubiger die Forderung aber nur einmal verlangen kann. Ein in Anspruch genommener Schuldner kann im Innenverhältnis gegen die Mitschuldner vorgehen (vgl. § 426 BGB). **Beispiele** für eine gesetzlich angeordnete Gesamtschuldnerschaft finden sich in § 840 BGB oder § 128 HGB. Die besonderen wirtschaftlichen Gefahren einer gesamtschuldnerischen Haftung liegen auf der Hand und sollten nicht unterschätzt werden.

7.6.9 Beendigung von Schuldverhältnissen

In Normalfall wird das Schuldverhältnis durch **Erfüllung** beendet (§ 362 BGB). Die Erfüllung kann grundsätzlich auch durch einen Dritten erfolgen, wenn es sich nicht um eine höchstpersönliche Verpflichtung handelt und die Erfüllung durch einen Dritten nicht ausgeschlossen wurde.

Es gibt aber auch noch andere Möglichkeiten das gesamte Schuldverhältnisse oder einzelne Forderungen daraus zu beenden, die in diesem Lehrbuch nur kurz aufgelistet werden können: Die **Aufrechnung** (§§ 387 bis 396 BGB), der **Erlassvertrag** (§ 387 BGB), die **Schuldumwandlung** (Novation, § 311 BGB), der **Aufhebungsvertrag** (§ 311 BGB), der **Vergleich** (§ 779 BGB), der **Rücktritt** (§§ 346 bis 354 BGB), die (ordentliche oder außerordentliche) **Kündigung** (vgl. z. B. §§ 314, 626 BGB) sowie der **Widerruf** im Verbraucherschutzrecht (vgl. §§ 355 ff. BGB).

Literaturempfehlungen: *Medicus/Lorenz*, Schuldrecht I, Allgemeiner Teil, 21. Aufl. 2015; *Looschelders*, Schuldrecht Allgemeiner Teil, 12. Aufl. 2014.

7.7 Schuldrecht Besonderer Teil

Im Schuldrecht BT werden zunächst die vom Gesetzgeber typisierten vertraglichen Schuldverhältnisse wie vor allem das Kauf- und Werkvertragsrecht dargestellt sowie daran anschließend die gesetzlichen Schuldverhältnisse wie vor allem das Bereicherungsrecht und das Deliktsrecht behandelt. Andere Regelungsgegenstände des Schuldrechts BT werden in diesem Lehrbuch eher kurz und vor allem der Vollständigkeit halber dargestellt.

7.7.1 Kaufvertrag

7.7.1.1 Überblick, Kaufgegenstand und wechselseitige Verpflichtungen

Der Kaufvertrag ist traditionell der bedeutendste Vertragstyp, der vom Gesetzgeber zu Beginn des Schuldrechts BT in §§ 433 ff. BGB geregelt worden ist. Im Falle eines **Verbrauchsgüterkaufs** gelten ergänzend die §§ 474 ff. BGB, im Falle eines **Handelskaufs** gelten zusätzlich die §§ 373 ff. HGB. Der Gesetzgeber hat die Regelungen der §§ 433 ff. BGB mit den bereits dargestellten Bestimmungen des Schuldrechts AT eng verzahnt, was nachstehend deutlich werden wird.

Hinweis zur Erinnerung: Der Kaufvertrag ist das Verpflichtungsgeschäft, der dingliche Vollzug bestimmt sich nach den jeweiligen sachenrechtlichen Bestimmungen.

Kaufgegenstand können gem. § 433 BGB Sachen i.S.v. § 90 BGB (also körperliche Gegenstände gleich ob Mobilien oder Immobilien) sein, aber gem. § 453 I BGB können auch Rechte (wie Forderungen, Patente oder Gesellschaftsanteile) sowie sonstige Vermögenswerte unabhängig vom Aggregatzustand (wie Wasser oder Wärme) Kaufgegenstand sein, d. h. der Begriff des Kaufgegenstands ist denkbar weit. Das Zubehör (§§ 97, 98 BGB) ist im Zweifel mitverkauft (§ 311c BGB).

Durch den Kaufvertrag wird der Verkäufer verpflichtet, dem Käufer die Kaufsache **frei von Sach- und Rechtsmängeln zu übergeben und zu übereignen** (vgl. § 433 I S.1/2 BGB). Damit gehört auch die Mängelfreiheit zu den Erfüllungspflichten des Verkäufers, was wiederum bedeutet, dass Sach- und Rechtsmängel der Kaufsache eine Pflichtverletzung i.S.v. § 280 I BGB darstellen und Sach- oder Rechtsmängel, die sich nicht beseitigen lassen, eine Unmöglichkeit gem. §§ 275, 311a BGB darstellen.

Beispiel: Der als »unfallfrei« verkaufte Gebrauchtwagen hatte tatsächlich bereits einen Unfall, d. h. die Erfüllung der Pflicht des Verkäufers zur Übergabe und Übereignung eines vertragsgemäß mangelfreien Gebrauchtwagens ist *unmöglich*, so dass hier die Rechtsfolgen der im Schuldrecht AT bereits dargestellten Unmöglichkeit greifen (wenn der Unfall schon bei Vertragsschluss vorlag gem. § 311a BGB, wenn der Unfall erst nach Kaufvertragsschluss erfolgt ist gem. § 275 BGB).

Der Käufer wird durch den Kaufvertrag verpflichtet, den **Kaufpreis** zu zahlen (Hauptpflicht) und – was oft überlesen wird – die Kaufsache abzunehmen (die Abnahme ist in der Regel nur eine – wenn auch einklagbare – Nebenpflicht) (vgl. § 433 II BGB). Eine mangelhafte Sache muss der Käufer jedoch grundsätzlich nicht abnehmen, nimmt er sie dennoch ab, kann er nur noch die Gewährleistungsrechte geltend machen.

Nachfolgend sollen zunächst die besonderen Gefahrtragungsregelungen beim Kauf dargestellt werden, die für die Abgrenzung von Unmöglichkeit und Gewährleistungsrecht wichtig sind, danach sollen die verschiedenen Gewährleistungsregelungen erläutert werden, bevor kurz auf die besonderen Verbraucherschutzbestimmungen des Verbrauchsgüterkaufs eingegangen wird und erst dann abschließend einige Sonderformen des Kaufs kurz dargestellt werden.

Internationaler Aspekt: Grundsätzlich können und sollten die Parteien bei grenzüberschreitenden Kaufverträgen das anwendbare Recht gem. Art. 3 I Rom I-VO wählen (**freie Rechtswahl**). Dabei ist zu beachten, dass bei der Wahl deutschen Rechts bei grenzüberschreitenden Sachverhalten grundsätzlich das – bereits im Kapitel zum Internationalen Privatrecht erwähnte – **UN-Kaufrecht** zu Anwendung käme, so dass dieses ggf. explizit ausgeschlossen werden sollte. Treffen die Parteien keine Rechtswahl, käme aus deutscher/ europäischer Sicht bei Kaufverträgen über beweglichen Sachen das Recht das Staates (ggf. incl. UN-Kaufrecht) zur Anwendung in dem der Verkäufer seinen gewöhnlichen Aufenthalt hat (Art. 4 I a Rom I-VO).

7.7.1.2 Gefahrtragung beim Kauf

In der Phase zwischen Vertragsschluss und Erfüllung des Kaufvertrags (durch Übergabe und Übereignung der Kaufsache) stellt sich die Frage, was im Falle des Untergangs der Kaufsache passiert.

Nach Schuldrecht AT gilt folgende – bereits dargestellte – Grundregel: Wird der Leistungsgegenstand zerstört, wird der Verkäufer gem. **§ 275 I – III BGB** von seiner Leistungspflicht frei, während der Käufer gemäß **§ 326 I BGB** von seiner Leistungspflicht frei wird. Von letzterem macht § 326 II BGB zwei Ausnahmen: Hat der Käufer die Unmöglichkeit ganz oder teilweise zu vertreten *oder* war der Käufer zum Zeitpunkt des Eintritts der Unmöglichkeit im

Annahmeverzug und trifft den Verkäufer kein Verschulden an der Unmöglichkeit, dann muss der Käufer die Kaufsache bezahlen, ohne diese zu erhalten.

Diese Grundregel der §§ 275, 326 BGB wird im Kaufrecht insb. in zwei Konstellationen modifiziert:

- Gemäß § 446 S. 1 BGB geht das Risiko, den Kaufpreis zu zahlen ohne die Sache zu erhalten (Preisgefahr), bereits mit der bloßen **Übergabe** an den Käufer auf diesen über (also noch vor der dinglichen Übereignung, was relevant ist, wenn mit der Übergabe noch keine Übereignung erfolgt, wie etwa beim Eigentumsvorbehalt).
- Wichtiger ist folgende – außerordentlich klausurrelevante – Modifikation der allgemeinen Regeln: Gemäß § 447 BGB geht die Gefahr, den Kaufpreis zahlen zu müssen ohne die Kaufsache zu erhalten (Preisgefahr), beim **Versendungskauf** auf den Käufer über, wenn der Verkäufer die Sache an die mit der Ausführung des Transports betraute Person übergibt, vorausgesetzt die Versendung der Sache erfolgt auf Verlangen des Käufers an einen anderen Ort als den Erfüllungsort (genauer: Leistungsort) und geht beim Transport ohne Verschulden des Verkäufers unter. **Achtung**: Diese bedeutende Ausnahmebestimmung (§ 447 BGB) ist beim ebenso praxis- wie klausurrelevanten Verbrauchsgüterkauf grundsätzlich *nicht* anwendbar (vgl. § 474 IV BGB).

Sonderfall des § 447 BGB: Eine wichtige Variante des § 447 BGB ist der **Transport durch eigene Mitarbeiter** des Verkäufers: Hier ist zunächst zu prüfen, ob nicht vielleicht doch eine Bringschuld vorliegt, denn im Falle der Bringschuld wäre § 447 BGB gar nicht anwendbar, da Erfüllungsort ja beim Käufer wäre. Ist dies nicht der Fall, bleibt § 447 BGB nach h.M. auch im Fall des Transports durch eigene Mitarbeiter des Verkäufers anwendbar (vgl. *Kallwass/Abels*, Privatrecht, S. 143). Allerdings darf dann der Untergang der Kaufsache nicht durch diese Mitarbeiter verursacht worden sein, da § 447 BGB den Fall des zufälligen Untergangs (also Untergangs ohne Verschulden des Verkäufers) regelt.

7.7.1.3 Haftung für Sach- und Rechtsmängel

Erst ab Gefahrübergang gelangt das kaufrechtliche Gewährleistungsrecht (§ 437 BGB) zur Anwendung.

Ein **Sachmangel i.S.v. § 434 I S. 1 BGB** liegt vor, wenn die Kaufsache – zum Zeitpunkt des Gefahrübergangs – nicht die vereinbarte Beschaffenheit hat, d. h. der Sachmangel wird zunächst **subjektiv** definiert. Fehlt es – wie meist – an einer solchen Vereinbarung, dann liegt ein Sachmangel vor, wenn die

Kaufsache sich nicht für die nach dem Vertrag vorausgesetzte Verwendung eignet (§ 434 I S. 2 Nr. 1 BGB), fehlt es auch daran, dann ist objektiv auf die Eignung für die gewöhnliche Verwendung und die übliche Beschaffenheit, die der Käufer erwarten konnte, abzustellen (§ 434 I S. 2 Nr. 2 BGB), wobei dann die Beschaffenheit auch unter Heranziehung der Werbung für diese Kaufsache zu bestimmen ist (§ 434 I S. 3 BGB; Käufer sollten also idealerweise das Werbematerial zu den Vertragsunterlagen nehmen). Des Weiteren liegt ein Sachmangel vor, wenn eine vereinbarte Montage unsachgemäß durchgeführt wurde (§ 434 II S. 1 BGB) oder eine Montageanleitung fehlerhaft war (§ 434 II S. 2 BGB – sog. **Ikea-Klausel**). Auch die Lieferung einer anderen Sache (**Aliud-Lieferung**) stellt einen Sachmangel dar (§ 434 III Alt. 1 BGB), es sei denn die Lieferung hat offensichtlich keinen Bezug zum Anspruch des Käufers. Die Zuwenig-Lieferung (**Manko-Lieferung**) wird ebenfalls dem Sachmangel gleichgestellt (§ 434 III Alt. 2 BGB). Eine etwaige Zuviel-Lieferung ist kein Mangel und würde in der Regel einen Anspruch des Verkäufers gem. § 812 I S. 1 Alt. 1 BGB begründen.

Bestehen Rechte Dritter an der Kaufsache, wie etwa Dienstbarkeiten auf einem Grundstück, liegt ein **Rechtsmangel i.S.v. § 435 BGB** vor. Dabei kommt es nicht auf eine etwaige Beschaffenheitsvereinbarung an, jeder Rechtsmangel unabhängig von seiner Bedeutung ist ein Rechtsmangel i.S.v. § 435 BGB. Nur die fehlende Verschaffung des Eigentums an der Kaufsache wird nach h.M. nicht als Rechtsmangel gesehen, sondern als fehlende Erfüllung gem. § 433 I S. 1 BGB (so Palandt/*Weidenkaff* § 435 BGB Rd. 8 m.w.N. zum Streitstand).

Wichtig: Ein Mangel setzt *kein* Verschulden des Verkäufers voraus: Das Gewährleistungsrecht ist in seinen Grundtatbeständen **verschuldensunabhängig** (ein Verschulden ist aber für Schadensersatzansprüche gem. § 437 Nr. 3 i.V.m. §§ 280 I ff. BGB notwendig).

Positive **Kenntnis** des Käufers von einem Mangel schließt die Geltendmachung von Rechten aus (**§ 442 I S. 1 BGB**). Bei grobfahrlässiger Unkenntnis eines Mangels, kann der Käufer seine entsprechenden Mängelrechte nur geltend machen, wenn der Verkäufer den Mangel arglistig verschwiegen hat oder der Verkäufer eine Garantie für die Beschaffenheit der Sache übernommen hat (§ 442 I S. 2 BGB).

Der Gesetzgeber hat die Rechte des Käufers bei Mängeln sehr benutzerfreundlich in **§ 437 BGB** zusammengefasst und verweist von dort auf weitere Bestimmungen. Bei diesen Verweisungen handelt es sich um sog. Rechtsgrundverweisungen, d. h. die tatbestandliche Voraussetzungen der Normen, auf die verwiesen wird, sind jeweils zu prüfen (im Gegensatz zur bloßen Anwendung der Rechtsfolgen wie es bei einer Rechtsfolgenverweisung der Fall wäre).

- *Primär* steht dem Käufer im Falle eines Mangels ein **Nacherfüllungsanspruch** zu (§ 437 Nr. 1 i. V. m. § 439 BGB), wobei es auf die Erheblichkeit des Mangels nicht ankommt: Der Käufer kann als Nacherfüllung nach seiner Wahl Beseitigung des Mangels oder Lieferung einer mangelfreien Sache verlangen (§ 439 I BGB). Auch für die Nacherfüllung gelten die § 275 I bis III BGB, d. h. der Verkäufer kann Mängelbeseitigung und/oder Neulieferung im Falle der Unmöglichkeit verweigern. Außerdem kann der Verkäufer Mängelbeseitigung und/oder Neulieferung verweigern, wenn diese mit unverhältnismäßigen Kosten verbunden sind (§ 439 III BGB). Die Kosten der Nacherfüllung muss der Verkäufer tragen (§ 439 II BGB).

> **Klausurhinweis**: Leider ergibt sich aus dem Wortlaut des § 437 BGB nicht explizit, sondern erst aus dem gesamte Regelungskomplex, dass die Nacherfüllung gem. § 437 I Nr. 1 BGB Vorrang hat und die weiteren, nachstehend dargestellten Rechte des Käufers nur subsidiär bestehen.

- Erfüllt der Verkäufer seine Pflichten endgültig nicht, ist also auch die Nacherfüllung erfolglos, bestimmen **§ 437 Nr. 2 und Nr. 3 BGB** die weiteren Rechte des Käufers in Form von **Rücktritt oder Minderung (Nr. 2)** sowie **Schadensersatz oder Aufwendungsersatz (Nr. 3)**. Gemeinsam ist diesen vier Rechten, dass grundsätzlich erfolglos eine angemessene Frist zur Nacherfüllung bestimmt worden ist (vgl. § 437 Nr. 2 i. V. m. § 323 I BGB bzw. § 437 Nr. 3 i. V. m. § 281 I S. 1 BGB). Einer Fristsetzung bedarf es in folgenden Fällen nicht:
  - Beide Formen der Nacherfüllung sind unmöglich (§ 275 I, II, III BGB) oder unverhältnismäßig (§ 439 III BGB);
  - der Verkäufer verweigert die Nacherfüllung ernsthaft und endgültig (§§ 323 II Nr. 1, 281 II BGB);
  - die Nacherfüllung ist unzumutbar (§ 440 S. 1 BGB);
  - die Nacherfüllung ist fehlgeschlagen, was insb. grundsätzlich nach dem zweiten erfolglosen Versuch der Fall ist (§ 440 S. 1/2 BGB); oder
  - ein sog. relatives Fixgeschäft oder sonstige besondere Umstände vorliegen (vgl. §§ 323 II Nr. 2 und Nr. 3, 281 II BGB).

Ist die Frist abgelaufen oder war eine Fristsetzung entbehrlich, dann kann der Käufer gem. § 437 I Nr. 2 BGB **zurücktreten**, es sei denn, dass der Mangel unerheblich ist (vgl. § 323 V S. 2 BGB) oder den Kaufpreis **mindern** (§ 437 I Nr. 2 i. V. m. § 441 BGB), wobei es bei der – weniger einschneidenden – Minderung nicht auf die Erheblichkeit des Mangels ankommt. Die Minderung erfolgt gem. § 441 III S. 1 BGB nach folgender Formel (und ggf. im Wege der Schätzung, § 441 III S. 2 BGB):

$$\text{Wert der mangelhaften Sache : Wert der mangelfreien Sache}$$
$$=$$
$$\text{neuer Kaufpreis : alter Kaufpreis}$$

Liegt ein **Verschulden** des Verkäufers für den Mangel vor (was für die vorstehend genannten Gewährleistungsrechte nicht notwendig ist), dann hat der Käufer *zusätzlich* einen **Schadensersatzanspruch** (§ 437 Nr. 3 i. V. m. §§ 440, 280, 281 BGB). Die Beweislast für das Nicht-Vorliegen des Verschuldens liegt beim Verkäufer (§ 280 I S. 2 BGB). Ein etwaiger Rücktritt schließt den Schadensersatzanspruch nicht aus (§ 325 BGB). Bei der Bestimmung des Schadensersatzes ist gem. § 280 I BGB zwischen dem großen Schadensersatz und dem kleinen Schadensersatz zu differenzieren:

– Der **große Schadensersatz** bedeutet Schadensersatz *statt der ganzen Leistung* und kann nur verlangt werden, wenn der Mangel erheblich ist.
– Der **kleine Schadensersatz** bedeutet, dass der Käufer die Kaufsache behält und Ersatz für den Mangelschaden erhält, diesen Anspruch hat der Käufer unabhängig von der Erheblichkeit des Mangels.

Praxishinweis: Einen gesetzlichen Anspruch auf **Umtausch** gibt es *nicht*. Die entsprechende weitverbreitete Praxis im Einzelhandel beruht meistens auf Kulanz oder ggf. auf Vertrag.

Die kaufrechtlichen Gewährleistungsansprüche unterliegen der relativ kurzen **Verjährungsfristen** des § 438 BGB. **Achtung:** Beim Handelskauf können Gewährleistungsrechte bereits durch eine unterbliebene unverzügliche Rüge gem. § 377 HGB verloren gehen.

Als wäre das Gewährleistungsrecht nicht schon kompliziert genug, müssen wir uns nun auch noch der Abgrenzung zu anderen, konkurrierenden Ansprüchen und Rechten zuwenden (**Konkurrenzen**, vgl. im Detail dazu Looschelders, Dirk, Schuldrecht Besonderer Teil, 9. Aufl. 2014, § 8, Rd. 171 ff. m.w.N.):

• **Anfechtung gem. § 119 II BGB:** Während eine Anfechtung wegen eines Kommunikationsirrtums gem. § 119 I BGB neben den kaufrechtlichen Gewährleistungsrechten generell möglich ist (insofern gibt es zwischen beiden Rechten keine Überschneidungen), darf eine Anfechtung wegen

Irrtums über eine verkehrswesentliche Eigenschaft gem. § 119 II BGB das Gewährleistungsrecht nicht unterlaufen: Dies bedeutet, dass wegen eines Mangels, welcher zugleich eine verkehrswesentliche Eigenschaft darstellt, ab Gefahrübergang nicht mehr angefochten werden kann; vor Gefahrübergang gelten die Gewährleistungsrechte noch nicht (▶ Kap. 7.7.1.2), so dass nach h.M. eine Anfechtung gem. § 119 II BGB *nicht* ausgeschlossen ist.

- **Anfechtung gem. § 123 I Alt. 1 BGB:** Wegen der besonderen Schutzbedürftigkeit des Käufers im Falle einer arglistigen Täuschung, besteht nach h.M. das Anfechtungsrecht des Käufers wegen arglistiger Täuschung grundsätzlich neben den Gewährleistungsrechten.

- **Culpa in contrahendo (§§ 280 I, 311 II, 241 II BGB):** Bezieht sich das Verschulden bei Vertragsschluss auf einen Mangel, sind Ansprüche aus c.i.c. ausgeschlossen, um ein Unterlaufen der kaufrechtlichen Gewährleistungsregeln zu vermeiden. Im Falle einer vorsätzlichen c.i.c. bestehen die Ansprüche aus c.i.c. nach h.M. allerdings neben den kaufrechtlichen Gewährleistungsansprüchen.

- **Deliktische Ansprüche (insb. § 823 BGB):** Grundsätzlich besteht zwischen vertraglichen und deliktischen Ansprüchen im deutschen Recht Anspruchskonkurrenz, d. h. deliktische Ansprüche können grundsätzlich neben vertraglichen Ansprüchen bestehen. Es sind zwei Fallkonstellation zu unterscheiden:
  - Soweit ein Mangel der Kaufsache zu einem Schaden an *anderen* Rechtsgütern des Käufers führt (sog. **Mangelfolgeschaden**), kommen deliktische Ansprüche grundsätzlich neben kaufrechtlichen Ansprüchen in Betracht. **Beispiel:** Die gekaufte Leiter ist schadhaft und der Käufer bricht sich deswegen ein Bein. Hier bestehen unabhängig von den Fragen des Gewährleistungsrechts Ansprüche aus § 823 I BGB wegen Verletzung des Körpers (soweit die übrigen Voraussetzungen des § 823 I BGB erfüllt sind), aber wegen der schadhaften Leiter bestehen nur kaufrechtliche Ansprüche.
  - Problematisch und umstritten sind in diesem Kontext die Fälle, wo der Mangel zur Zerstörung der Kaufsache selbst führt (sog. **weiterfressender Mangel**). **Beispiel:** Ein schadhafter Plastikschutz am Fuß der Leiter führt nach Gefahrübergang zur Zerstörung der ganzen Leiter. Hier könnte man argumentieren, dass der Käufer von vorneherein minderwertiges Eigentum erhalten hat, also auch keine Eigentumsverletzung i. S.v. § 823 I BGB vorliegen kann. Dieser Argumentation ist jedenfalls dann zu folgen, wenn der spätere Schaden mit dem Mangel *stoffgleich* ist, d. h. wenn der Mangel *notwendigerweise* auf die gesamte Kaufsache durchschlägt (jedenfalls in diesem Fall käme also *kein* Anspruch aus § 823 I BGB in Betracht).

Die praktische Relevanz der vorstehend geschilderten Konkurrenzsituation besteht in den teils unterschiedlichen tatbestandlichen Voraussetzungen und Beweislastverteilungen der verschiedenen Rechte sowie vor allem in den unterschiedlichen Verjährungsfristen: Für kaufrechtliche Ansprüche gilt die relativ kurze Verjährungsfrist des § 438 BGB, für deliktische Ansprüche gilt die längere Verjährungsfrist der §§ 195, 199 BGB.

7.7.1.4 Die Garantie beim Kauf

In der Praxis geben Verkäufer oder Hersteller beim Kauf häufig sog. Garantien ab. Gerade die Herstellergarantie hat erhebliche praktische Bedeutung, da ohne eine solche Garantie mangels eines Vertrages zwischen Hersteller und Käufer keine vertraglichen, sondern ggf. nur Ansprüche aus §§ 823 ff. BGB und Produkthaftung bestehen. Da es sich bei der Garantie um eine vertragliche Vereinbarung handelt (Garantievertrag), sind auch hier zunächst einmal Angebot und Annahme notwendig, wobei gem. § 151 BGB grundsätzlich auf den Zugang der Annahmeerklärung durch den Garantienehmer verzichtet werden kann.

Die juristische Einordnung von Garantien bereiten in Theorie und Praxis häufig erhebliche Schwierigkeiten. Wichtig ist es, sich zunächst klarzumachen, dass die Garantie die gesetzlichen Ansprüche nur erweitert (vgl. § 443 I BGB, der 2014 neu gefasst wurde). Dabei ist der konkrete Inhalt einer Garantie stets im Wege der Auslegung (§§ 133, 157 BGB) zu bestimmen (praktisch bedeutsam ist, dass im Rahmen der Auslegung auch die dem Garantiegeber zurechenbare Werbung herangezogen werden kann, vgl. § 443 I BGB). Folgende Formen der Garantien sind grundsätzlich zu unterscheiden:

- Die sog. **selbständige Garantie** kann durch den Verkäufer, den Hersteller oder jeden Dritten erfolgen und begründet eigenständige Ansprüche neben den gesetzlichen Gewährleistungsrechten. Die selbständige Garantie ist gesetzlich nicht geregelt, aber aufgrund der Vertragsfreiheit auf Basis des § 311 BGB möglich. Im Kern geht es bei der selbständigen Garantie darum, dass der Garantiegeber für den Eintritt eines bestimmten Erfolgs einstehen will. Tritt dieser Erfolg nicht ein, muss der Garantiegeber hierfür grundsätzlich unabhängig von einem Verschulden einstehen (§ 276 I S. 1 BGB), schließt grob fahrlässige Unkenntnis des Käufers von einem Mangel die Gewährleistungsrechte nicht aus (§ 442 I S. 2 BGB) und greift auch ein etwaiger Haftungsausschluss nicht ein (§ 444 BGB).
- Bei der sog. **unselbständigen Garantie** (insb. in Form der Haltbarkeitsgarantie) werden die gesetzlichen Sachmängelregeln dahingehend erweitert, dass insb. der Sachmängel nicht schon bei Gefahrübergang vorgelegen

haben muss (dies ist grundsätzlich Voraussetzung für die Geltendmachung von Gewährleistungsrechten beim Kauf ▸ Kap. 7.7.19), d. h. es wird vermutet, dass ein während der Geltungsdauer auftretender Sachmangel die Rechte aus der Garantie begründet (§ 443 II BGB). Als unselbständig wird diese Garantieform bezeichnet, da sie keine eigenständige Anspruchsgrundlage darstellt, sondern nur eine Erweiterung der gesetzlichen Gewährleistungsrechte darstellt.

Da der Garantiegeber *nicht* zur Abgabe einer Garantie verpflichtet ist, ist er auch bei der Formulierung oder bei Einschränkungen der Garantie frei in der Ausgestaltung. Beim nachstehend dargestellten Verbrauchsgüterkauf gelten insoweit besondere Anforderungen (§ 477 BGB), die im Ergebnis aber eher wettbewerbsrechtliche Relevanz haben, da ein Verstoß gegen diese Vorgaben die Wirksamkeit der Garantie unberührt lassen (§ 477 III BGB).

Erhebliche Schwierigkeiten bereitet bei der Garantie auch die Frage der **Verjährung.** Hier ist zu beachten, dass diese sowohl von der Frage der Garantiefrist als auch von der Frage der Verjährung der Gewährleistungsansprüche gem. § 438 BGB zu trennen ist. Soweit die Parteien nichts anderes vereinbaren, gilt für Garantieansprüche die regelmäßige Verjährungsfrist (§§ 195, 199 BGB).

7.7.1.5 Sonderregeln beim Verbrauchsgüterkauf

Kauft ein Verbraucher (§ 13 BGB) von einem Unternehmer (§ 14 BGB) eine bewegliche Sache (erfasst werden also nur B-to-C-Geschäfte), dann handelt es sich um einen Verbrauchsgüterkauf (vgl. § 474 I BGB) für die einerseits die §§ 445 und 447 BGB nicht gelten (§ 474 V BGB) und andererseits zusätzlich die §§ 474 bis 479 BGB gelten. Durch diese Bestimmungen wird die Vertragsfreiheit (nur) zugunsten des Verbrauchers in vielen Punkten eingeschränkt, d. h. viele dieser Regelungen können *nicht* zum Nachteil des Verbrauchers abbedungen werden (§ 475 I BGB).

Bei einem Sachmangel, der innerhalb der **ersten sechs Monate** nach Gefahrübergang auftritt, wird vermutet, dass die Sache bereits bei Gefahrübergang mangelhaft war, d. h. hier erfolgt für die ersten sechs Monate eine **Beweislastumkehr** zugunsten des Verbrauchers (§ 476 BGB).

Hinweis: Damit der Händler im Verhältnis zum Produzenten, der in der Regel die Verantwortung für Sachmängel trägt, nicht Rechte verliert, der Händler im Verhältnis zum Verbraucher aber noch einer recht strengen Haftung unterliegt, sehen §§ 478, 479 BGB Rückgriffsrechte und Verjährungsverlängerungen zugunsten des Händlers vor.

7.7.1.6 Besondere Arten des Kaufs, insb. das Vorkaufsrecht

Besondere Arten des Kaufs sind der **Kauf auf Probe** (§§ 454 bis 455 BGB), der **Wiederkauf** (§§ 456 bis 462 BGB) und der **Vorkauf** (§§ 463 bis 473 BGB). Der Vorkauf spielt im Gegensatz zu den anderen genannten besonderen Arten des Kaufs in der Praxis eine nicht ganz unbedeutende Rolle und soll daher hier zumindest kurz dargestellt werden.

Ein **Vorkaufsrecht** gibt dem Berechtigten das Recht von dem Verpflichteten eine Sache zu denselben Konditionen zu erwerben, zu denen der Verpflichtete die Sache an einen Dritten verkauft hat. Die §§ 463 ff. BGB regeln das vertragliche Vorkaufsrecht, daneben finden sich in zahlreichen Gesetzen gesetzliche Vorkaufsrechte (vgl. z. B. das Vorkaufsrecht der Gemeinden bei Grundstücksverkäufen in bestimmten Konstellationen gem. §§ 24 bis 28 BauBG).

Etwas verwirrend finden sich in §§ 1094 ff. BGB Regelungen zum **dinglichen Vorkaufsrecht**: Entsprechend der grundsätzlichen Unterscheidung zwischen Schuldrecht und Sachenrecht besteht der Unterschied zwischen dem schuldrechtlichen und dem dinglichen Vorkaufsrecht, dass das dingliche Vorkaufsrecht zwingende Regelungen gegenüber jedermann begründet (absolute Wirkung des Sachenrechts im Gegensatz zur Relativität des Schuldrechts) und, dass das dingliche Vorkaufsrecht, welches es nur für Grundstücke und Rechte an Grundstücken gibt, entsprechend der Übertragung von Grundstücken gem. § 873 I BGB durch Einigung und Eintragung entsteht. Dem dinglichen Vorkaufsrecht liegen regelmäßig die dispositiven Regelungen des schuldrechtlichen Vorkaufsrechts zu Grunde (§ 1098 I BGB).

Praxishinweise: (1) Vorkaufsrechte finden sind in zahlreichen Gesellschaftsverträgen und im Zusammenhang mit Grundstücken. Dabei sollten diese aus Sicht des Berechtigten stets auch dinglich abgesichert werden, um eine Wirkung gegenüber jedermann zu erzielen (bei Grundstücken durch Eintragung im Grundbuch, bei Gesellschaftsbeteiligungen durch das unwiderruflich erteilte Angebot der Abtretung der Beteiligung). (2) Zu beachten ist, dass entgegen landläufiger Meinung ein Vorkaufsrecht nicht wie eine Vinkulation von Gesellschaftsbeteiligungen wirkt, d. h. das Vorkaufsrecht vermag nicht sicherzustellen, dass ohne Zustimmung des Berechtigten keine Übertragung erfolgt, da einerseits der Vorkaufsberechtigte ggf. bereit sein muss, den vereinbarten Kaufpreis zu zahlen und zum anderen das Vorkaufsrecht bei anderen Transaktionsformen wie der Schenkung oder dem Tausch nicht greift (anders als eine Vinkulationsklausel). (3) Wirtschaftlich mindert ein Vorkaufsrecht regelmäßig den

Wert des betroffenen Objekts, da künftige Transaktionen zumindest in ihrer technischen Abwicklung komplizierter werden, was den einen oder anderen Kaufinteressenten abschrecken könnte.

7.7.2 Tausch

Für den Tausch sieht § 480 BGB lapidar die entsprechende Anwendung der Vorschriften über den Kauf vor.

7.7.3 Darlehensvertrag

Wenig überraschend ist der Darlehensvertrag dadurch gekennzeichnet, dass der Darlehnsgeber sich verpflichtet, einen Geldbetrag zur Verfügung zu stellen und der Darlehensnehmer sich zur Zahlung von Zinsen und bei Fälligkeit zur Rückzahlung des erhaltenen Betrags verpflichtet (§ 488 BGB). Soweit der Darlehensnehmer kein Verbraucher ist, bedarf der Darlehnsvertrag entsprechend der allgemeinen Regeln keiner besonderen Form.

In §§ 491 ff. BGB finden sich zahlreiche Sonderregeln für Darlehensverträge bei denen der Darlehensnehmer ein Verbraucher (§ 13 BGB) ist (**Verbraucherdarlehensvertrag**): In diesem Fall bedarf der Darlehnsvertrag u. a. der Schriftform (§ 492 BGB), treffen den Darlehensgeber umfassende Informationspflichten (§§ 491a, 493 BGB i. V. m. Art. 247 EGBGB) und es steht dem Darlehensnehmer ein vierzehntägiges Widerrufsrecht zu (§ 495 BGB i. V. m. § 355 BGB). Von diesen und weiteren Verbraucherschutzvorschriften darf nicht zu Lasten des Verbrauchers abgewichen werden (§ 511 BGB).

Praxishinweis: Da Finanzinstitute Darlehensverträgen bekanntlich stets ihre Banken-AGB zugrunde legen, haben auch in diesem Bereich die §§ 305 ff. BGB eine erhebliche Bedeutung.

In der Rechtswirklichkeit finden sich häufig Konstruktionen, bei denen Verbraucherdarlehnsverträge mit Verträgen über die Lieferung von Waren oder die Erbringung anderer Leistungen verbunden werden. Diese Konstruktion ist für den Verbraucher deswegen gefährlich, weil hier rechtlich zunächst zwei separate Verträge vorliegen, wirtschaftlich beide Verträge aber eng miteinander verknüpft sind. Für diese »**verbundenen Verträge**« und die mit ihnen verbundenen spezifischen Risiken enthält das BGB in §§ 358 bis 360 BGB besondere Schutzbestimmungen: So wird die Wirkung eines Widerrufs eines Vertrages über die Lieferung einer Sache oder die Erbringung von anderen Diensten auch auf den – eigentlich gesondert abgeschlossenen – Darlehensvertrag ausgedehnt (§ 358 I BGB).

Beispiel: Relevant ist diese Konstruktion etwa bei einem durch die Bank eines Automobilherstellers finanzierten Autokauf.

Auf **Finanzierungshilfen** eines Unternehmers zugunsten eines Verbrauchers finden die Bestimmungen über Verbraucherdarlehensverträge sowie einige weitere Schutzbestimmungen zugunsten von Verbrauchern Anwendung (vgl. §§ 506 ff. BGB). Für **Ratenlieferungsverträge** enthält § 510 BGB eine Schutzbestimmung zugunsten von Verbrauchern.

Von dem üblichen Darlehensvertrag zu unterscheiden ist der sog. **Sachdarlehensvertrag**, bei welchem nicht Geld, sondern andere vertretbare Sachen (i.S.v. § 91 BGB) wie z. B. Rohstoffe oder Verpackungen überlassen werden (§ 607 BGB).

Praxishinweis: In der Praxis findet sich dieser auf den ersten Blick recht ungewöhnliche Vertragstyp z. B. bei Wertpapieren im Rahmen der sog. »Wertpapierleihe«, die rechtlich gar nicht als Leihe, sondern als Sachdarlehensvertrag zu qualifizieren ist, da bei der (unentgeltlichen) Leihe (oder im Falle der Entgeltlichkeit bei der Miete) immer *dieselbe* Sache zurückgegeben werden muss, während beim Sachdarlehnsvertrag »nur« Sachen gleicher Art, Güte und Menge zurückzugeben sind (vgl. § 607 I S. 2 BGB).

7.7.4 Schenkungsvertrag

Entgegen der Erwartung der meisten Laien, handelt es sich bei der Schenkung (§ 516 I BGB) nicht um ein einseitiges Rechtsgeschäft, sondern um einen **Vertrag** (»*Man muss sich nichts schenken lassen!*«), bei dessen Abschluss jedoch zwei Besonderheiten zu beachten sind: Bei der Annahme eines Schenkungsangebots wird entsprechend der Verkehrssitte gem. § 151 BGB auf den *Zugang* der Annahme verzichtet (▸ Kap. 7.5.3.2); umgekehrt bedarf das Schenkungs*versprechen* zu seiner Wirksamkeit der notariellen Beurkundung (§ 518 I BGB), wobei auch in diesem Fall ein gemäß § 125 BGB formnichtiges Schenkungsversprechen durch den dinglichen Vollzug gem. § 518 II BGB geheilt wird.

Praxishinweise: (1) Bei den meisten Schenkungen fallen Verpflichtungsgeschäft und Verfügungsgeschäft zeitlich zusammen, so dass die Formvorschrift des § 518 I BGB bei der Masse der Weihnachts- und Anstandsgeschenke keine praktische Relevanz entfaltet, da die Heilung des form-nichtigen Schenkungsversprechens in den meisten Fällen eine logische Sekunde später durch den dinglichen Vollzug erfolgt (die spannende Problematik der Schenkung auf den Todesfall und verwandter Konstellationen kann hier aus Platzgründen leider nicht dargestellt werden, soll aber zumindest erwähnt worden sein). (2) In der Praxis spielt die Schenkung eine wichtige Rolle im Rahmen der vorweggenommenen Erbfolge zur Vermeidung der Erbschaftssteuer etwa bei der Übertragung von Immobilien von Eltern auf ihre Kinder. Diese Verträge werden in der notariellen Praxis häufig als »Überlassungsvertrag« tituliert (was an der rechtlichen Qualifikation als Schenkung nichts ändert, solange keine Gegenleistungen wie z. B. Pflegeverpflichtungen in den Vertrag aufgenommen werden).

Die Schenkung stellt im deutschen Recht nur einen relativ schwachen Rechtsgrund dar und ist daher in zahlreichen Vorschriften verstärkt Rückforderungsrechten ausgesetzt (nach dem Motto: *»Der Germane schenkt nichts und nimmt auch keine Geschenke an«*).

Beispiele: Gegenüber dem Schenkenden im Schenkungsrecht durch §§ 528, 530 BGB; gegenüber Dritten im Bereicherungsrecht durch §§ 816 I S. 2, 822 BGB oder im Insolvenzkontext gem. §§ 134 I, 143 II, 39 I Nr. 4 InsO, §§ 4, 11 II AnfG.

7.7.5   Miet- und Pachtvertrag

Die **Miete** ist durch die entgeltliche Überlassung einer Sache gekennzeichnet (§ 535 BGB). Entsprechend seiner praktischen Bedeutung in Deutschland, ist das Mietrecht in **§§ 535 ff. BGB** sehr differenziert und auch sehr unübersichtlich geregelt. Viele Regelungen dienen dabei dem Schutz des Mieters (soziales Mietrecht). Vor dem Hintergrund dieser Komplexität wird von einer Darstellung in diesem Kurzlehrbuch abgesehen.

Praxishinweis: In der Regel stellen Mietverträge allgemeine Geschäftsbedingungen i.S.v. §§ 305 ff. BGB dar, so dass sehr viele Gerichtsentscheidungen Fragen betreffen, die die Zulässigkeit von Abweichungen von gesetzlichen Regelungen in AGB betreffen. Dies wird bei der Darstellung z. B. von BGH-Entscheidungen in den Medien oft nicht hinreichend klar.

Der **Pachtvertrag** unterscheidet sich vom Mietvertrag dadurch, dass neben die Gebrauchsüberlassung das Recht zum Genuss der Früchte tritt (§ 581 I i. V. m. § 99 BGB). Pachtobjekte können Sachen oder aber Rechte oder Sach- und Rechtsgesamtheiten sein.

Beispiele: Gebrauchsüberlassung von Hotels oder Lokalen, die aufgrund ihrer baulichen Eigenschaften (mit oder ohne Einrichtung) von vorneherein für diese Nutzungsformen und damit eine entsprechende Fruchtziehung geeignet sind (Unterschied zur Miete, die nur die Überlassung von Räumlichkeiten betrifft). Besonders deutlich wird die Besonderheit des Pachtvertrags etwa bei der Überlassung von Kiesgruben zur Ausbeutung.

Wegen der Nähe zum Mietvertrag gelten subsidiär die Regelungen zum Mietrecht (§ 581 II BGB).

7.7.6 Leasing und Franchising

Da die vom Gesetzgeber im besonderen Schuldrecht typisierten Verträge nicht abschließend sind, hat die Praxis die Möglichkeit, auf der Basis der Vertragsfreiheit neue Vertragstypen zu entwickeln. Um solche von der Praxis entwickelten und vom Gesetzgeber nach wie vor nicht umfassend geregelten Vertragstypen handelt es sich beim Leasing und beim Franchising. Es handelt sich hierbei um sog. **verkehrstypische gemischte Verträge** in Form von Dauerschuldverhältnissen, auf welche je nach Ausgestaltung Regelungen verschiedener gesetzlich normierter Vertragstypen anzuwenden sind.

- Das **Leasing** ist im Grunde eine Sonderform der Miete bei der der Leasinggeber dem Leasingnehmer den Gebrauch einer Sache oder Sachgesamtheit gegen Ratenzahlungen überlässt, der Leasingnehmer aber wie beim Kauf insb. das Risiko des zufälligen Untergangs der Sache und die Instandhaltungskosten trägt. Dabei gibt es verschiedene Spielarten wie das Finanzierungsleasing (oft auch als echter Leasingvertrag tituliert), oder das sog. Operating-Leasing, welches als weiterentwickelte Miete gesehen wird.
- Das **Franchising** ist im Grunde eine Sonderform der (Rechts-)Pacht, bei der der Franchisegeber dem Franchisenehmer insb. gewerbliche Schutzrechte und Know-how gegen Entgelt überlässt. Beide Seiten sind selbständige Unternehmer, die im eigenen Namen auf eigene Rechnung handeln.
  Beispiele: Fast Food-Ketten wie Burger King oder McDonald`s sind bekannte Beispiele für Franchising.

7.7.7 Leihe

Die Leihe ist nach BGB ein Vertrag, der – im Gegensatz zur Miete – die *unentgeltliche* Überlassung einer Sache betrifft (§ 598 BGB).

7.7.8 Dienstvertrag

Der wichtigste Anwendungsfall des Dienstvertrages (§§ 611 ff. BGB) ist der Arbeitsvertrag, der später in diesem Lehrbuch behandelt wird (▶ Kap. 13.3).

7.7.9 Behandlungsvertrag

In §§ 630a bis 630h BGB finden sich seit 2013 Regelungen zum **ärztlichen Behandlungsvertrag** (auf den subsidiär gem. § 630b BGB das Dienstvertragsrecht Anwendung findet), die nicht nur für die zivilrechtliche, sondern auch für die strafrechtliche Praxis eine erhebliche Relevanz haben, da selbst eine kunstgerechte medizinische Behandlung ohne wirksame Einwilligung des Patienten eine strafbare Körperverletzung gem. § 223 StGB darstellt. Zivilrechtlich ist neben den Regeln zur Beweislastumkehr zugunsten des Patienten insb. zu beachten, dass ärztliche Behandlungsfehler neben vertraglichen Ansprüchen aus § 280 I BGB deliktische Ansprüche aus § 823 BGB begründen können.

7.7.10 Werkvertrag

Das charakteristische Merkmal des Werkvertrags besteht darin, dass der Unternehmer sich verpflichtet, einen bestimmten Erfolg in Form der Herstellung eines Werkes herbeizuführen (§ 631 BGB). Anders als beim Dienstvertrag genügt beim Werkvertrag also nicht das bloße Tätigwerden, also das Bemühen, vielmehr muss ein **Erfolg** herbeigeführt werden. Die Abgrenzung zwischen Werkvertrag und Dienstvertrag bereitet häufig Probleme.

Praxishinweis: Viele Unternehmen versuchen über die Konstruktion eines Werkvertrags die Anwendung des Dienstvertragsrechts in Form eines Arbeitsverhältnisses zu umgehen, etwa dadurch, dass das Einräumen von Regalen in Geschäften als Werkvertrag mit einem selbständigen Unternehmer behandelt wird und nicht als Arbeitsverhältnis. Maßgebend ist dabei aber nicht die Bezeichnung, sondern die tatsächliche Ausgestaltung des Vertrags, dabei ist die entscheidende Frage, ob ein Weisungsrecht des Unternehmers gegenüber der handelnden Person besteht oder nicht (das Weisungsrecht ist das entscheidende Merkmal für ein Arbeitsverhältnis).

Hinsichtlich der Abgrenzung zum **Kaufrecht** enthält § 651 **BGB** eine vereinfachende Regelung: Soweit es um die Herstellung und Lieferung *beweglicher* Sachen geht, gilt grundsätzlich Kaufrecht (§ 651 S. 1 BGB). Soweit es dabei um nicht vertretbare, d. h. individuelle Sachen geht (§ 91 BGB), gelten zusätzlich die in § 651 S. 3 BGB genannten Bestimmungen über den Werkvertrag.

Der Werkvertrag verpflichtet den **Unternehmer** (§ 14 BGB) das Werk wie vereinbart rechtzeitig und frei von Sach- und Rechtsmängeln zu erstellen (§§ 631 I, 633 BGB) sowie den Besteller über Risiken aufzuklären und den Besteller und dessen Rechtsgüter zu schützen. Der **Besteller** hat die vereinbarte Vergütung zu zahlen und wenn keine Vergütung vereinbart wurde, die übliche Vergütung zu entrichten (§ 632 BGB) sowie das Werk abzunehmen (§ 640 BGB). Eine **Abnahme** liegt vor, wenn der Besteller das Werk explizit oder konkludent als im Wesentlichen vertragsgerechte Leistung körperlich entgegennimmt. Die Abnahme hat weitreichende rechtliche Konsequenzen:

- Der ursprüngliche Erfüllungsanspruch erlischt.
- Die Vergütungsanspruch wird fällig (§ 641 I BGB).
- Die Vergütungsgefahr, d. h. die Gefahr, die Vergütung zahlen zu müssen, ohne die Leistung zu erhalten, geht auf den Besteller über (§§ 644, 645 BGB).
- Vorbehaltlose Abnahme trotz Kenntnis von Mängeln führt zum Erlöschen von Gewährleistungsansprüchen (§ 640 II BGB).
- Beginn der Verjährungsfrist (§ 634a II BGB).

Während bis zur Abnahme ein Erfüllungsanspruch auf ein mangelfreies Werk besteht, gelten nach der Abnahme gem. § 640 BGB folgende Mängelrechte des Bestellers:

- *Primär* besteht ein Anspruch auf Nacherfüllung (§§ 634 Nr. 1, 635 BGB),
- wenn die Nacherfüllung innerhalb der angemessenen Frist nicht erfolgt, nicht gelingt, unzumutbar ist oder die Nacherfüllung zu Unrecht vom Unternehmer verweigert wird, dann gelten *nachrangig* folgende Mängelrechte des Bestellers:
  - Selbstvornahme kombiniert mit entsprechendem Aufwendungsersatz (§§ 634 Nr. 2, 637 BGB);

- Rücktritt (§§ 634 Nr. 3 Alt. 1, 636 BGB i. V. m. dem allgemeinen Leistungsstörungsrecht, also §§ 323, 326 BGB);
- Minderung (§§ 634 Nr. 3 Alt. 2, 638 BGB);
- Schadens- bzw. Aufwendungsersatz (§§ 634 Nr. 4, 636 BGB i. V. m. dem allgemeinen Leistungsstörungsrecht, also §§ 280, 281,283, 284, 311a BGB) bzw. Aufwendungsersatz (§ 284 BGB).

Die **Verjährung** ist ebenso detailliert wie kompliziert in § 634a **BGB** geregelt. Je nach Werk beträgt die Verjährungsfrist zwei, drei oder vor allem bei Bauwerken fünf Jahre. Wie bereits erwähnt beginnt die Verjährung mit der Abnahme.

Bei der Vergabe von öffentlichen Aufträgen haben die Vergabe- und Vertragsordnungen bzw. Verdingungsordnungen für Bauleistungen (**VOB**) eine große praktische Relevanz. Hierbei handelt es sich um AGB, deren Geltung einer entsprechenden Vereinbarung bedarf. Eine Besonderheit besteht bei VOB jedoch darin, dass bei der Einbeziehung der VOB gegenüber Unternehmern bezüglich einzelner Klauseln auch keine Inhaltskontrolle gem. § 307 BGB stattfindet, soweit keine von den VOB abweichenden Vereinbarungen getroffen werden (§ 310 I S. 3 BGB). Der Gesetzgeber geht dabei davon aus, dass die VOB insgesamt ein ausgewogenes Regelungskonzept enthalten (was wiederum im Rahmen einer Inhaltskontrolle gem. § 307 BGB überprüft werden kann, aber eben nur insgesamt und nicht hinsichtlich einzelner Klauseln).

7.7.11 Reisevertrag

Entgegen der Annahme eines Laien handelt es sich bei einem Reisevertrag im Sinne des BGB um Verträge, die eine »**Gesamtheit von Reiseleistungen**« betreffen (§ 651a I BGB). Insgesamt hat der deutsche Gesetzgeber in §§ 651a ff. **BGB** das Reisevertragsrecht ausgesprochen genau geregelt und in § 651m BGB bestimmt, dass zum Nachteil von Reisenden grundsätzlich nicht von den gesetzlichen Bestimmungen abgewichen darf (sog. halbzwingendes Recht).

7.7.12 Maklervertrag und Heiratsvermittlung

Der Maklervertrag (das BGB spricht nach wie vor vom Mäklervertrag) ist in §§ 652 ff. **BGB** geregelt (mit ergänzenden Bestimmungen für den Handelsmakler in §§ 93 ff. HGB). Wesensmerkmal dieses Vertrag ist es, dass der Maklervertrag den Makler nicht zum Tätigwerden verpflichtet und der Auftraggebers des Maklers nur dann zur Zahlung einer Provision verpflichtet ist, wenn der Vertrag *infolge* des Nachweises der Gelegenheit zum Abschluss eines Vertrags (Nachweismakler) oder *infolge* der Vermittlung des Maklers (Vermittlungsmakler) zustande kommt.

> **Praxishinweis:** Von besonderer praktischer Bedeutung dürften für Studierende die regulatorischen Beschränkungen des Provisionsanspruchs durch das Gesetz zur Regelung der **Wohnungsvermittlung** (WoVermittG) sein: Grundsätzlich darf vom Wohnungssuchenden eine Provision *nicht* verlangt werden, es sein der Makler ist ausschließlich auf Initiative des Mieters tätig geworden (§ 2 Ia, V WoVermittG; §§ 2 und 3 WoVermittG enthalten weitere Schutzbestimmungen zugunsten Wohnungssuchender).

Ein Unterfall des Maklervertrags ist der **Ehemaklervertrag**: In § 656 I S. 1 BGB bestimmt der Gesetzgeber, dass für die Heiratsvermittlung keine Vergütung verlangt werden kann. Allerdings kann gem. § 656 I S. 1 BGB eine an den Ehemakler geleistete Forderung nicht gem. § 812 I S. 1 Alt. 1 BGB zurückgefordert werden. Diese besondere Konstruktion (kein durchsetzbarer Anspruch, aber Rechtsgrund) wird als sog. »*unvollkommene Verbindlichkeit*« oder auch »**Naturalobligation**« bezeichnet.

> **Praxishinweis:** Vor dem Hintergrund dieser besonderen Rechtslage arbeiten Ehemakler mit Vorauszahlungen.

7.7.13 Auslobung

Die Auslobung ist ein **einseitiges Rechtsgeschäft**, welches durch eine öffentliche Bekanntmachung erfolgt und welches den Auslobenden (ohne Vertragsschluss) zu der versprochenen Leistung verpflichtet, wenn die geforderte Handlung vorgenommen oder der geforderte Erfolg eingetreten ist (§ 657 BGB).

Beispiele: (1) Die bekannten Zettel an einem Laternenfeiler mit der Aufschrift »*50,- Euro für denjenigen, der meinen Kater Rocky zurückbringt*« begründet also eine rechtsverbindliche Verpflichtung 50,- Euro zu zahlen, wenn jemand tatsächlich den Kater Rocky dem Auslobenden bringt. (2) Auch die Aussetzungen von Belohnungen für die Aufklärung von Straftaten sind derartige rechtsverbindliche Auslobungen.

Eine Sonderform der Auslobung ist das **Preisausschreiben**, welches in § 661 BGB geregelt wurde.

7.7.14 Auftrag, Geschäftsbesorgung und Zahlungsdienste

Der Auftrag ist – entgegen dem allgemeinen Sprachgebrauch – vom Gesetzgeber als *unentgeltliche* Tätigkeit definiert (§ 662 BGB), so dass der Auftrag eine überschaubare praktische Relevanz hat. Allerdings verweist die entgeltliche Geschäftsbesorgung (§ 675 BGB) in weiten Teilen auf das Auftragsrecht (§ 675 I BGB), so dass den §§ 662 ff. BGB im Ergebnis doch eine größere praktische Bedeutung zukommt.

Bedeutung haben im Auftragsrecht insb. § 670 BGB, der dem Beauftragten einer Aufwendungsersatzanspruch zugesteht, und § 667 BGB, der den Beauftragten zur Herausgabe dessen verpflichtet, was er aus der Geschäftsbesorgung erhält. Der Auftragnehmer bzw. Geschäftsbesorger haftet im Falle der Schlechtleistung gem. § 280 I BGB.

Praxishinweis: Dabei ist zu beachten, dass für Rechtsanwälte und Steuerberater nach der Rechtsprechung eine außerordentlich scharfe Haftung gilt. Eine Haftungsbegrenzung lässt sich hier faktisch nur eine möglichst enge Definition des Gegenstandes der Geschäftsbesorgung in einer (schriftlichen) Mandatsvereinbarung erreichen.

Um eine entgeltliche **Geschäftsbesorgung i.S.v. § 675 I BGB** handelt es sich bei einem Dienst- oder Werkvertrag dessen Gegenstand die selbständige, entgeltliche Tätigkeit wirtschaftlicher Art zur Wahrnehmung fremder Vermögensinteressen hat. Die Anwendung des Auftragsrechts statt des Dienst- oder Werkvertragsrechts soll dem besseren Schutz desjenigen dienen, um dessen Vermögensinteressen es geht.

Beispiele: Prozessführung durch einen Rechtsanwalt, i. d. R. entgeltliche Treuhandverträge.

§ 675 II BGB enthält die Grundregel, dass man für die Erteilung eines Rats oder einer Empfehlung als solche nicht haftet, soweit sich keine Haftung aus einem Vertragsverhältnis, aus einer unerlaubten Handlung oder sonstigen gesetzlichen Bestimmungen gibt. Der kritische Leser wird bereits ahnen, dass die Thematik der **Auskunftshaftung** ein juristischer »Sumpf« ist, von dem wir uns an dieser Stelle besser fernhalten sollten.

Auf die detaillierten und für das BGB relativ neuen Regelungen zu **Zahlungsdiensten** (§§ 675c bis 676c BGB), welche u. a. Ein- und Auszahlungen sowie Überweisungen erfassen, sei hier ebenfalls nur hingewiesen.

7.7.15 Spiel und Wette

Der Volksmund sagt »*Spielschulden sind Ehrenschulden*«, was insofern richtig ist, als dass Spiel- und Wettschulden *keine* Verbindlichkeiten begründen, also rechtlich *nicht* durchsetzbar sind (§ 762 I S.1 BGB). Allerdings können bereits gezahlte Spiel- und Wettschulden nicht gem. § 812 I S.1 Alt. 1 BGB zurückgefordert werden (§ 762 I S.2 BGB). Diese besondere Konstellation (keine Verbindlichkeit, aber Rechtsgrund im Falle der Leistung) wird – wie der Ehemaklervertrag – vom Gesetzgeber als »*unvollkommene Verbindlichkeit*« tituliert und von der Literatur als »**Naturalobligation**« bezeichnet. Anders ist die Rechtslage allerdings bei staatlich genehmigten Lotterien (§ 763 BGB).

7.7.16 Vergleich

§ 779 BGB enthält eine Legaldefinition des Vergleichs und verlangt dafür u. a. ein »*gegenseitiges Nachgeben*«. Der Vergleich ist ein Vertrag i.S.v. §§ 145 ff. BGB, der die materiell rechtliche Rechtslage zwischen den Parteien regelt und im Falle eines Vergleichs im Prozess gleichzeitig denselben beendet und ggf. einen Vollstreckungstitel schafft (vgl. § 794 I S. 1 Nr. 1 ZPO).

Praxishinweis: Viele Prozesse werden durch Vergleich beendet, was in den meisten Fällen bei rational handelnden und professionell beratenden Parteien auch regelmäßig die ökonomisch sinnvollste Entscheidung ist, wenn man die ansonsten anfallenden weiteren Gerichts- und Anwaltskosten sowie die Opportunitätskosten einer Fortführung des Prozesses durch mehrere Instanzen einkalkuliert. Allerdings sollte man sich niemals von dem an einem Vergleich besonders interessierten Gericht (Urteile und vor allem deren Begründungen bereiten viel Arbeit) zu einem als inakzeptabel empfundenen Vergleich drängen lassen. Nur wer eine starke Position aufbaut und der Gegenseite glaubhaft vermitteln kann, dafür auch mit allen rechtlichen Mitteln kämpfen zu wollen, wird letztlich einen angemessenen Vergleich erzielen können.

Für den in der Praxis seltenen Fall des beiderseitigen Irrtums über den einem Vergleich zugrundeliegenden Sachverhalt sieht § 779 BGB die Unwirksamkeit vor (dies ist eine Sonderregelung der ansonsten in § 313 BGB geregelten Störung der Geschäftsgrundlage).

7.7.17 Geschäftsführung ohne Auftrag

Die Geschäftsführung ohne Auftrag ist das erste hier dargestellte gesetzliche (soll heißen: keinen Vertrag voraussetzende) Schuldverhältnis.

Mag die Überschrift »Geschäftsführung ohne Auftrag« (kurz »GoA«) auch auf den ersten Blick ein klein wenig nach Slapstick klingen, so entstammt sie doch der Welt der Juristen (§§ 677 bis 687 BGB): Übernimmt jemand irgendeine Art von Tätigkeit für einen anderen und entspricht die Übernahme dieser Tätigkeit *objektiv* dem Interesse und dem wirklichen oder mutmaßlichen Willen des Geschäftsherrn, dann entsteht kraft Gesetzes ein Schuldverhältnis, welches insb. Fragen des Aufwendungsersatzes des Geschäftsführers (§§ 683, 677, 670 BGB), des Herausgabeansprüche des Geschäftsherrn (§§ 681 S. 2, 667 BGB) oder des Haftungsmaßstabs bei der Geschäftsführung zur Gefahrenabwehr (§ 680 BGB) betrifft. Im Falle einer unberechtigten Geschäftsführung ohne Auftrag haftet der Geschäftsführer verschärft (§ 678 BGB).

Beispiel: Rettung eines Bewusstlosen aus einem brennenden Auto (= berechtigte GoA), etwaige eigene Schäden des Geschäftsführers bei der Rettungsaktion könnten dann im Wege des Aufwendungsersatzes geltend gemacht werden.

7.7.18 Bereicherungsrecht

7.7.18.1 Funktion des Bereicherungsrechts

Das in §§ 812 bis 822 BGB geregelte Bereicherungsrecht begründet einen außervertraglichen (gesetzlichen) schuldrechtlichen Ausgleichsanspruch in Fällen, in denen eine Person einen Vorteil erlangt hat, der dieser Person nach der Rechtsordnung nicht zusteht.

Beispiel: V hat aufgrund eines (für V nicht erkennbar) unwirksamen Kaufvertrags einen PKW gem. § 929 BGB an K übereignet. Nach den Regeln des Abstraktionsprinzips ist die Übereignung des PKW wirksam, obwohl es kein wirksames Verpflichtungsgeschäft gibt. Daher hat V sein Eigentum an dem PKW verloren und kann somit nicht Herausgabe gem. § 985 BGB verlangen. Da das Ergebnis, dass K Eigentümer des PKW geworden ist, ohne dass ein Rechtsgrund vorliegt, offenbar nicht sachgerecht ist, erfolgt in diesen Fällen eine Rückabwicklung über Bereicherungsrecht (hier gem. § 812 I S. 1 Alt. 1 BGB, sog. Leistungskondiktion). Hätte V gewusst, dass der Kaufvertrag unwirksam ist, stünde seinem bereicherungsrechtlichen Anspruch gegen K grundsätzlich § 814 BGB entgegen.

Klausurhinweis: Aus dem Vorstehenden ergibt sich auch, dass das Bereicherungsrecht nur subsidiär eingreift und erst nach den vorrangigen vertraglichen, dinglichen und deliktischen Anspruchsgrundlagen zu prüfen ist.

7.7.18.2 Die bereicherungsrechtlichen Anspruchsgrundlagen

Im Rahmen des Bereicherungsrechts sind verschiedene Anspruchsgrundlagen zu unterscheiden, die als Kondiktionen bezeichnet werden:

Leistungskondiktion: Wer durch die *Leistung* eines anderen auf dessen Kosten etwas ohne rechtlichen Grund (d. h. ohne *causa*) erlangt, ist zur Herausgabe verpflichtet (§ 812 I S. 1 Alt. 1 BGB). Unter Leistung versteht man dabei üblicherweise die »*bewusste und zweckgerichtete Mehrung fremden Vermögens*«.

Beispiel: Der vorstehend geschilderte Fall mit dem unwirksamen Kaufvertrag über ein Auto bei gleichzeitiger Wirksamkeit der Übereignung des Autos (Abstraktionsprinzip!) im Glauben an die Wirksamkeit des Kaufvertrags ist ein typisches Beispiel für die Leistungskondiktion. Oder anders formuliert: Das Abstraktionsprinzip ist die Hauptursache für die Leistungskondiktion, gäbe es das Abstraktionsprinzip nicht, wäre bei Erfüllung eines unwirksamen Verpflichtungsvertrags regelmäßig auch die darauf beruhende Übereignung unwirksam, so dass dingliche Ansprüche gem. § 985 BGB die notwendige Rückabwicklung gewährleisten würden.

Klausurhinweis: Die Leistungskondiktion spielt eine bedeutende Rolle im deutschen Recht und sollte daher in der WPR-Klausur unbedingt abrufbar sein.

Einen Sonderfall der Leistungskondiktion regelt der bereits kurz erwähnte § 817 S. 1 BGB (der Wortlaut des § 817 S. 1 BGB spricht eindeutig nur von »Leistung«!): Verstößt der Empfänger einer Leistung durch die Annahme gegen ein **gesetzliches Verbot** (§ 134 BGB) oder die **guten Sitten** (§ 138 BGB), dann ist der Empfänger zur Herausgabe verpflichtet, es sei denn, der Leistende verstößt ebenfalls gegen ein gesetzliches Verbot oder die guten Sitten (§ 817 S. 2 BGB).

Beispiel: Ein Anwendungsgebiet des § 817 S. 2 BGB sind die bereits dargestellten Fälle der einvernehmlichen Schwarzarbeit: Hier kann etwa ein leistender Handwerker wegen der Nichtigkeit des Werkvertrags gem. § 134 BGB keine Vergütung verlangen und wegen § 817 S. 2 BGB auch keinen bereicherungsrechtlichen Ausgleich verlangen.

Hinweis: Zwar liegt je nach Konstellation im Falle des § 817 S. 1 BGB häufig bereits ein Fall des § 812 I S. 1 Alt. 1 BGB vor, jedoch kann es vorkommen, dass eine Leistungskondiktion gem. § 812 I S. 1 Alt. 1 BGB wegen Kenntnis des Leistenden von der Nichtschuld ausgeschlossen ist (vgl. § 814 BGB, der nicht für § 817 S. 1 BGB gilt).

Nichtleistungskondiktion: Liegt keine Leistungskondiktion vor, kommt eine Nichtleistungskondiktion in Betracht, wenn jemand durch einen Eingriff in eine fremde Rechtsposition ohne Rechtsgrund etwas erlangt hat (**§ 812 I S. 1 Alt. 2 BGB**). Vor allem in den komplizierten (hier nicht weiter thematisierten) Dreiecksverhältnissen ist die Nichtleistungskondiktion subsidiär gegenüber der Leistungskondiktion.

Beispiele: Der Diebstahl ist ein Fall der Nichtleistungskondiktion in Form der **Eingriffskondiktion** (daneben würden dann noch deliktische Ansprüche bestehen, fehlt es bei Eingriffen in fremdes Vermögen an einem Verschulden, bleiben aber nur bereicherungsrechtliche Ansprüche). Des Weiteren gibt es die Nichtleistungskondiktionen in Form der **Rückgriffskondiktion** etwa bei Begleichung einer fremden Schuld und der **Verwendungskondiktion** etwa bei Baumaßnahmen auf fremden Grundstücken.

Ein spezieller Fall der Nichtleistungskondiktion ist in **§ 816 BGB** geregelt: Wenn ein Nichtberechtigter über einen Gegenstand verfügt und diese Verfügung gegenüber dem Berechtigten wirksam ist, dann kann der (ursprünglich) Berechtigte von dem Verfügenden die Herausgabe des Erlangten verlangen (**§ 816 I S. 1 BGB**). Erfolgte die Verfügung unentgeltlich, dann ist derjenige, der den Gegenstand erhalten hat, zur Herausgabe verpflichtet (**§ 816 I S. 2 BGB**).

Beispiele: (1) Der Besitzer B einer Sache verkauft und übereignet diese an den Dritten D, der dafür einen Kaufpreis zahlt. Ist D gutgläubig i.S.v. § 932 BGB dann ist er Eigentümer der Sache geworden, mit der Konsequenz, dass der verfügende B dem ursprünglichen Eigentümer E gegenüber zur Herausgabe des Kaufpreises gem. § 816 I S. 1 BGB verpflichtet ist. Liegt in diesem Fall z. B. wegen § 935 BGB kein gutgläubiger Eigentumserwerb vor, dann könnte der E die Übertragung der Sache gem. § 185 BGB genehmigen, um anschließend von B den Kaufpreis gem. § 816 I S. 1 BGB zu verlangen, wenn das für E attraktiver ist als von D die Herausgabe der Sache gem. § 985 BGB zu verlangen. (2) Hat B die Sache dem D übereignet ohne dafür eine Gegenleistung zu vereinbaren (der Übereignung liegt also ein Schenkungsvertrag zugrunde), dann kann E von D gem. § 816 I S. 2 BGB die Herausgabe der Sache verlangen. Auch hier zeigt sich wieder, dass der unentgeltliche Erwerb die schwächste Erwerbsform ist.

Wird an einen Nichtberechtigten eine Leistung bewirkt, die dem Berechtigten gegenüber wirksam ist (z. B. gem. § 407 BGB), dann kann der Berechtigte von dem Nichtberechtigten die Herausgabe des Geleisteten verlangen (§ 816 II BGB). Im Gegensatz zu § 816 I BGB ist also im Falle des § 816 II BGB der Nichtberechtigte der Empfänger und nicht der Verfügende.

7.7.18.3 Die Rechtsfolgen bereicherungsrechtlicher Ansprüche

Die **Rechtsfolgen** bereicherungsrechtlicher Ansprüche sind in §§ 818 ff. BGB in fünf Stufen geregelt:

1. Zunächst ist der Anspruch auf Herausgabe der erlangten Sache in Natur gerichtet (vgl. § 818 I Alt. 1 BGB).
2. Ist die Sache nicht mehr vorhanden, richtet sich der bereicherungsrechtliche Anspruch auf dasjenige, was an die Stelle der Sache getreten ist (§ 818 I Alt. 2 BGB), dies kann z. B. beim Weiterverkauf der Kaufpreis oder bei der Zerstörung der Ersatz durch die Versicherung sein (Surrogat).
3. Ist auch die Herausgabe eines Surrogates nicht möglich, richtet sich der Anspruch auf Wertersatz (§ 818 II BGB).
4. Ist der Empfänger wegen des Wegfalls der Bereicherung nicht mehr bereichert, dann ist auch nicht mehr zur Herausgabe oder zum Wertersatz verpflichtet (§ 818 III BGB). Dies ist ein besonderes Merkmal des Bereicherungsrechts.

> **Hinweis:** Beruht die Entreicherung gem. § 818 III BGB auf einer unentgeltlichen Verfügung an einen Dritten, dann kann der Gläubiger gem. § 822 BGB Herausgabe von dem Dritten verlangen (auch hier zeigt sich wieder, dass der unentgeltliche Erwerb vom Gesetzgeber für nicht sonderlich schutzwürdig erachtet wird).

5. Der Empfänger kann sich allerdings insb. dann nicht auf die Entreicherung berufen, wenn er Kenntnis von dem fehlenden Rechtsgrund hatte oder die Angelegenheit bereits bei Gericht rechtshängig war (vgl. § 818 IV BGB i. V. m. §§ 819, 820 BGB).

7.7.19 Deliktsrecht

7.7.19.1 Verhältnis zum Vertragsrecht

Das deutsche Deliktsrecht ist unter dem Titel »**Unerlaubte Handlungen**« in §§ 823 ff. BGB sowie verschieden Spezialgesetzen (wie vor allem dem Produkthaftungsgesetz und dem Straßenverkehrsgesetz) geregelt. Das Wesen des Deliktsrechts ist, dass für diese Anspruchsgrundlage gerade *kein* Vertrag vorliegen muss, vielmehr handelt es sich um ein außervertragliches (gesetzliches) Schuldverhältnis.

Klausurhinweis: Auch wenn ein Anspruch aus Deliktsrecht keinen Vertrag voraussetzt, kann ein deliktischer Anspruch aber auch bei Vorliegen eines Vertrages (ggf. kumulativ zu einem vertraglichen Anspruch vorliegen, es besteht sog. **Anspruchskonkurrenz**). Da das Vertragsverhältnis aber Auswirkungen auf etwaige Deliktsansprüche haben kann, sind im Klausuraufbau immer zunächst vertragliche und quasivertragliche Ansprüche zu prüfen, (dann die dinglichen Ansprüche) und erst zum Schluss die außervertraglichen Ansprüche aus Delikt und Bereicherungsrecht.

7.7.19.2 Grundtatbestand (§ 823 I BGB)

Im Zentrum des deutschen Deliktsrechts steht der Grundtatbestand des § 823 I BGB. § 823 I BGB setzt voraus, dass eines der dort enumerativ genannten Rechtsgüter (**Enumerationsprinzip**, statt umfassender deliktischer Generalklausel) schuldhaft und rechtswidrig verletzt wird. Im Detail bedeutet dies:

1. **Rechtsgutverletzung:** Es muss eines der dort genannten Rechtsgüter verletzt worden sein, d. h. neben den explizit genannten Rechtsgütern **Leben, Körper, Gesundheit, Freiheit und Eigentum** werden auch »sonstige Rechte« geschützt. Unter sonstigen Rechten werden dabei nur *absolute* Rechte verstanden und *nicht* etwa das gesamte Vermögen (hier unterscheidet sich das deutsche Recht von anderen Rechtsordnungen, die hier teilweise in weiterem Umfang deliktischen Schutz gewährleisten). Zu den anerkannten sonstigen (absoluten) Rechten gehören insb. das »**allgemeine Persönlichkeitsrecht**« (wird aus Art. 1 I und Art. 2 I GG hergeleitet) und das »**Recht am eingerichteten und ausgeübten Gewerbebetrieb**« (letzteres wird aber nur gegen *betriebsbezogene*, d. h. unmittelbare Eingriffe geschützt).
2. **Rechtswidrigkeit:** Nach der Rechtsprechung indiziert die Rechtsgutverletzung die Rechtswidrigkeit, d. h. soweit nicht ausnahmsweise ein Rechtfertigungsgrund vorliegt (vgl. insofern §§ 227 bis 230 und 904 BGB; in Betracht kommt außerdem ggf. eine Einwilligung des Geschädigten) ist – auch in der Klausur – von dem Vorliegen der Rechtswidrigkeit auszugehen.

3. **Verschulden:** Ansprüche wegen unerlaubter Handlung gem. §§ 823 ff. BGB verlangen grundsätzlich ein Verschulden, dieses liegt bei jeder Form der Fahrlässigkeit und Vorsatz vor (vgl. § 276 BGB). Nur die Tierhalterhaftung gem. § 833 S. 1 BGB setzt kein Verschulden voraus). Die Verschuldensfähigkeit ergibt sich aus §§ 827, 828 BGB. Dogmatisch interessant und für das Zivilrecht ungewöhnlich sieht § 829 BGB in einer Ausnahmekonstellation eine Billigkeitshaftung vor. In der Praxis liegt häufig ein Mitverschulden des Geschädigten vor, so dass es zu einer Quotelung (Aufteilung in Quoten) gem. § 254 BGB kommt.

4. **Schaden:** Die Rechtsgutverletzung muss zu einem Schaden führen.

5. **Doppeltes Kausalitätserfordernis:** Zunächst ist ein Kausalzusammenhang zwischen dem schädigenden Verhalten und der Rechtsgutverletzung notwendig (sog. **haftungsbegründende Kausalität**), des Weiteren ist ein Kausalzusammenhang zwischen der Rechtsgutverletzung und dem geltend gemachten Schaden notwendig (sog. **schadensausfüllende Kausalität**). In beiden Fällen bestimmt sich die Kausalität nach der **Adäquanztheorie**, d. h. ein Kausalzusammenhang liegt vor, wenn die Ursache nach der allgemeinen Lebenserfahrung nicht völlig ungeeignet war, eine solche Rechtsgutverletzung bzw. einen solchen Schaden herbeizuführen.

Liegen diese Voraussetzungen vor, richten sich Art und Umfang des Schadensersatzes nach den Bestimmungen des Schuldrechts AT (vgl. §§ 249 ff. BGB).

7.7.19.3 Verletzung eines Schutzgesetzes (§ 823 II BGB)

Ein deliktischer Anspruch kann sich auch aus § 823 II BGB ergeben, wenn ein Gesetz verletzt wurde, welches dem Schutz eines anderen (und nicht nur dem Schutz der Allgemeinheit) dient. Dies trifft insb. auf sehr viele Straftatbestände des StGB zu.

Beispiel: Ein Betrüger haftet den Geschädigten aus § 823 II BGB i. V. m. § 263 StGB. Das ist deswegen wichtig, weil beim Betrug regelmäßig keine absolutes Recht i.S.v. § 823 I BGB, sondern »nur« das Vermögen als solches geschädigt wird, was von § 823 I BGB nicht erfasst wird.

7.7.19.4 Vorsätzliche sittenwidrige Schädigung (§ 826 BGB)

Anders als § 823 I BGB verlangt § 826 BGB nicht die Verletzung eines absoluten Rechts, d. h. auch die Verletzung des Vermögens als solchem genügt, jedoch setzt § 826 BGB voraus, dass der Schädiger vorsätzlich handelt und dabei gegen die guten Sitten verstößt. Damit hat der Gesetzgeber eine kleine deliktische Generalklausel als Auffangtatbestand geschaffen, welche der Rechtsprechung eine gewisse Flexibilität gibt. Dabei ist zu beachten, dass die tatbestandlichen Voraussetzungen des § 826 BGB sehr eng sind.

Beispiele: (1) Wer beim Vertragsschluss bewusst täuscht, um den anderen zum Abschluss zu bewegen, begründet regelmäßig auch einen deliktischen Anspruch aus § 826 BGB (neben der Anfechtbarkeit gem. § 123 I Alt. 1 BGB, was wichtig ist, da nach einer etwaigen Anfechtung wegen der Rückwirkung gem. § 142 BGB keine vertraglichen Ansprüche mehr bestehen). (2) Im Gesellschaftsrecht führt grundsätzlich insb. der missbräuchliche existenzvernichtende Vermögensentzug des Gesellschafters zum Nachteil der Gesellschaft, der eine Insolvenz herbeiführt oder vertieft, zu einer Haftung des Gesellschafters aus § 826 BGB (**Existenzvernichtungshaftung** des Gesellschafters; grundlegend BGH NJW 07, 2689).

7.7.19.5 Haftung für den Verrichtungsgehilfen (§ 831 BGB)

Das deliktsrechtliche Gegenstück zum Erfüllungsgehilfen (§ 278 BGB) ist der Verrichtungsgehilfe (§ 831 BGB). Es gibt jedoch zwei gravierende Unterschiede zwischen dem Erfüllungs- und dem Verrichtungsgehilfen:

- Während § 278 BGB eine reine Zurechnungsnorm ist, ist § 831 BGB als *eigenständige* Anspruchsgrundlage ausgestaltet.
- Der zweite wichtige Unterschied zwischen § 278 BGB und § 831 BGB besteht darin, dass der Geschäftsherr beim Verrichtungsgehilfen gem. § 831 I S. 2 BGB die Möglichkeit hat, sich zu entlasten (**Exkulpation**), d. h. wenn der Geschäftsherr nachweisen kann, dass ihn bei der Auswahl und Überwachung des Verrichtungsgehilfen kein Verschulden trifft, haftet der Geschäftsherr nicht.

Die Unterschiede zwischen Erfüllungsgehilfe und Verrichtungsgehilfe werden in nachfolgender Übersicht noch einmal gegenübergestellt:

Erfüllungsgehilfe (§ 278 BGB)	Verrichtungsgehilfe (§ 831 BGB)
Setzt ein bestehendes Schuldverhältnis voraus (c.i.c. genügt).	Deliktische Haftung, setzt kein bestimmtes Schuldverhältnis voraus, kann aber neben eine vertragliche Haftung treten.
Erfüllungsgehilfe ist, wer mit Wissen und Wollen des Schuldners bei der Erfüllung seiner Verbindlichkeiten als Hilfsperson tätig wird; daneben Zurechnung der Handlung des gesetzlichen Vertreters (für Organe gilt aber der speziellere § 31 BGB).	Verrichtungsgehilfe ist, wem eine Tätigkeit von einem anderen übertragen wurde unter dessen Einfluss er allgemein oder im konkreten Fall steht und zu dem er in gewissem Abhängigkeitsverhältnis steht, maßgebend sind die tatsächlichen Verhältnisse.
Haftung für fremdes Verschulden:	**Haftung für eigenes Verschulden**
<ul><li>reine Zurechnungsnorm, *keine* eigene Anspruchsgrundlage;</li><li>*keine* Möglichkeit der Exkulpation.</li></ul>	<ul><li>eigene Anspruchsgrundlage;</li><li>**Exkulpation möglich** (s. § 831 I S. 2 BGB), d. h. das Verschulden wird vom Gesetzgeber vermutet.</li></ul>

7.7.19.6 Gefährdungshaftung

Unter Gefährdungshaftung versteht man eine *verschuldensunabhängige* **deliktische Haftung.** Diese hat der Gesetzgeber in speziellen Fällen geschaffen, in denen jemand eine gefährliche Anlage betreibt und daher – unabhängig von einem etwaigen Verschulden – die mit dieser Anlage verbundenen Risiken tragen soll. Neben der bereits erwähnten verschuldensunabhängigen Haftung des Luxustierhalters gem. § 833 S. 1 BGB findet sich eine Gefährdungshaftung im Straßenverkehrsgesetz für Schäden beim **Betrieb eines Kraftfahrzeugs** (§ 7 StVG), im Haftpflichtgesetz u. a. für Schäden beim Betrieb von Schienenbahnen (§ 1 HaftpflG), im Arzneimittelgesetz für Schäden durch Arzneimittel (§ 84 ArzneiMG), im Umwelthaftungsgesetz für Umweltschäden durch bestimmte Anlagen (§§ 1, 2 UmweltHG) sowie im **Produkthaftungsgesetz** (§ 1 ProdHaftG).

Internationaler Aspekt: Die internationale Anwendung des Produkthaftungsrechts richtet sich aus europarechtlicher Perspektive nach Art. 5 Rom II-VO.

7.7.19.7 Weitere Deliktstatbestände

Weitere relevante deliktische Haftungstatbestände seien hier nur kurz erwähnt: Kreditgefährdung (§ 824 BGB), Haftung des Aufsichtspflichtigen (§ 832 BGB), Haftung des Tierhalters (§ 833 BGB, **Achtung**: Abweichend vom Verschuldenserfordernis des Deliktsrechts begründet § 833 S. 1 BGB eine Gefährdungshaftung, die einzige im BGB) und Haftungstatbestände im Zusammenhang mit Grundstücken und Gebäuden (§§ 836 bis 838 BGB).

Auch auf die Haftung von Amtsträgern (**Amtshaftung gem. § 839 BGB i. V. m. Art. 34 GG**) sei hier nur hingewiesen.

Internationaler Aspekt: Deutsches Deliktsrecht kommt aus deutscher/ europarechtlicher Perspektive zur Anwendung, wenn der Schaden in Deutschland eintritt (Art. 2 I i. V. m. **Art. 4 I Rom II-VO: Erfolgsort**), es sei denn zum Zeitpunkt des Schadenseintritts haben Schädiger und Geschädigter ihren gewöhnlichen Aufenthalt in demselben anderen Staat (Art. 2 I i. V. m. Art. 4 II Rom II-VO) oder die Gesamtheit der Umstände ergibt eine offensichtliche engere Verbindung zu einem anderen Staat, dessen Recht daher vorrangig anzuwenden wäre (Art. 2 I i. V. m. Art. 4 III Rom II-VO) (diese beiden Ausnahmen vom Erfolgsort als Grundprinzip dienen namentlich der vereinfachten Abwicklung von Schadensfällen).

Literaturempfehlungen: *Wörlen/Metzler-Müller*, Schuldrecht BT, 11. Aufl. 2013; *Medicus/ Lorenz*, Schuldrecht II/Besonderer Teil, 17. Aufl. 2014; *Looschelders*, Schuldrecht Besonderer Teil, 9. Aufl. 2014.

7.8 Sachenrecht

7.8.1 Überblick

Das Sachenrecht ist im 3. Buch des BGB geregelt. Sachen sind – wie bereits dargestellt – **körperliche Gegenstände** (§ 90 BGB). Wie ebenfalls bereits erläutert unterscheidet sich das Sachenrecht vom Schuldrecht dadurch, dass im Sachenrecht **absolute Rechte** behandelt werden, die gegenüber jedermann gelten, während das Schuldrecht sich mit Rechtsbeziehungen nur zwischen einzelnen Personen beschäftigt, weswegen man von der Relativität des Schuldrechts spricht.

Beispiel: Die mit dem Eigentum an einem Grundstück grundsätzlich verbundenen Nutzungs- und Unterlassungsansprüche des Eigentümers richten sich gegen jedermann (vgl. § 903 BGB), während der Anspruch aus einem Grundstückskaufvertrag (vgl. §§ 433, 311b I BGB) sich nur gegen den Vertragspartner richtet.

Aus diesem fundamentalen Unterschied zwischen dem Schuldrecht und dem Sachenrecht ergeben sich wichtige Grundprinzipien, die das Sachenrecht vom Schuldrecht unterscheiden.

7.8.2 Grundprinzipien des Sachenrechts

Im Sachenrecht gilt – anders als im Schuldrecht – ein **Typenzwang** (NC der Sachenrechte), d. h. es existieren nur die vom Gesetzgeber geschaffenen

Sachenrechte und diese können nur nach den gesetzlichen Bestimmungen begründet und übertragen werden. Das Schuldrecht dagegen eröffnet den Parteien die Möglichkeit, neue Vertragstypen zu entwickeln (§ 311 I BGB). Der Grund für diesen Unterschied ist darin zu sehen, dass die so neu geschaffenen Vertragstypen nur zwischen den Vertragsparteien gelten, die Sachenrechte gelten dagegen gegenüber jedermann.

Internationaler Aspekt: Dieser Grundgedanke des Sachenrechts setzt sich auch im Internationalen Privatrecht fort: Im Sachenrecht gilt zwingend immer das Ortsrecht (Ort der Belegenheit der Sache, *lex rei sitae*, Art. 43 I EGBGB), d.h. die Parteien können auch insofern nicht das Recht eines anderen Staates wählen (anders als im Vertragsrecht). Diese Regel gilt nicht nur in Deutschland, sondern wird von allen Jurisdiktionen der Welt anerkannt und angewandt.

Beispiel: Es liegt auf der Hand, dass diese Regel enorme praktische Auswirkungen hat, wenn etwa im Rahmen einer weltweiten Transaktion Vermögenswerte in verschiedenen Jurisdiktionen übertragen werden sollen: Während es regelmäßig möglich ist, für das zugrundeliegende Verpflichtungsgeschäft (also z. B. den Kaufvertrag) eine Rechtswahl zu treffen, gilt für das sachenrechtliche Vollzugsgeschäft zwingend der Ort der Belegenheit.

Wegen der absoluten Wirkung der Sachenrechte, bedarf ihre Begründung eines äußerlich erkennbaren Aktes (**Publizitätsprinzip**), z. B. in Form der Übergabe der beweglichen Sache (vgl. § 929 BGB) oder bei Immobilien durch Eintragung im Grundbuch (vgl. § 873 BGB).

Wird über Sachenrechte verfügt, muss immer genau bestimmt werden, worüber verfügt wird (**Bestimmtheitsprinzip** oder auch Spezialitätsprinzip), d.h. es kann bei einem Erwerb sämtlicher Vermögenswerte eines Unternehmens im Wege des sog. *Asset Deals* zwar pauschal das Unternehmen als Gesamtheit Gegenstand eines Kaufvertrags sein, der dingliche Vollzug des Unternehmenskaufvertrags muss aber für sämtliche Sachen einzeln nach den jeweils einschlägigen Rechtsvorschriften erfolgen (bewegliche Sachen werden nach §§ 929 ff. BGB übertragen, Grundstücke gem. §§ 873, 925 BGB und Rechte gem. §§ 398 ff. BGB, auch deswegen bevorzugt die Praxis den *Share Deal*, dazu im Detail ▶ Kap. 15).

Es soll an dieser Stelle nur noch einmal in Erinnerung gerufen werden, dass das dingliche Rechtsgeschäft von dem zugrundeliegenden Verpflichtungsgeschäft stets zu trennen und von diesem unabhängig zu beurteilen ist (**Abstraktionsprinzip**).

Sachenrechte können naturgemäß nur einmal übertagen werden, werden sie mehrfach übertragen, erwirbt derjenige, dem die Sache zuerst übertragen wurde (**Prioritätsprinzip**), soweit dieser Grundsatz nicht insb. durch die Regeln über den gutgläubigen Erwerb durchbrochen wird (vgl. insoweit §§ 932 ff. BGB ▶ Kap. 7.8.5.2).

7.8.3 Eigentum und Besitz

Während im normalen Sprachgebrauch die Begriffe Eigentum und Besitz oft als Synonyme verwendet werden, sind diese Begriffe – wie bereits kurz erwähnt – juristisch streng zu unterscheiden:

- Unter **Eigentum** versteht man das umfassendste rechtliche Herrschaftsrecht über eine Sache, das die Rechtsordnung kennt und welches dem Inhaber des Eigentums das Recht gibt mit dieser Sache (im Rahmen der geltenden Gesetze) nach Belieben zu verfahren (vgl. § 903 **BGB**). Dabei ist zu beachten, dass der verfassungsrechtliche Begriff des Eigentums i.S.d. Art. 14 GG sehr viel umfassender als der zivilrechtliche Eigentumsbegriff ist.
- Unter **Besitz** versteht man die *tatsächliche* Herrschaft über eine Sache (so § 854 **BGB**). Dabei unterscheidet die Rechtsordnung zwischen dem unmittelbaren und dem mittelbaren Besitzer (vgl. § 868 BGB).

Beispiel: Wenn eine Studentin in der Bibliothek (sagen wir zur Vermeidung öffentlich-rechtlicher Implikationen der Bibliothek einer privaten Hochschule) ein Buch ausleiht, dann wird sie im Moment der Übergabe des Buches (unmittelbarer) Besitzer dieses Buches, während die Hochschule Eigentümer des Buches ist und bleibt. Da zwischen der Studentin und der Hochschule ein Leihvertrag zustande kommt, ist die Hochschule überdies mittelbarer Besitzer des Buches, da der Leihvertrag als sog. Besitzkonstitut einen gestuften Besitz zwischen der unmittelbaren Besitzerin, der Studentin, und der Hochschule als mittelbarem Besitzer und Eigentümer begründet (vgl. § 868 BGB).

Nachfolgend sollen zunächst der Eigentumsschutz und danach der Erwerb und Verlust des Eigentums – entsprechend den gesetzlichen Regelungen getrennt für bewegliche und unbewegliche Sachen – dargestellt werden. Die Regelungen zum Besitz (§§ 854 bis 872 BGB), die im Gegensatz zur Regelung des Eigentums gleichermaßen für bewegliche und unbewegliche Sachen gelten, sollen dagegen im Rahmen dieses Lehrbuchs nicht weiter vertieft werden (vgl. ggf. z. B. *Medicus/Petersen*, GW BürgerlR, Rd. 311 ff.).

7.8.4 Ansprüche aus dem Eigentum

Wichtigster Anspruch des Eigentümers ist der **Herausgabeanspruch** des Eigentümers gegen den Besitzer, der kein Recht zum Besitz der Sache hat (§§ 985, 986 **BGB**, insoweit spricht man von Vindikation). Durch die Aufteilung der drei Voraussetzungen für den Herausgabeanspruch auf zwei Vorschriften (einerseits § 985 BGB: Anspruchsteller ist Eigentümer, Anspruchsgegner ist Besitzer der Sache, andererseits § 986 BGB: Anspruchs-gegner hat kein Recht zum Besitz) hat der Gesetzgeber eine Beweislastregel getroffen: Der Anspruchssteller hat die Beweislast für die Tatbestands-merkmale des § 985 BGB und der Anspruchsgegner hat die Beweislast für die Tatbestandsmerkmale des § 986 BGB.

Beispiel: Stellen Sie sich vor, dass in dem vorstehenden Beispiel die Studentin das in der Hochschulbibliothek entliehene Buch nicht zurückgibt, sondern einem Kommilitonen leiht, dann hätte die Hochschulbibliothek einen Anspruch auf Herausgabe des Buches aus § 985 BGB gegen diesen Kommilitonen und müsste nachweisen, dass die Bibliothek Eigentümer des Buches ist und der Kommilitone Besitzer, der Kommilitone müsste ggf. beweisen, dass er aufgrund der Leihe gem. § 986 BGB noch einen Anspruch auf den Besitz hat (was bei dieser Fallgestaltung nicht der Fall wäre).

Klausurhinweise: § 985 BGB gehört zu den wichtigsten klausurrelevan-ten Anspruchsgrundlagen, die jeder Studierende mit den drei darge-stellten Voraussetzungen (Eigentümer, Besitzer, kein Recht zum Besitz) auswendig kennen sollte. Die Eigentumslage ist dabei im Gutachten immer chronologisch zu prüfen (»*Fraglich ist, ob der A Eigentümer ist. Ursprünglich war X Eigentümer, jedoch könnte A gem. § 929 BGB Eigentümer geworden sein...*«), was wiederum eine Konsequenz des Prioritätsprinzips ist. Bei komplexeren Fallgestaltungen sollte der Klausurbearbeiter (ebenso wie der Praktiker) vor Niederschrift des Gutachtens zunächst auf einem Schmierzettel die Chronologie der Ereignisse in einer Tabelle erfassen. Im Prüfungsaufbau ist zu beachten, dass Herausgabeansprü-che aus § 985 BGB nach vertraglichen und vor bereicherungsrechtlichen Ansprüchen zu prüfen sind.

Bei einer etwaigen Bejahung eines Herausgabeanspruchs des Eigentümers gegen den Besitzer ohne Recht zum Besitz (der sog. Vindikationslage) wer-den sich regelmäßig zahlreiche Folgefragen im Zusammenhang mit Scha-dens-, Nutzungs- und Verwendungsersatz stellen. Diese Folgefragen werden im Rahmen des recht komplizierten sog. **Eigentümer-Besitzer-Verhältnisses** in den §§ 987 bis 1003 BGB geregelt, welches im Rahmen dieses Lehrbuchs nicht näher dargestellt werden kann.

Der Herausgabeanspruch des Eigentümers gem. § 985 BGB wird durch den **Beseitigungs- und Unterlassungsanspruch** des § 1004 BGB ergänzt: Wird das Eigentum nicht entzogen, sondern in anderer Weise rechtswidrig beeinträchtigt, kann der Eigentümer von dem Störer (je nach Art der Störung wird hier von Handlungs- oder Zustandsstörer gesprochen) Beseitigung der Störung verlangen. In diesem Zusammenhang kann es zu Abgrenzungsfragen im Verhältnis zu deliktsrechtlichen Ansprüchen aus § 823 I BGB kommen, wobei § 1004 BGB für den Eigentümer den Vorteil hat, dass § 1004 BGB im Gegensatz zu § 823 I BGB kein Verschulden verlangt.

§ 1004 BGB wird über seinen Wortlaut hinaus auf alle Fälle angewandt, in denen ein absolutes Recht beeinträchtigt wird, d. h. aus § 1004 BGB wurde als **allgemeiner Rechtsgrundsatz** ein Beseitigungs- und Unterlassungsanspruch bei der rechtswidrigen Beeinträchtigung absoluter Rechte hergeleitet. Absolute Recht sind z. B. Leben, Körper, Gesundheit oder auch das »*allgemeine Persönlichkeitsrecht*« und das »*Recht am eingerichteten und ausgeübten Gewerbebetrieb*« (vgl. zu dem Begriff »absolutes Recht« im Deliktsrecht ▶ Kap. 7.7.19.3). § 1004 BGB gehört damit über den Eigentumsschutz hinaus zu den wichtigsten Anspruchsgrundlagen des deutschen Zivilrechts.

Beispiel: Gegen die Verbreitung unwahrer geschäftsschädigender Äußerungen kann wegen Eingriffs in den eingerichteten und ausgeübten Gewerbebetrieb aus § 1004 BGB (ggf. in Verbindung mit weiteren Bestimmungen wie etwa § 824 BGB) auf Beseitigung und Unterlassung vorgegangen werden.

7.8.5 Bewegliche Sachen (Mobiliarsachenrecht)

7.8.5.1 Rechtsgeschäftlicher Erwerb des Eigentums an Mobilien

Der rechtsgeschäftliche Erwerb beweglicher Sachen ist in §§ 929 ff. BGB geregelt. Der Grundfall des Eigentumserwerbs steht in § 929 S. 1 BGB: Danach hat der Erwerb einer beweglichen Sache zwei Voraussetzungen:

1. Zum einen müssen die Parteien sich über den Eigentumserwerb einigen. Für diese *dingliche* **Einigung** gelten – der allgemeinen Systematik des BGB folgend mangels speziellerer Bestimmungen im Sachenrecht – die Bestimmungen des Allgemeinen Teils des BGB (§§ 104 ff. BGB).
2. Zum anderen muss die fragliche **Sache übergeben** werden.

Die Übergabe ist nicht notwendig, wenn der Erwerber bereits im Besitz der Sache ist (§ 929 S. 2 BGB). Wenn ein Dritter im Besitz der Sache ist, kann die Übergabe dadurch ersetzt werden, dass zwischen dem Erwerber und dem Dritten ein sog. Besitzkonstitut (z. B. ein Leih- oder Mietvertrag) vereinbart wird (§ 930 BGB) oder der bisherige Eigentümer tritt seinen Herausgabeanspruch gegenüber dem Dritten an den Erwerber ab (§ 931 BGB).

Klausurhinweis: Die beiden Voraussetzungen des § 929 S. 1 BGB muss jeder Studierende kennen und es sollte klar sein, dass für die dingliche

Einigung gem. § 929 S. 1 BGB wiederum die Bestimmungen des Allgemeinen Teils des BGB gelten. Dabei ist unbedingt die dingliche Einigung von dem zugrundeliegenden Verpflichtungsgeschäft (z. B. § 433 BGB) klar zu unterscheiden, mag bei Geschäften des täglichen Lebens beides auch de facto in einem Vorgang erfolgen.

7.8.5.2 Gutgläubiger Erwerb des Eigentums an Mobilien

Auf den ersten Blick würde man denken, dass nur der wirkliche Eigentümer (oder dessen Vertreter) einem potentiellen Erwerber wirksam Eigentum verschaffen kann. Dem ist aber überraschenderweise nicht so: Zum Schutz des Rechtsverkehrs (und zu Lasten des wahren Eigentümers) hat der Gesetzgeber in §§ 932 **bis 934** BGB die außerordentlich praxisrelevante Möglichkeit des sog. **gutgläubigen Erwerbs** geschaffen: Gemäß § 932 BGB kann ein Erwerber auch dann Eigentümer werden, wenn der Erwerber zusätzlich zu den beiden oben genannten Voraussetzungen des § 929 S. 1 BGB darauf vertraut, dass der Veräußerer auch Eigentümer der Sache ist. Der gute Glaube liegt nicht vor, wenn dem Erwerber bekannt oder infolge grober Fahrlässigkeit unbekannt ist, dass die Sache dem Veräußerer nicht gehört (§ 932 II BGB).

Beispiel: Student Treugut schließt mit dem Gebrauchtwagenhändler Windig einen Kaufvertrag über einen Gebrauchtwagen. Zug um Zug gegen Zahlung des Kaufpreises übergibt Windig dem Treugut den Wagen und beide sind sich über den Eigentumsübergang einig (als bewegliche Sachen werden Autos gem. § 929 übereignet). Ist Windig gar nicht Eigentümer des verkauften Wagens, so hat Treugut nur dann wirksam Eigentum gem. §§ 929, 932 BGB erworben, wenn er gutgläubig war, d. h. wenn Treugut weder wusste noch grob fahrlässig nicht wusste, dass Windig nicht Eigentümer des Wagens war. Nach der Rechtsprechung würde Treugut in diesem Fall bösgläubig sein (also mangels Gutgläubigkeit nicht Eigentümer werden), wenn er sich die sog. Zulassungsbescheinigung II (traditionell besser bekannt als »Fahrzeugbrief«) nicht hat von Windig zeigen lassen (auch daher ist die Vorlage des Fahrzeugbriefs Teil des üblichen Verkaufsprozesses im Gebrauchtwagenhandel) (vgl. Palandt/*Bassenge*, § 932 Rd. 13 m.w.N.). – Indizien für fehlende Gutgläubigkeit wären außerdem ungewöhnlich niedrige Preise oder der Verkauf an ungewöhnlichen Orten (etwa Erwerb einer Rolex nachts auf der Autobahnraststätte im Grenzdreieck zum Schnäppchenpreis; vgl. Palandt/*Bassenge*, § 932 Rd. 10).

Der Gutglaubensschutz knüpft immer an einen **Rechtsscheinträger** an, d. h. im obigen Beispiel setzt der gutgläubige Erwerb des Treugut neben dem guten Glauben auch voraus, dass ihm der Besitz an dem Kaufgegenstand tatsächlich verschafft wird (dies ist auch die innere Logik bei den §§ 932a bis 934 BGB). Daher ist im deutschen Recht der gutgläubige Erwerb nur virtuell existierender Rechte (also von Rechten, die nicht verbrieft sind und auch nicht in einem Register geführt werden) nicht möglich.

Der Gesetzgeber hat sich also bei der Abwägung zwischen den Interessen des Erwerbers (im obigen Beispiel das Interesse des Studenten Treugut daran, nicht den Kaufpreis zu zahlen ohne Eigentümer zu werden) und den Interessen des wahren Eigentümers daran sein Eigentum zu behalten, wieder einmal zugunsten des Rechtsverkehrs entschieden. Allerdings macht der Gesetzgeber von dieser Entscheidung eine wichtige Ausnahme: Wenn die Sache (also im obigen Beispiel das Auto) dem Eigentümer gestohlen oder sonst abhanden gekommen ist, dann ist ein gutgläubiger Erwerb gem. § 935 I BGB ausgeschlossen, d. h. an Diebesgut kann man auch nicht auf Basis der Bestimmungen über den gutgläubigen Erwerb Eigentum erwerben. Aber keine Ausnahme ohne Gegenausnahme: § 935 I BGB gilt aber wiederum gem. § 935 II BGB nicht für Geld und im Falle öffentlicher Versteigerungen, d. h. bei Geld oder auf öffentlichen Versteigerungen kann man sogar an Diebesgut gutgläubig Eigentum erwerben.

Klausurhinweise: (1) Die (durchaus praxisrelevante) Paragraphen-Kette § 929 S. 1 – § 932 I/II – § 935 I – § 935 II BGB sollte jedem Bearbeiter einer WPR-Klausur grundsätzlich bekannt sein. Zu beachten ist dabei, dass die Eigentumslage – wie bereits erwähnt – stets chronologisch zu prüfen ist. (2) Dies Technik von Regel – Ausnahme – Gegenausnahme ist nicht selten im Recht und dient letztlich einem angemessenen und praxisgerechten Interessenausgleich.

7.8.5.3 Gesetzlicher Erwerb des Eigentums an Mobilien

Neben dem oben dargestellten rechtsgeschäftlichen Erwerb (ggf. in Verbindung mit den Bestimmungen über den gutgläubigen Erwerb) gibt es verschiedene Möglichkeiten des gesetzlichen Eigentumserwerbs.

In den §§ 946 bis 951 BGB werden für das Wirtschaftsleben wichtige Regelungen für den Fall der Verbindung, Vermischung und Verarbeitung verschiedener Sachen getroffen:

- Wird eine bewegliche Sache mit einem *Grundstück* so verbunden, dass die bewegliche Sache **wesentlicher Bestandteil** des Grundstücks wird, dann wird der Eigentümer des Grundstücks auch Eigentümer der beweglichen Sache (§ 946 BGB i. V. m. § 94 BGB). Gesetzliche Ausnahmen von diesem

Grundprinzip ergeben sich aus dem Wohnungseigentumsgesetz (vgl. § 1 WEG) und dem Erbbaurechtsgesetz (vgl. § 12 ErbbauRG).

- Wird eine bewegliche Sache mit einer *anderen beweglichen Sache* so verbunden, dass diese **wesentliche Bestandteile** *einer* einheitlichen Sache werden, dann werden die bisherigen Eigentümer der beweglichen Sachen entsprechend dem Wertverhältnis der ursprünglichen Sachen Miteigentümer der neuen Sache (§ 947 BGB i. V. m. § 93 BGB). Dasselbe gilt im Fall der untrennbaren Vermischung beweglicher Sachen (§ 948 BGB).
- Wird durch **Verarbeitung** eine neue bewegliche Sache hergestellt und ist der Wert dieser Verarbeitung nicht erheblich geringer als der Wert der Sache, dann erwirbt der Hersteller das Eigentum an der neuen Sache (§ 950 BGB). Der Gesetzgeber hat also den Interessenkonflikt zwischen Lieferant und Hersteller zugunsten des Herstellers entschieden. § 950 BGB verdrängt in seinem Anwendungsbereich die §§ 947, 948 BGB.

Wer aufgrund der vorstehend dargestellten §§ 946 bis 950 BGB einen Rechtsverlust erleidet, hat gegenüber demjenigen, zugunsten dessen die Rechtsänderung eingetreten ist, einen Vergütungsanspruch (§ 951 BGB).

Praxishinweis: Die (insofern sehr umstrittene) Rechtsprechung lässt es zu, dass die Parteien bestimmen, wer Verarbeiter i.S.v. § 950 BGB ist, so dass der Verkäufer einer Ware unter Eigentumsvorbehalt diesen Eigentumsvorbehalt auch auf die neue Sache erstrecken kann. Dies ist vor dem Hintergrund einer etwaigen Insolvenz des Herstellers von nicht unerheblicher rechtspraktischer Relevanz.

Weitere Möglichkeiten des *gesetzlichen* Eigentumserwerbs (also Erwerb des Eigentums kraft Gesetzes ohne Rechtsgeschäft) sollen hier nur erwähnt werden:

- Ersitzung (§ 937 BGB),
- Aneignung (§ 958 BGB),
- Fund (§ 973 BGB).

7.8.6 Unbewegliche Sachen (Immobiliarsachenrecht)

7.8.6.1 Erwerb von Immobilien

Grundstücke werden gem. § 873 BGB ebenso wie bewegliche Sachen durch zwei Akte übertragen:

1. Auch bei Grundstücken bedarf es zunächst einer dinglichen Einigung der Parteien, diese muss vor einem Notar erfolgen und wird traditionell als **Auflassung** bezeichnet (vgl. § 925 BGB). Nur zur Vermeidung von etwaigen Missverständnissen: Hierbei handelt es sich (wie bei der Einigung gem. § 929 BGB) um die *dingliche* Einigung, welche streng von dem zugrundeliegenden Verpflichtungsgeschäft (in der Regel einem Kaufvertrag, § 433 BGB, der gem. § 311b I BGB beurkundet werden muss) zu trennen ist (§ 311b I betrifft nur das Verpflichtungsgeschäft!).

2. Da eine sichtbare Übergabe einer Immobilie schwer möglich ist, hat der Gesetzgeber bestimmt, dass die zweite Voraussetzung für die Übereignung eines Grundstücks die Eintragung des Erwerbers im Grundbuch ist (vgl. § 873 I BGB, Details ergeben sich insb. aus der GBO). Damit ist die **Eintragung im Grundbuch** konstitutive Voraussetzung für den Erwerb des Eigentums an einem Grundstück.

Da bis zur tatsächlichen Umschreibung des Eigentums im Grundbuchs sehr viel Zeit vergehen kann (insb. wegen der Einholung öffentlich-rechtlicher Genehmigungen etwa wegen eines gemeindlichen Vorkaufsrechts) ist es üblich und trotz der zusätzlichen Kosten unbedingt zu empfehlen, die spätere Eigentumsumschreibung durch die Eintragung einer **Vormerkung** (in der Praxis oft auch als »*Auflassungsvormerkung*« bezeichnet) im Grundbuch abzusichern (vgl. §§ 883 bis 888 BGB). Eine solche im Grundbuch eingetragene Vormerkung bewirkt, dass danach folgende Verfügungen oder Belastungen des Grundstücks gegenüber dem Vormerkungsberechtigten unwirksam sind (vgl. §§ 883 II, 888 I BGB).

7.8.6.2 Gutgläubiger Erwerb von Immobilien

Wie bei beweglichen Sachen gibt es auch bei Grundstücken die Möglichkeit des gutgläubigen Erwerbs. Wie dargestellt setzt der gutgläubige Erwerb immer einen Rechtsscheinträger voraus: Bei beweglichen Sachen war dies die Besitzverschaffung (vgl. §§ 932 bis 934 BGB), bei Grundstücken ist es die Grundbucheintragung (vgl. § 892 BGB).

Zugunsten des Erwerbers gilt der Inhalt des Grundbuchs (also insb. auch die Angaben zu dem Eigentümer und den Belastungen des Grundstücks) als richtig, es sei denn ein Widerspruch ist eingetragen oder der Erwerber hat positive Kenntnis von der Unrichtigkeit des Grundbuchs (anders als bei beweglichen Sachen zerstört grobfahrlässige Unkenntnis hier nicht den guten Glauben, vgl. § 892 BGB).

Beispiel: Meyer kauft von Schulze ein Grundstück, der nach einem Erbfall auch im Grundbuch eingetragen worden ist, aber aufgrund eines übersehenden Testaments tatsächlich gar nicht Erbe war. Der Erwerber Meyer kann von dem Nicht-Eigentümer Schulze wirksam Eigentum an dem Grundstück erwerben, solange Meyer zum Zeitpunkt der Stellung des Antrags beim Grundbuch auf Umschreibung keine positive Kenntnis von dem Fehler im Grundbuch hat (§ 892 I/II BGB).

Entsprechendes gilt für den lastenfreien Erwerb eines Grundstücks, wenn etwa ein bestehendes Grundpfandrecht nicht im Grundbuch eingetragen oder zu Unrecht vorzeitig gelöscht war.

7.8.6.3 Dienstbarkeiten

Das BGB kennt verschiedene dingliche Nutzungsrechte an Grundstücken, die das Grundstück unabhängig von dem jeweiligen Eigentümer belasten. Das unterscheidet die Dienstbarkeiten von schuldrechtlichen Nutzungsrechten wie Miete oder Pacht, die sich grundsätzlich nur gegen den jeweiligen Vertragspartner richten. Derartige dingliche Nutzungsrechte sind insb. die Grunddienstbarkeit (§ 1018 BGB), die beschränkte persönliche Dienstbarkeit (§ 1090 BGB) und der Nießbrauch (§ 1030 BGB).

7.8.6.4 Das Grundbuch

Neben dem Handelsregister ist das Grundbuch das bedeutendste Register im Bereich des Wirtschaftsprivatrechts. Ebenso wie das Handelsregister wird das Grundbuch von den Amtsgerichten geführt, wodurch ein hoher Grad an Zuverlässigkeit gewährleistet wird. Anders als das Handelsregister ist das **Grundbuch _kein_ öffentliches Register**, d. h. eine Einsichtnahme in das Grundbuch ist nur bei Nachweis eines berechtigten Interesses zulässig (§ 12 I GBO).

Das Grundbuch besteht aus einem Bestandsverzeichnis, welches tatsächliche Angaben zu dem Grundstück enthält, dann folgen **drei Abteilungen**: Abteilung I enthält den Namen des Eigentümers nebst den Erwerbsgrund, Abteilung II enthält alle tatsächlichen Belastungen des Grundstücks wie Vorkaufsrechte und Grunddienstbarkeiten (mit Ausnahme der Grundpfandrechte) und in Abteilung III stehen die Grundpfandrechte wie Hypotheken und Grundschulden (▸ Kap. 10).

Praxishinweis: Das stark formalisierte Verfahren des Grundbuchrechts, die Eingliederung der Grundbuchämter in die Justiz, die Notwendigkeit der Eintragung von Rechten als Wirksamkeitsvoraussetzung für das Entstehen der Rechte und die Möglichkeit der Eintragung einer Vormerkung sowie des gutgläubigen Erwerbs gewährleisten einen hohen Grad an Transaktionssicherheit beim Erwerb von Grundstücken in Deutschland, so dass anders als in manchen anderen Jurisdiktionen der Abschluss von Versicherungen für den Fall des Fehlschlagens des Eigentumswerbers (»*title insurance*«) nicht notwendig ist. Zwar sind die Notarkosten nicht unerheblich, jedoch wäre die alternative Einschaltung zweier Anwälte als Vertreter der beiden Parteien statt *eines* neutralen Notars kaum günstiger und im Zweifel qualitativ schlechter, jedenfalls solange der Notar seine Neutralität wirklich ernst nimmt (ein Indiz dafür, dass ein Notar dies nicht tut, ist z. B. die verbreitete Unsitte Verpflichtungen zur Zahlung einer Maklerprovision in einen Grundstückskaufvertrag zwischen Käufer und Verkäufer aufzunehmen, um den Makler, der dem Notar Geschäft zuleitet rechtlich optimal abzusichern).

Literaturempfehlungen: *Wolf/Wellenhofer*, Sachenrecht, 30. Aufl. 2015; *Wörlen/Kokemoor*, Sachenrecht, 9. Aufl. 2014.

8   Hinweise zum Familienrecht

Das Familienrecht ist – wie bereits kurz dargestellt – primär im **4. Buch des BGB** geregelt (§§ 1297 bis 1921 BGB), zusätzlich gibt es verschiedene Nebengesetze (wie z. B. das Versorgungsausgleichsgesetz) sowie **Art. 6 GG**, der Ehe und Familie als Grundrechte unter den Schutz des Staates stellt.

Im Wirtschaftsrecht kann insb. das Ehegüterrecht eine Rolle spielen, wenn eine der handelnden Personen verheiratet ist. Nach deutschem Recht gilt der gesetzliche Güterstand der Zugewinngemeinschaft (vgl. §§ 1363 ff. BGB), wenn die Ehegatten nicht in einer notariell beurkundeten Vereinbarung einen anderen Güterstand vereinbart haben (vgl. §§ 1408 ff. BGB).

> **Praxishinweis:** Während die in früheren Zeiten verbreiteten sehr einseitigen Verzichtsverträge der Ehefrauen gegenüber Ehemännern häufig unwirksam waren, besteht nach heutiger höchstrichterlicher Rechtsprechung durchaus die weitgehende Möglichkeit zu differenzierenden Regelungen, die der Situation beider Ehegatten gerecht wird. Vor dem Hintergrund der hohen Scheidungsrate sind derartige Eheverträge durchaus sinnvoll, dies gilt insb. dann, wenn ein Ehepartner unternehmerisch tätig ist, denn dann sollten die mit der unternehmerischen Tätigkeit verbundenen Vermögenswerte wie Gesellschaften oder Praxen (also wie wirtschaftliche Existenzgrundlage der betroffenen Person) insb. von einem etwaigen Zugewinnausgleich ausgeschlossen werden.

Eine auch für das Wirtschaftsleben außerhalb rein familienrechtlicher Sachverhaltsgestaltungen relevante Bestimmung ist der **§ 1365 BGB**, die bei bestimmten Rechtsgeschäften eines Ehegatten die Zustimmung des anderen Ehegatten verlangt. Diese Bestimmung gilt (nur) für Ehegatten, die im gesetzlichen Güterstand der Zugewinngemeinschaft leben, wie sich aus Überschrift des Untertitels ergibt (systematische Auslegung), wird von der Rechtsprechung über den engen Wortlaut (» *Verfügung über das Vermögen im Ganzen*«) hinaus auch auf Fälle angewendet, in denen nur *ein einzelner* Vermögensgegenstand veräußert wird (sog. **Einzeltheorie**, vgl. z. B. *Kropholler*, Studienkommentar, § 1365 Rd. 6 m.w.N.), wenn dieser je nach Vermögenslage des verfügenden Ehegatten mindestens 85 % oder 90 % des Vermögens ausmacht (dabei bleibt die Gegenleistung außer Betracht) und der Vertragspartner jedenfalls von diesen Umständen positive Kenntnis hat (auch dies ergibt sich nicht aus dem Wortlaut des § 1365 BGB, sondern ist nach h.M. ein ungeschriebenes Tatbestandsmerkmal des § 1365 BGB, vgl.

Palandt/*Brudermüller*, §1365 Rd.8). Sind die geschriebenen und unge-schriebenen Tatbestandsvoraussetzungen des §1365 BGB erfüllt und liegt keine Zustimmung oder Ersetzung der Zustimmung vor, dann sind die entsprechende Verpflichtung und die darauf beruhende Verfügung unwirk-sam (auch ein gutgläubiger Erwerb kommt insofern nicht in Betracht).

Praxishinweise: Das Erfordernis der Zustimmung des Ehegatten gem. § 1365 BGB hat in der Praxis bei Grundstückskaufverträgen und bei Unternehmensverkäufen im Mittelstand eine erhebliche praktische Rele-vanz.

Internationaler Aspekt: Vor Anwendung der deutschen familienrechtlichen Bestimmungen ist – wie stets, aber hier in besonderem Maße – anhand der Regelungen zum Internationalen Privatrecht zu prüfen, ob überhaupt deut-sches Recht zur Anwendung gelangt (vgl. hierzu aus deutscher Perspektive insb. Art. 13 bis 24 EGBGB).

Literaturempfehlung: *Schwab*, Familienrecht, 23. Aufl. 2015; *Fröschle*, Familienrecht, 2. Aufl. 2013; Details zu dem äußerst kniffligen § 1365 BGB kann man am besten in einem BGB-Kommentar (ggf. online z. B. über beck-online) nachlesen.

9 Hinweise zum Erbrecht

Das Erbrecht ist – wie bereits kurz dargestellt – primär im 5. **Buch des BGB** geregelt (§§ 1922 bis 2385 BGB) und wird in **Art. 14 GG** verfassungsrechtlich garantiert.

Das Erbrecht regelt insb. die **gesetzliche Erbfolge** (vgl. §§ 1924 ff. BGB), welche dann zur Anwendung gelangt, wenn der Erblasser keine letztwillige Verfügung (vgl. §§ 1937 bis 1941 BGB und §§ 2064 ff. BGB) getroffen hat. Diese **Testierfreiheit** des Erblassers ist die erbrechtliche Seite der Privatautonomie, welche im deutschen Erbrecht aber insb. durch das Pflichtteilsrecht (vgl. §§ 2303 ff. BGB) beschränkt wird.

Ausgangspunkt des deutschen Erbrechts ist, dass mit dem Todesfall das gesamte Vermögen einschließlich der Schulden kraft Gesetzes ohne jede weitere Annahmeerklärung im Wege der **Gesamtrechtsnachfolge (Universalsukzession)** auf den oder die Erben übergeht (vgl. §§ 1922, 1967 BGB). Jeder Erbe kann die Erbschaft jedoch innerhalb sehr kurzer Fristen ausschlagen (vgl. §§ 1942 ff. BGB).

Praxishinweis: Eine geordnete Nachfolgeplanung bei mittelständischen Unternehmen setzt u. a. eine entsprechende letztwillige Verfügung voraus, welche insb. durch eine Vorsorgevollmacht ergänzt werden sollte, um sicherzustellen, dass z. B. bei einer plötzlich eintretenden Handlungsunfähigkeit des Gesellschaftergeschäftsführers eine sofortige Vertretung durch eine geeignete Person ohne langwierige Einschaltung von Gerichten gewährleistet ist.

Internationaler Aspekt: (1) Vor Anwendung der deutschen erbrechtlichen Bestimmungen ist – wie stets, aber hier in besonderem Maße – anhand der Regelungen zum Internationalen Privatrecht zu prüfen, ob überhaupt deutsches Recht zur Anwendung gelangt. Mit der EU-Erbrechtsverordnung wurde als Anknüpfungspunkt auf das Recht am gewöhnlichen Aufenthaltsort umgestellt (vgl. Art. 21 EuErbVO), während bislang Deutschland an das Staatsangehörigkeitsrecht angeknüpft wurde (vgl. für die Vergangenheit Art. 25 EGBGB). (2) Wegen der unterschiedlichen Formvorgaben in verschiedenen Jurisdiktionen empfiehlt es sich in der Praxis bei entsprechenden Zweifelsfällen einerseits die formellen Vorgaben verschiedener Jurisdiktionen zu kombinieren (etwa das Zwei- bzw. Drei-Zeugen-Testament in den USA mit der notariellen Form nach deutschem Recht) und gleichzeitig Besonderheiten etwa des deutschen Rechts wie das gemeinschaftliche Testament der Ehegatten in diesen Fällen nach Möglichkeit nicht zu verwenden.

Literaturempfehlung: *Leipold*, Erbrecht, 20. Aufl. 2014.

10 Kreditsicherungsrecht

10.1 Personal- und Realsicherheiten

Im Nachfolgenden soll ein Überblick über die im deutschen Recht zur Verfügung stehenden Möglichkeiten der Besicherung von Forderungen gegeben werden. Dabei soll der üblichen Differenzierung zwischen Personalsicherheiten und Realsicherheiten gefolgt werden. **Personalsicherheiten** sind dadurch gekennzeichnet, dass hier eine Person eine zusätzliche Haftung übernimmt, während bei **Realsicherheiten** eine Sache als Sicherheit zur Verfügung gestellt wird (deswegen wird diese Form der Sicherung auch als Sachsicherheit bezeichnet).

10.2 Akzessorische und nicht-akzessorische Sicherheiten

Bei beiden Sicherungsformen ist eine fundamentale Frage, ob die Sicherheit nur besteht, wenn und soweit die zu sichernde Forderung tatsächlich existiert, oder ob die Sicherheit abstrakt ist, d. h. unabhängig von der zu sichernden Forderung besteht. Steht und fällt die Sicherheit mit der gesicherten Forderung spricht man von einer akzessorischen Sicherheit. Dieser **Grundsatz der Akzessorietät** durchbricht in gewisser Weise das Abstraktionsprinzip (mag es sich hier auch nicht um die typische Konstellation von Verpflichtungs- und Verfügungsgeschäft gehen). Akzessorische Sicherheiten sind die **Bürgschaft** (§ 765 BGB), die **Hypothek** (§ 1113 BGB) und das **Pfandrecht** (§ 1204 BGB). Dies ergibt sich aus verschiedenen Bestimmungen und Formulierungen (vgl. z. B. §§ 767, 1192 I, 1252 BGB). Zweck des Akzessorietätsprinzips ist vor allem der Schutz desjenigen, der die Sicherheit bestellt hat.

Beispiel: Ist ein Darlehensvertrag wegen Sittenwidrigkeit gem. § 138 BGB nichtig, ist auch die zur Sicherung des Darlehens abgegebene Bürgschaft unwirksam.

> **Praxishinweis:** Aus naheliegenden Gründen schätzen Sicherungsnehmer akzessorische Sicherungsmittel nicht (die Akzessorietät soll ja den Sicherungsgeber schützen), so dass sich in der Praxis nicht-akzessorische Sicherungsmittel wie der Garantievertrag (§ 311 BGB) oder die Grundschuld (§§ 1191 ff. BGB) durchgesetzt haben.

10.3 Die Bürgschaft

Die Bürgschaft entsteht durch einen Vertrag zwischen dem Bürgen und dem Gläubiger, durch welchen der Bürge sich gegenüber dem Gläubiger verpflichtet für eine Verbindlichkeit eines Dritten (Hauptschuldner) einzustehen (§ 765 I BGB) und setzt das Bestehen der zu sichernden Forderung voraus (die Bürgschaft gehört also zur Gruppe der akzessorischen Sicherheiten). Somit liegt hier ein Dreiecksverhältnis mit folgenden Rechtsbeziehungen vor:

1. Zwischen dem Gläubiger und dem Hauptschuldner besteht eine Verbindlichkeit, z. B. in Form eines Darlehensvertrags.
2. Zwischen dem Gläubiger und dem Bürgen wird ein Bürgschaftsvertrag geschlossen.
3. Zu beachten ist, dass auch im Innenverhältnis zwischen dem Bürgen und dem Hauptschuldner eine Rechtsbeziehung besteht, meist (bei Unentgeltlichkeit) in Form eines Auftrags (§ 662 BGB) oder (z. B. bei einer Bankbürgschaft gegen Provision) in Form eines Geschäftsbesorgungsvertrags (§ 675 BGB).

Da Bürgschaften für den Bürgen oft unterschätzte Gefahren beinhalten, hat der Gesetzgeber verschiedene Bestimmungen zum Schutz des Bürgen eingeführt, die hier im Überblick genannt werden sollen:

• Der eingangs dargestellte Grundsatz der Akzessorietät dient insb. dem Schutz des Bürgen vor der Inanspruchnahme bei z. B. wegen Sittenwidrigkeit nichtigen Darlehensverträgen.
• Die Bürgschafts*erklärung* bedarf der **Schriftform** (§ 766 BGB). **Achtung:** Die Annahme der Bürgschaftserklärung ist zwar notwendig, sie kann aber formfrei erfolgen (oft kommt hier § 151 BGB zur Anwendung, der in bestimmten Fällen keinen Zugang der Annahmeerklärung verlangt). Ist der Bürge Kaufmann, ist auch eine formfreie Abgabe der Bürgschaftserklärung wirksam (§ 350 HGB).
• Der Bürge kann die dem Hauptschuldner zustehenden **Einreden** geltend machen (§ 768 BGB, vgl. auch § 771 BGB), d. h. der Bürge soll dieselben Verteidigungsmöglichkeiten gegen den Gläubiger haben wie der Hauptschuldner.
• Der Bürge soll nach der Vorstellung des Gesetzgebers nur nachrangig haften (er haftet nicht gesamtschuldnerisch), d. h. er kann die **Einrede der Vorausklage** (§ 771 BGB) erheben und damit geltend machen, dass der Gläubiger zunächst Klage gegen den Hauptschuldner erheben und versuchen muss, bei diesem die Zwangsvollstreckung zu betreiben.

Praxishinweise: (1) In der Praxis wird von Bürgen i. d. R. verlangt, dass sie auf die Einrede der Vorausklage verzichten; dieser Verzicht wird durch die Formulierung »**selbstschuldnerische Bürgschaft**« zum Ausdruck gebracht (vgl. § 773 I Nr. 1 BGB), mag mancher Bürge auch gar nicht genau wissen, was diese Formulierung bedeutet. (2) Besonders gefährlich für den Bürgen ist die »**Bürgschaft auf erstes Anfordern**« bei welcher der Bürge nach Aufforderung durch den Gläubiger sofort und ohne Berücksichtigung der materiellen Rechtslage zahlen muss, soweit bestimmte im Bürgschaftsvertrag definierte – meist rein technische Voraussetzungen – erfüllt wurden; stellt sich später heraus, dass der Gläubiger zu Unrecht von der Bürgschaft auf erstes Anfordern Gebrauch gemacht hat, muss der in Anspruch genommene Bürge dies auf Basis von § 812 I S. 1 BGB vor Gericht geltend machen; die Bürgschaft auf erstes Anfordern führt daher einerseits zu einer Umkehrung der Kläger-/ Beklagtenrolle im Prozess und andererseits dazu, dass der Gläubiger den Prozess »im Geld führen kann«, d. h. der Gläubiger kann für die Prozessdauer über die entsprechenden Gelder verfügen (der Bürge muss also nun seinem Geld hinterherlaufen); daher hat die Bürgschaft auf erstes Anfordern in Praxis eine erhebliche Bedeutung, wird aber wegen der Gefahren für den Bürgen von der Rechtsprechung nur anerkannt, wenn sie von Kreditinstituten oder anderen mit derartigen Fragen besonders vertrauten Personen abgegeben wird (dogmatisch begründet wird dieses Ergebnis von der Rechtsprechung mit §§ 305 ff. BGB oder mit Hilfe der Vertragsauslegung).

- Der Bürge, der in Anspruch genommen worden ist, hat regelmäßig einen Ausgleichsanspruch gegen den Hauptschuldner aus dem Innenverhältnis (z. B. im Falle eines Auftragsverhältnisses aus § 670 BGB) und daneben einen Anspruch aus § 774 BGB, der bestimmt, dass die Forderung des Gläubigers im Wege des gesetzlichen Forderungsübergangs auf den Bürgen übergeht, soweit der Bürge den Gläubiger befriedigt.

Auch die Rechtsprechung schützt über die Generalklauseln des Zivilrechts (§§ 242, 138 BGB) den unerfahrenen Bürgen. Hervorzuheben ist eine Entscheidung des Bundesverfassungsgerichts zu **Bürgschaften** einkommens- und vermögensloser **Familienangehöriger**, welche gem. § 138 BGB für nichtig erklärt wurden:

»*Die Zivilgerichte müssen – insb. bei der Konkretisierung und Anwendung von Generalklauseln wie § 138 BGB und § 242 BGB – die grundrechtliche Gewährleistung der Privatautonomie in Art. 2 I GG beachten. Daraus ergibt sich ihre Pflicht zur Inhaltskontrolle von Verträgen, die einen der beiden Vertragspartner ungewöhnlich stark belasten und das Ergebnis strukturell ungleicher Verhandlungsstärke sind.*« LS des BVerfG, Beschluss vom 19.10.1993 – 1 BvR 567/89 u. a., NJW 1994, 36.

10.4 Die selbständige Garantie

Da die Bürgschaft für den Gläubiger aufgrund der verschiedenen Schutzbestimmungen zugunsten des Bürgen nicht besonders attraktiv ist und international die Bürgschaft aufgrund ihrer Akzessorietät nicht sehr anerkannt ist, hat sich insb. in der grenzüberschreitenden Unternehmenspraxis der selbständige Garantievertrag als Alternative durchgesetzt. Dieser gesetzlich nicht geregelte Vertragstyp (aber aufgrund der Vertragsfreiheit zulässige Vertragstyp, § 311 BGB) begründet eine nicht-akzessorische Verpflichtung des Garanten für einen Erfolg einzustehen.

10.5 Der Schuldbeitritt

Bei dem rechtsgeschäftlichen Schuldbeitritt, der ebenfalls gesetzlich nicht geregelt ist (Grundlage ist also auch hier § 311 BGB), unterscheidet sich von der Bürgschaft und der Garantie dadurch, dass hier nicht für eine fremde Schuld gehaftet wird, sondern der Beitretende eine eigene Schuld kumulativ zur bestehenden Schuld eines anderen begründet, da er mit dem Beitritt **neben dem Hauptschuldner haftet.** Hauptschuldner und Beitretender haften als Gesamtschuldner (§ 421 BGB). Im Gegensatz zur Bürgschaft besteht für den Schuldbeitritt kein Schriftformerfordernis, allerdings wird ein Schuldbeitritt in der Praxis regelmäßig schriftlich erfolgen.

Beispiel aus der Praxis: Eine Tochtergesellschaft erklärt den Schuldbeitritt zu der Darlehensverbindlichkeit der Muttergesellschaft, was wiederum eine Bedingung (*condition precedent*) der kreditgebenden Bank für die Auszahlung des Kredits war.

Abzugrenzen vom Schuldbeitritt ist die **Schuldübernahme** gem. §§ 414, 415 BGB, bei der die Schuldner ausgetauscht werden (was selbstverständlich immer nur mit Zustimmung des Gläubigers möglich ist).

10.6 Die Patronatserklärung

In der Konzernpraxis hat sich eine im BGB nicht geregelte, aber ebenfalls aufgrund der Privatautonomie gem. § 311 BGB zulässige Form der Sicherung entwickelt, bei der ein Patron (meist eine Muttergesellschaft) gegenüber den Gläubigern eines Schuldner (meist einer Tochtergesellschaft) oder auch nur gegenüber dem Schuldner erklärt, den Schuldner so zu stellen, dass dieser seinen Verpflichtungen nachkommen kann. Wirtschaftlich wird damit der Zweck verfolgt, die Kreditwürdigkeit der Tochtergesellschaft zu stärken und je nach Ausgestaltung sogar die Insolvenzgründe der Zahlungsunfähigkeit oder Überschuldung beim Schuldner zu beseitigen (oder jedenfalls zu deren Beseitigung maßgeblich beizutragen).

Je nach Formulierung spricht man von einer **weichen Patronatserklärung**, die grundsätzlich keine einklagbaren Ansprüche begründet oder von einer **harten Patronatserklärung**, die rechtlich verbindliche Ansprüche entweder des Schuldners oder des Gläubigers gegen den Patron begründet. Aber auch bei der Verpflichtung gegenüber dem Gläubiger geht die Verpflichtung nur auf Leistung an den Schuldner also nicht direkt an den Gläubiger (vgl. zur Patronatserklärung insg. HB-HGR/*Bednarz* ▶ Kap. 3, Rd. 353 ff.).

10.7 Unternehmensverträge

Es mag an dieser Stelle überraschen etwas von Unternehmensverträgen zu lesen, jedoch werden in der Praxis mitunter bestehende Unternehmensverträge wie Beherrschungs- und Ergebnisabführungsverträge (vgl. §§ 291 ff. AktG), die meist zur Begründung einer steuerlichen Organschaft zwischen Mutter- und Tochtergesellschaften abgeschlossen wurden, wegen der Verlustübernahmeverpflichtung gem. § 302 AktG als eine Variante der Kreditsicherung eingesetzt. Meist erklärt die Muttergesellschaft gegenüber dem Gläubiger zusätzlich nur, dass ein solcher Unternehmensvertrag besteht und vor einer etwaigen Beendigung des Unternehmensvertrages der Dritte rechtzeitig informiert würde.

10.8 Pfandrecht an beweglichen Sachen

Pfandrechte an beweglichen Sachen können sowohl rechtsgeschäftlich gem. §§ 1204 ff. BGB als auch kraft Gesetzes entstehen (Beispiele für gesetzliche Pfandrechte sind das Vermieterpfandrecht gem. §§ 562 ff. BGB und das Unternehmerpfandrecht gem. § 647 BGB).

Die Begründung des Pfandrechts setzt als akzessorisches Sicherungsrecht zunächst eine wirksame zu sichernde **Forderung** sowie ähnlich wie die Übertragung des Eigentums an beweglichen Sachen gem. § 1205 BGB eine **Einigung** der Parteien voraus und eine **Übergabe** des Sache. Durch die Übergabe muss der Pfandnehmer den unmittelbaren Besitz erlangen, d. h. ein Verbleib der Sache beim Pfandgeber ist gerade nicht möglich und bei Rückgabe der Sache an den Verpfänder erlischt das Pfandrecht (§ 1253 I BGB) (man kann insofern plastisch von einem **Faustpfandrecht** sprechen).

Praxishinweis: Wegen der Notwendigkeit der Verschaffung des unmittelbaren Besitzes, welche wirtschaftlich in der Regel nicht gewollt ist, hat das Pfandrecht im Wirtschaftsleben nur eine relativ geringe Bedeutung. Stattdessen vereinbaren die Parteien häufiger eine Sicherungsübereignung, bei welcher der unmittelbare Besitz bei dem Sicherungsgeber verbleiben kann (vgl. z. B. *Mehrings*, WPR, S. 577).

Ein Pfandrecht kann auch an **Rechten** bestellt werden (§§ 1273 ff. BGB), das allerdings in Praxis in vielen Bereichen durch die Sicherungsabtretung gem. § 398 BGB verdrängt worden ist.

Beispiel: Die Verpfändung von **GmbH-Geschäftsanteilen**, die gem. § 1274 BGB i. V. m. § 15 GmbH-Gesetz, der notariellen Beurkundung bedarf, ist ein weit verbreitetes Sicherungsmittel. Da die Verpfändung die Gesellschafterstellung nicht berührt, ist bei der Verwendung von GmbH-Geschäftsanteilen als Sicherungsmittel, die Verpfändung der – ansonsten verbreiteteren Sicherungsabtretung – in der Regel vorzuziehen.

10.9 Sicherungsübereignung und Eigentumsvorbehalt

Da das Pfandrecht an beweglichen Sachen wegen des Erfordernisses der Verschaffung unmittelbaren Besitzes in der Praxis meist nicht in Betracht kommt (der Unternehmer soll und will seine Maschinen schließlich einsetzen und nicht auf dem Parkplatz der Bank abstellen), hat sich – wie bereits oben angedeutet – in der Praxis die Sicherungsübereignung durchgesetzt.

Bei der **Sicherungsübereinung** werden bewegliche Sachen entsprechend §§ 929 ff. BGB übereignet, wobei der unmittelbare Besitz beim Sicherungsgeber verbleibt und die Übergabe durch die Begründung eines Besitzkonstituts wie z. B. einer Leihe ersetzt wird (§§ 930, 868, 598 BGB). Gleichzeitig treffen die Parteien eine Sicherungsabrede, welche den Sicherungszweck festlegt und bestimmt wann eine Verwertung der Sache zulässig ist. Im Falle der Insolvenz des Sicherungsgebers begründet die Sicherungsübereignung aber nur ein Absonderungsrecht gem. § 51 Nr. 1 InsO und kein Aussonderungsrecht, da die Sicherungsübereignung eine dem Pfandrecht vergleichbare Funktion übernimmt.

Praxishinweis: Die Sicherungsübereignung hat einige juristisch-technische Anforderungen, insb. weil bei der Sicherungsübereignung von Warenlagern die Einhaltung des sachenrechtlichen Bestimmtheitsprinzips gewährleistet werden muss oder weil z. B. eine sittenwidrige Übersicherung der kreditgebenden Bank zu Lasten anderer Gläubiger droht. Damit im Falle einer Insolvenz die Sicherungsübereignung auch wirksam ist, ist hier also besondere Sorgfalt geboten.

Ist der Sicherungsnehmer bereits Eigentümer einer Sache (z. B. weil der Hersteller und Lieferant der Sache ist) und will dieser seine Forderung (z. B. den Kaufpreis) dinglich absichern, ist es üblich die Sache nur unter **Eigentumsvorbehalt** zu liefern, d. h. entsprechend der Auslegungsregel des § 449 BGB erfolgt die Übereignung erst aufschiebend bedingt mit der Kaufpreiszahlung. Bei dieser Konstruktion erhält der Käufer bereits ein sog. **Anwartschaftsrecht**, weil niemand außer dem Käufer den Eigentumserwerb mehr verhindern kann (das Anwartschaftsrecht ist ein dingliches Recht, welches im Vergleich zum Eigentum oft als »*wesensgleiches Minus*« bezeichnet wird). Zwei in der Praxis bedeutende Varianten des Eigentumsvorbehalts sind:

- Der **erweiterte Eigentumsvorbehalt**: Hier wird die Bedingung für den Eigentumserwerb (im Beispiel die Kaufpreiszahlung) auf weitere Forderungen (z. B. aus anderen Kaufverträgen) ausgedehnt.
- Der **verlängerte Eigentumsvorbehalt**: Hier wird im Falle einer Kette von Veräußerungen und Übertragungen, eine Weiterübertragung des Eigentums auf Dritte zwar erlaubt, im Ausgleich für das verlorene Sicherungsmittel Eigentum wird nun aber die Forderung desjenigen, der die Sache an einen Dritten verkauft und übereignet hat, an den Sicherungsgeber abgetreten.

10.10 Grundpfandrechte: Hypothek und Grundschuld

Die wichtigsten Grundpfandrechte sind die Hypothek (§§ 1113 ff. BGB) und die Grundschuld (§§ 1191 ff. BGB). Beides sind dingliche Belastungen eines Grundstücks, die im Grundbuch eingetragen werden und zur Befriedigung einer Geldschuld einer Person aus dem Grundstück gem. dem Zwangsversteigerungsgesetz (ZVG) dienen, soweit die Forderung nicht anderweitig erfüllt wird. Die Hypothek ist im Gegensatz zur Grundschuld eine akzessorische Sicherheit, d. h. die Hypothek besteht nur, wenn und soweit eine zu sichernde Forderung besteht.

Praxishinweis: Da die Grundschuld als nicht-akzessorisches Sicherungsmittel keine Forderung für ihre Wirksamkeit voraussetzt, hat die Grundschuld sich in der Praxis gegenüber der Hypothek durchgesetzt. Dabei wird die Grundschuld regelmäßig schuldrechtlich durch eine sog. Sicherungsabrede oder Zweckerklärung an eine Forderung gebunden (sog. **Sicherungsgrundschuld).**

Literaturempfehlung: *Weber/Weber*, Kreditsicherungsrecht, 9. Aufl. 2012.

11 Handelsgesetzbuch

11.1 Einführung zum Handelsrecht

Das Handelsrecht ist das **Sonderprivatrecht der Kaufleute**, d. h. im HGB gibt es Spezialvorschriften für Kaufleute (vgl. Art. 2 EGHGB), die die Regelungen des BGB verdrängen oder modifizieren. Dies bedeutet im Umkehrschluss aber auch, dass grundsätzlich auch für Kaufleute das BGB gilt.

Es ist international durchaus üblich die Spezialregelungen für Kaufleute in einem eigenen Gesetzeswerk zusammenzufassen, allerdings knüpfen einzelne Rechtsordnungen dabei an die Art des Geschäfts an (sog. objektives System), während das deutsche Recht an die (Kaufmanns-)Eigenschaft zumindest einer der handelnden Personen anknüpft (sog. **subjektives System**; vgl. *Baumbach/Hopt*, HGB, Einleitung vor § 1 Rd. 2). Dreh- und Angelpunkt des HGB ist somit der Kaufmannsbegriff, der daher zuerst dargestellt werden soll.

11.2 Der Kaufmann und sein Handelsgewerbe

Entsprechend seiner Bedeutung für die Anwendbarkeit des Handelsrechts ist zu Beginn in §§ 1 bis 6 HGB definiert.

Gemäß § 1 I HGB ist Kaufmann, wer ein Handelsgewerbe betreibt **(Ist-Kaufmann)**. Die plastische Bezeichnung Ist-Kaufmann rührt daher, dass dieser Kaufmann auch ohne Eintragung im Handelsregister als Kaufmann anzusehen und zu behandeln ist, d. h. die Eintragung im Handelsregister ist rein deklaratorisch (rechtsbestätigend). Dies ändert aber nichts daran, dass derjenige der ein Handelsgewerbe betreibt, zur Anmeldung der Eintragung im Handelsregister verpflichtet ist (§ 29 HGB) – die Eintragung ist aber eben nur deklaratorisch.

Zentraler Anknüpfungspunkt für die Qualifikation als Kaufmann ist gem. § 1 I/II HGB der Begriff des »**Handelsgewerbes**«: Aus dem Wortlaut des § 1 I/II HGB ergeben sich drei Voraussetzungen für die Annahme eines Handelsgewerbes:

1. Es muss zunächst einmal überhaupt ein **Gewerbe** vorliegen. Eine Legaldefinition hierfür existiert nicht und auf die für andere Rechtsgebiete entwickelten Definitionen des Gewerbebegriffs kann nicht zurückgegriffen werden (es wurde bereits erläutert, dass in der Juristerei dieselben Begriffe in verschiedenen Gesetzen oft verschieden ausgelegt werden). Ein

Gewerbe liegt vor bei einer äußerlich erkennbaren, selbständigen, planmäßigen und dauerhaften Tätigkeit, die nach h.M. wohl noch mit Gewinnerzielungsabsicht erfolgt (vgl. *Baumbach/Hopt*, HGB, § 1 Rd. 15 m.w. N.) und nach einer Mindermeinung überdies erlaubt sein muss. Kein Gewerbe betreiben insb. die Angehörigen der sog. freien Berufe.

2. Liegt ein Gewerbe vor, muss dieses **nach Art und Umfang einen kaufmännischen Geschäftsbetrieb** *erfordern* (erfordern bedeutet, dass es nicht darauf ankommt, ob das Gewerbe tatsächlich einen ordnungsgemäßen kaufmännischen Geschäftsbetrieb hat): Kaufmännisch bedeutet dabei insb., dass Buchführung, Bilanzierung und Aufbewahrung der Geschäftskorrespondenz notwendig sind. **Art** ist ein **qualitatives Kriterium,** welches insb. auf die Vielfalt der Produkte, die Qualität der nationalen und internationalen Geschäftsbeziehungen und auf die Komplexität der Finanzierungsformen abstellt. **Umfang** ist ein **quantitatives Kriterium,** welches insb. nach der Höhe des Umsatzes (nicht nach Höhe des Bilanzgewinns), der Mitarbeiterzahl und der Lohnsumme, der Höhe des Anlage- und Betriebskapitals schaut. Wichtig ist, dass es nur darauf ankommt, dass das Gewerbe nach Art und Umfang einen kaufmännischen Geschäftsbetrieb verlangt. Aus der Formulierung des § 1 II HGB folgt außerdem die gesetzliche Vermutung, dass das Gewerbe einen kaufmännischen Geschäftsbetrieb erfordert, d. h. im Streitfalle trägt der Gewerbetreibende die Darlegungs- und Beweislast für das Fehlen dieser Voraussetzung. Fehlt diese Voraussetzung, dann handelt es sich um einen Kleingewerbetreibenden und damit um einen sog. Kann-Kaufmann (s. u.).

3. Das Gewerbe muss außerdem **selbst betrieben** werden, was die persönliche Berechtigung und Verpflichtung meint. An dieser Voraussetzung fehlt es insb. wenn die fragliche Person nur Arbeitnehmer ist oder als Geschäftsführer handelt.

Liegt ein Handelsgewerbe vor, so handelt es sich um einen Kaufmann (**Ist-Kaufmann**) unabhängig davon, ob er im Handelsregister eingetragen wurde (§ 1 HGB). Ist nach Art und Umfang kein kaufmännischer Geschäftsbetrieb erforderlich (**Kleingewerbe**), handelt es sich um einen **Kann-Kaufmann,** der durch (freiwillige) Eintragung im Handelsregister zum Kaufmann werden kann (§ 2 HGB), d. h. die Eintragung ist **konstitutiv** (rechtsbegründend).

Ebenfalls um einen Kann-Kaufleute handelt es sich bei Betrieben der **Land und Forstwirtschaft** (§ 3 HGB).

In der Unternehmenspraxis ergibt sich die Kaufmanneigenschaft meist ganz einfach bereits aus der **Rechtsform** (§ 6 HGB i. V. m. § 105 I, II HGB für die OHG, § 161 II HGB für die KG, § 13 III GmbH-Gesetz für die GmbH, § 3 I AktG für die AG, § 278 III AktG i. V. m. § 3 I AktG für die KGaA, § 17 II GenG für die eG) (**Formkaufmann**).

Nach Rechtsscheingrundsätzen wird eine Person, die im Rechtsverkehr als Kaufmann auftritt ohne Kaufmann zu sein wie ein Kaufmann behandelt (**Scheinkaufmann,** § 242 BGB).

Beispiel: Durch die Verwendung der Bezeichnung »e.K.« für eingetragener Kaufmann suggeriert die betreffende Person, dass sie Kaufmann ist und muss sich daher jedenfalls zu ihrem Nachteil auch als Kaufmann behandeln lassen.

Nachstehende Tabelle fasst die verschiedenen Optionen der Begründung des Kaufmannstatus noch einmal zusammen:

§§	Bezeichnung	Merkmal	Bedeutung der Eintragung im Handelsregister
§ 1 I HGB	Ist-Kaufmann	betreibt Handelsgewerbe mit kaufmännischer Einrichtung	notwendig und deklaratorisch
§ 2 HGB	Kann-Kaufmann	betreibt Kleingewerbe i.S.v. § 1 II HGB	freiwillig und konstitutiv
§ 3 HGB	Kann-Kaufmann	Land- und forstwirtschaftlicher Betrieb	freiwillig und konstitutiv
§ 5 HGB	Kaufmann kraft Eintragung	unwiderlegliche gesetzliche Vermutung: Eintragung = Kaufmann (i. d. R. liegt bereits § 2 HGB vor)	konstitutiv
§ 6 HGB	Form-Kaufmann	Kaufmann kraft Rechtsform: OHG (§ 105 I, II HGB), KG (§ 161 II HGB); GmbH (§ 13 III GmbH-Gesetz), AG (§ 3 I AktG), KGaA (§ 278 III AktG i. V. m. § 3 I AktG), eG (§ 17 II GenG)	im Fall von § 105 II HGB konstitutiv
§ 242 BGB	Schein-Kaufmann	Kaufmann kraft Rechtsschein: auftreten im Rechtsverkehr als Kaufmann (»e.K.«)	gerade keine Eintragung

11.3 Das Handelsregister

Das Handelsregister (HR) ist in §§ 8 bis 16 HGB gesetzlich geregelt. Es wird von den Amtsgerichten inzwischen elektronisch geführt und ist für jedermann, d. h. ohne Nachweis eines Interesses, einsehbar (**öffentliches Register** im Gegensatz zum Grundbuch, welches nur bei Vorliegen eines berechtigten Interesses einsehbar ist).

Dies kann über das Internet unter **www.handelsregister.de** (ggf. über den Umweg www.unternehmensregister.de) oder physisch vor Ort erfolgen. Dabei wird grundsätzlich eine Gebühr erhoben (nur zu diesem Zweck ist bei Internetanfragen bezüglich der meisten Informationen eine Anmeldung erforderlich).

Praxishinweis: Das Handelsregister spielt im Wirtschaftsleben eine wichtige Rolle und ist eine zuverlässige Informationsquelle von der in der Unternehmenspraxis von Betriebswirten oft in viel zu geringem Umfang Gebrauch gemacht wird. Im HR findet sich z. B. bei einer GmbH neben dem eigentlichen HR-Auszug mit Angaben zur Firma, dem Satzungssitz, dem Stammkapital, den Geschäftsführern, Prokuristen und den Vertretungsregeln insb. auch der Gesellschaftsvertrag und – wirtschaftlich besonders interessant – die Gesellschafterliste sowie je nach Größe der Gesellschaft die Bilanz und weitere Teile des Jahresabschlusses.

Hinweis: Im Anhang dieses Lehrbuchs (▸ Anhang) findet sich zur Veranschaulichung ein Handelsregisterauszug einer GmbH im klassischen Format (durch die elektronische Führung des HR gibt inzwischen diverse Darstellungsformen). Hätte es bei den Eintragungen in dieser Gesellschaft Änderungen gegeben (was offenbar nicht der Fall ist), wären diese in dem Ausdruck durch Unterstreichungen gekennzeichnet.

Das Handelsregister ist in **zwei Abteilungen** eingeteilt: In der Abteilung A werden die Kaufleute und die Personengesellschaften eingetragen und erhalten dementsprechend eine **HRA-Nummer**, während die Kapitalgesellschaften in die Abteilung B eingetragen werden und dementsprechend eine **HRB-Nummer** erhalten.

Praxishinweis: Die beste und einzige sichere Methode eine Gesellschaft zu identifizieren ist die Angabe ihrer Handelsregisternummer (also einer HRA-Nummer oder HRB-Nummer) in Kombination mit der Angabe des Handelsregisters (Amtsgerichts) in dem die Gesellschaft eingetragen wurde. Andere Methoden wie die Angabe der Firma (des Namens) in Kombination mit dem Satzungssitz können sich durch spätere Namensänderungen, Sitzverlegungen oder Umwandlungsmaßnahmen ändern, nur die HRA- bzw. HRB-Nummer bleibt oder aber ist anhand der Änderungen im Handelsregister leicht zurückzuverfolgen. Daher besteht auch die Pflicht die HR-Nummer zusammen mit dem zuständigen Registergericht auf dem Briefkopf anzugeben (vgl. z. B. § 37a HGB, 35a GmbH-Gesetz, § 80 AktG).

In der Vergangenheit waren **Satzungssitz** und **Verwaltungssitz** einer Gesellschaft stets identisch, so dass Gesellschaften immer im Amtsgerichtsbezirk ihres Verwaltungssitzes eingetragen wurden. Vor dem Hintergrund der ortsungebundenen Einsichtnahme in das Register über das Internet ist es inzwischen möglich, dass Satzungs- und Verwaltungssitz auseinanderfallen, so dass Gesellschaften sich in der Praxis im Ergebnis ihr Handelsregister aussuchen können.

Beispiel: Eine GmbH kann ihren Verwaltungssitz in Essen haben, aber im HR-Düsseldorf (dem Ort des in der Satzung genannten Sitzes) eingetragen sein.

Hinweis: Ein problematisches Kuriosum des deutschen Gesellschaftsrechts sind Gesellschaften wie die Siemens AG, die aus historisch-politischen Gründen einen Doppelsitz haben (im Falle der Siemens AG in München und Berlin).

Zweigniederlassungen werden seit Einführung des elektronischen HR nicht mehr vor Ort im Gerichtsbezirk der Zweigniederlassung geführt, sondern zentral im Handelsregister der Hauptniederlassung eingetragen.

Anmeldungen zum Handelsregister müssen in öffentlich-beglaubigter Form erfolgen und werden durch den Notar elektronisch beim HR eingereicht (vgl. § 12 HGB), d. h. die anmeldepflichtigen Kaufleute oder Organe der Kapitalgesellschaften müssen für HR-Anmeldungen stets einen Notar einschalten.

Praxishinweis: Es ist meist zweckmäßig sämtliche Vorgänge einer Gesellschaft über dasselbe Notariat abzuwickeln, da dieses Vorgehen meist weniger fehleranfällig ist.

Der beigefügte **Handelsregisterauszug** im Anhang entspricht dem traditionellen Format. Online sind auch andere Formate erhältlich. Dabei ist es aus juristischer Sicht durchaus lohnenswert, einen historischen HR-Auszug auszudrucken, da dieser auch Aufschluss über die Vergangenheit der Gesellschaft gibt (z. B. auch über Firmenänderungen oder Geschäftsführerwechsel). Änderungen im HR werden nicht etwa durch Löschungen vorgenommen, sondern durch rote Unterstreichungen gekennzeichnet (im Bürokratendeutsch spricht man von »röten«), was bei Schwarz-Weiß-Kopien von unerfahrenen Betrachtern gerne übersehen wird.

Klausurhinweis: Es soll Klausurschreiber geben, die Unterstreichungen im HR für die Hervorhebung besonders wichtiger Tatsachen halten.

Das Vertrauen in das Handelsregister wird gem. § 15 HGB auf sehr differenzierte und auf den ersten Blick nicht unbedingt sonderlich transparente Art und Weise durch die sog. **Publizitätswirkung** geschützt:

- **Positive Publizität** (Normalfall): Richtig eingetragene und bekanntgemachte Tatsachen wirken gegenüber Dritten (§ 15 II HGB), allerdings werden gutgläubige Dritte für die Dauer von 15 Tagen nach Bekanntmachung geschützt (§ 15 II S. 2 HGB).
- **Negative Publizität:** Nicht eingetragene und nicht bekannt gemachte Tatsachen, aber eintragungspflichtige Tatsachen, gelten nicht, es sei denn der Dritte kennt diese Tatsache (§ 15 I HGB), d. h. § 15 I HGB schützt das Vertrauen in die Vollständigkeit des HR, nicht deren Richtigkeit (hier erfolgt insoweit keine Differenzierung zwischen deklaratorisch und konstitutiv wirkenden Eintragungen).
- **Falsche Bekanntmachung:** Dritte können auf falsche Bekanntmachung eintragungspflichtiger Tatsachen vertrauen, wenn sie die Unrichtigkeit nicht kannten; der Betroffene muss aber zumindest einen Anlass für die falsche Eintragung gegeben haben (§ 15 III HGB).

Praxishinweis: Publizität kann sich sehr wohl auch zugunsten des Kaufmanns auswirken (vgl. neben § 15 II HGB z. B. § 25 II HGB). Deswegen, aber auch um für spätere Änderungen (Löschungen) eine Publizitätswirkung zu erlangen, sollte der Kaufmann stets darauf achten, dass eintragungspflichtige Tatsachen auch dann im HR eingetragen werden, wenn ihre Eintragung nur deklaratorische Wirkung hat (im Falle der konstitutiven Wirkung ist die Eintragung ja ohnehin unumgänglich).

11.4 Die Firma

Entgegen dem allgemeinen Sprachgebrauch versteht man unter Firma in §§ 17 ff. HGB den (Geschäfts-)Namen des Kaufmanns (im Gegensatz zu dessen bürgerlichem Namen) unter dem er seine Geschäfte betreibt (und nicht wie im allgemeinen Sprachgebrauch das Unternehmen selbst). Die Firma hat insb. drei wichtige Funktionen:

- Trennung der Kaufmanns- von der Privatsphäre,
- Vermeidung von Verwechselungen,
- Kontinuität bei Wechsel des Inhabers.

Die Firma wird u. a. durch das Namensrecht des § 12 BGB und als Teil des sog. *»eingerichteten und ausgeübten Gewerbebetriebs«* als absolutes Recht durch § 823 I BGB geschützt. Nicht jede Firma ist zulässig. An die Firmenbildung werden trotz einer deutlichen Liberalisierung im Jahre 1998 verschiedene Anforderungen gestellt:

1. **Kennzeichnungs- und Unterscheidungskraft (§ 18 I HGB):**
   a) Die Firma muss *artikulierbar* sein: dies ist bei Buchstabenfolgen regelmäßig der Fall; auch das »@«-Zeichen ist inzwischen als Firmenbestandteil zugelassen (war anfangs durchaus str.);
   b) Unterscheidungskraft fehlt bei Begriffen der Alltagssprache;
   c) rein *beschreibende* Angaben genügen *nicht* (»Bauunternehmen« alleine wäre unzulässig); das HR prüft hier auch ein etwaiges Freihaltebedürfnis.
2. **Firmenwahrheit (§ 18 II HGB):** Die Firma darf die *»angesprochenen Verkehrskreise«* nicht täuschen (Irreführungsverbot). Dabei wird nicht zuletzt vor den insoweit sehr liberalen Regeln in anderen EU-Ländern wie den Niederlanden und Großbritannien inzwischen ein eher großzügiger Ansatz gewählt.
3. **Rechtsformzusatz (§ 19 I HGB)** (vgl. auch §§ 4, 5a GmbH-Gesetz, § 4 AktG, § 2 PartGG): Die Rechtsform des Unternehmens muss sich klar aus der Firma ergeben, d. h. Einzelkaufleute führen die Bezeichnung e.K., e.Kfm. oder e.Kfr. (§ 19 I Nr. 1 HGB), die offene Handelsgesellschaft und die Kommanditgesellschaft führen diese Bezeichnung oder die Abkürzung OHG oder KG (§ 19 I Nr. 2 bzw. Nr. 3 HGB), entsprechende gilt für die GmbH (§ 4 GmbHG-Gesetz), die AG (§ 4 AktG) und die anderen Gesellschaftsformen. Auch wenn es de jure nicht vorgegeben ist, dass die Rechtsform am Ende der Firma steht, so entspricht dies de facto doch der ganz überwiegenden Praxis (und sollte auch als Rechtsgrundsatz anerkannt werden). Umgekehrt gilt auch, dass auf andere Rechtsformen hindeutende Zusätze (z. B. die etwaigen Initialen des Inhabers »A.G.«) nicht verwendet werden dürfen; dies gilt seit dem Inkrafttreten des Partnerschaftsgesellschaftsgesetzes insb. auch für den Begriff *»und Partner«*, dieser ist der Partnerschaftsgesellschaft vorbehalten (vgl. § 11 PartGG).

Praxishinweis: An dieser Stelle noch der Hinweis, dass »GmbH i.G.« (oder »i.Gr.«) für GmbH in Gründung, »GmbH i.L.« (oder »GmbH i.A.«) für GmbH in Liquidation (vgl. § 68 II GmbH-Gesetz) und »gGmbH« für gemeinnützige GmbH i.S.d. der Abgabenordnung steht (§ 4 S. 2 GmbH-Gesetz).

Wird ein zwingend vorgeschriebener Rechtsformzusatz (wie z. B. »GmbH«) auf schriftlichen Dokumenten weggelassen oder eine fehlerhafte Angabe gemacht, z. B. »GmbH« statt »UG (haftungsbeschränkt)«, dann kommt es zu einer **Haftung** des Handelnden verschuldensunabhängig in analoger Anwendung des § 179 BGB (kumulativ neben dem Erfüllungsanspruch gegenüber dem Unternehmen).

Beispiel: »*Die Rechtsscheinhaftung wegen Fortlassung des nach § 4 (...) GmbH-Gesetz vorgeschriebenen Formzusatzes kann nicht nur den Geschäftsführer der GmbH treffen, sondern auch jeden anderen Vertreter des Unternehmens, der durch sein Zeichen der Firma ohne den Formzusatz das berechtigte Vertrauen des Geschäftsgegners auf die Haftung mindestens einer natürlichen Person hervorgerufen hat.*« (BGH vom 24.06.1991 – II ZR 293/90, NJW 1991, 2627).

Weitere Firmengrundsätze sollen hier nur aufgelistet werden:

- **Firmenbeständigkeit** (§§ 21, 22, 24 HGB), d. h. der Gesetzgeber hat zu Lasten der Firmenwahrheit die Möglichkeit der Fortführung der Firma geschaffen. Dabei ist zu beachten, dass bei der Übernahme einer Handelsgesellschaft der eintretende Inhaber im Außenverhältnis auch für die Schulden des vorherigen Inhabers (gemeinsam mit diesem als Gesamtschuldner) haftet (§ 25 HGB).

Praxishinweis: Diese Haftung des Eintretenden kann gegenüber Dritten (ohne Vereinbarung mit dem Dritten nur) durch Eintragung eines entsprechenden Nachfolgevermerks im Handelsregister ausgeschlossen werden (so § 25 II HGB). Von dieser Möglichkeit wird in der Praxis unverständlicherweise oft kein Gebrauch gemacht.

- **Firmeneinheit:** Jedes Unternehmen darf grundsätzlich nur eine Firma führen.
- **Firmenausschließlichkeit** an einem Ort: Zur Vermeidung von Verwechselungen muss sich jede neue Firma innerhalb eines Ortes deutlich von den bestehenden Firmen unterscheiden (§ 30 HGB), grundsätzlich gilt hier das Prioritätsprinzip.

- **Firmenöffentlichkeit:** Der Kaufmann ist verpflichtet sich mit der Firma im Handelsregister eintragen zu lassen (§§ 29, 31 HGB) und die Firma neben weiteren Informationen auf dem Briefpapier zu führen (vgl. insb. §§ 37a, 125a HGB, § 35a GmbH-Gesetz, § 80 AktG; zur Impressumspflicht im Internet vgl. § 5 TMG).

Praxishinweise: (1) Die Wahl der richtigen Firma ist eine wichtige betriebswirtschaftliche Entscheidung im Rahmen der vorstehend genannten Regeln. Ein gutes Hilfsmittel ist hier das Online-Handelsregister, weil man dort bezogen auf den Gerichtsbezirk des Handelsregisters oder besser bundesweit nach ähnlich lautenden Firmen suchen kann. Wurde eine geeignete Firma gefunden, kann man im Rahmen einer Anfrage bei der örtlichen IHK Zulässigkeitsfragen klären (die IHKs sind hier erfahrungsgemäß sehr hilfsbereit) und viele IHKs stellen nach wie vor noch Firmen-Unbedenklichkeitsbescheinigungen zur Vorlage beim Handelsregister aus, was das Verfahren der Eintragung im HR merklich verkürzen kann (andernfalls nehmen die Register selbst Rücksprache bei der zuständigen IHK, was zu erheblichen Verzögerungen der Eintragung führen kann). (2) Zu trennen ist die Frage der Firma von dem gesetzlich geregelten Markenrecht: Wird in beiden Fällen derselbe Begriff verwendet, ist vorab auch eine sorgfältige Markenrecherche und anschließende Markeneintragung im Deutschen Patent- und Markenamt in München oder besser im europäischen »*Harmonisierungsamt für den Binnenmarkt (Marken, Muster und Modelle)*« in Alicante dringend anzuraten.

11.5 Die Vertreter des Kaufmanns

Auch für Kaufleute gilt das im BGB dargestellte Vertretungsrecht der §§ 164 ff. BGB. Es gibt jedoch im Handelsrecht in §§ 48 ff. HGB drei ergänzende Vertretungsregelungen (Prokura, Handlungsvollmacht, Ladenvollmacht), die hier dargestellt werden sollten.

11.5.1 Die Prokura

Die Prokura ist im Ausgangspunkt eine »ganz normale« rechtsgeschäftliche Vollmacht, die nur von einem Kaufmann erteilt werden kann und in §§ 48 ff. HGB näher geregelt wurde.

Hinweise: (1) Üblicherweise sind Prokuristen Arbeitnehmer, die trotz Prokurabestellung auch Arbeitnehmer bleiben (und nicht etwa Organ werden). Wie im Vertretungsrecht bereits dargestellt, ist stets genau zwischen der Vertretung (also hier der Prokura) und dem der Vertretung zugrundeliegenden Innenverhältnis (also i. d. R. dem Arbeitsverhältnis) zu trennen. (2) In der Praxis wird die Prokura unabhängig von ihren juristischen Wirkungen häufig auch als (für den Arbeitgeber) kostengünstige Auszeichnung eines verdienten Mitarbeiters eingesetzt.

Internationaler Aspekt: Insb. im angelsächsischen Rechtskreis gibt es keine dem deutschen Prokuristen vergleichbare Position und daher auch keine passende englischsprachige Übersetzung für den Prokuristen.

Es gibt drei wesentliche Gesichtspunkte, die die Prokura von einer »normalen« rechtsgeschäftlichen Vollmacht unterscheidet:

1. Der wichtigste Unterschied ist, dass die Prokura **im Außenverhältnis zwingend zu allen Arten von Rechtshandlungen berechtigt, die der Betrieb** *irgendeines* **Handelsgewerbes** mit sich bringt (der Geschäftsgegenstand des Handelsgewerbes spielt für den Umfang der Prokura im Außenverhältnis also – überraschenderweise – überhaupt keine Rolle, wie sich aus dem Wortlaut des § 49 I HGB: »*eines* Handelsgewerbes«). Dieser Umfang der Prokura unterliegt nur wenigen unten aufgelisteten Beschränkungen und kann – das ist entscheidend – durch Beschränkungen im Innenverhältnis im Außenverhältnis nicht beschränkt werden (mögen solche Beschränkungen auch absolut üblich sein).
2. Die Prokura ist in das **HR** einzutragen (§ 53 HGB), die Eintragung ist aber nur deklaratorisch.

Praxishinweis: Die Eintragung der Prokura im HR in Kombination mit ihrem zwingenden Umfang im Außenverhältnis macht die Prokura im Rechtsverkehr so interessant. Jeder Geschäftspartner kann durch einen Blick in das HR feststellen, ob jemand Prokurist ist und weiß damit, welche Vertretungsbefugnis im Außenverhältnis ihm zusteht (dies ist bei anderen rechtsgeschäftlichen Vollmachten nicht möglich).

3. Neben der dargestellten rechtsgeschäftlichen Vollmacht, kann der Prokurist *auch* in die **organschaftliche Vertretung** mit einbezogen werden (vgl. § 135 III HGB, § 78 III AktG, gilt im Übrigen auch für die GmbH). Der

Prokurist trägt somit in der Praxis meist zwei »Hüte«: einen *rechtsge-schäftlichen* und einen *organschaftlichen* (ohne dadurch zum Organ zu werden, was insb. haftungsrechtlich wichtig ist).

Beispiel: Schließt eine GmbH einen Verschmelzungsvertrag mit einer anderen GmbH (vgl. § 4 UmwG), so ist es zulässig, dass die GmbHs jeweils durch einen Geschäftsführer zusammen mit einem Prokuristen vertreten werden (sog. unechte Gesamtvertretung), obwohl dies ein Grundlagengeschäft ist; d. h. im Falle der Einbeziehung in die organschaftliche Vertretung erweitert sich die Vertretungsbefugnisse auf den Umfang der Vertretungsbefugnis eines Geschäftsführers.

Der Prokurist hat gesetzlich *keine* Vertretungsbefugnis für folgende Arten von Geschäften:

- Veräußerung und Belastung von Grundstücken (deren Erwerb ist aber von der Prokura gedeckt, vgl. den Wortlaut des § 49 II HGB);
- Privatgeschäfte des Inhabers;
- Inhabergeschäfte wie HR-Anmeldungen, Insolvenzantrag, Prokura-Erteilung oder Prokura-Entzug;
- Grundlagengeschäfte wie z. B. die Einstellung des Handelsgeschäfts, etc.).

Der Prokurist zeichnet mit dem Zusatz »ppa.« (»*per procura autoritate*«), muss aber seit der Einführung des elektronischen HR keine Unterschriftenprobe mehr beim HR hinterlegen, d. h. der Prokurist selbst muss für die HR-Anmeldung selbst gar nichts veranlassen.

11.5.2 Die Handlungsvollmacht

Jede von einem Kaufmann erteilte Vollmacht, die nicht Prokura ist, ist eine Handlungsvollmacht i.S.v. § 54 **HGB**. Die entscheidenden Unterschiede zur Prokura sind:

- *Keine* Eintragung der Handlungsvollmacht im HR;
- der Umfang der Handlungsvollmacht ist *branchenbezogen*, d. h. umfasst werden von der Handlungsvollmacht – im Gegensatz zur Prokura – nur solche Geschäfte, die der Betrieb eines derartigen Handelsgewerbes mit sich bringt; Beschränkungen finden sich in § 54 II HGB;
- dieser Umfang ist – anders als bei der Prokura – nicht gesetzlich zwingend festgelegt, sondern wird lediglich gesetzlich vermutet, wobei der Rechtsverkehr hier durch § 54 III HGB geschützt wird.

Diese Unterschiede machen deutlich, warum die Handlungsvollmacht im Rechtsverkehr bei weitem nicht denselben Stellenwert wie die Prokura hat.

11.5.3 Die Ladenvollmacht

§ 56 HGB begründet eine Vermutung, dass derjenige der in einem Laden oder offenen Warenlager arbeitet, über die Vollmacht verfügt, die dort üblichen Geschäfte zu tätigen.

11.6 Die selbständigen Hilfspersonen des Kaufmanns

Als selbständige Hilfspersonen des Kaufmanns sind der Handelsvertreter, der Kommissionär und der Vertragshändler zu nennen. Dabei erfolgt die rechtliche Qualifikation innerhalb dieser Alternativen danach, wer Vertragspartner wird und wer wirtschaftlich begünstigt wird:

	Rechtlicher Vertragspartner (in wessen Namen?)	Wirtschaftlich Begünstigter (aus wessen Rechnung?)
Handelsvertreter (§ 84 HGB)	im fremden Namen	auf fremde Rechnung
Kommissionär (§ 383 HGB)	im eigenen Namen	auf fremde Rechnung
Vertragshändler (§§ 611, 675 BGB)	im eigenen Namen	auf eigene Rechnung

Der **Handelsvertreter** spielt im Wirtschaftsleben eine bedeutende Rolle. Die gesetzlichen Regelungen in **§§ 84 ff. HGB** beruhen auf EU-Richtlinien, die vor allem den Zweck verfolgen, den Handelsvertreter zu schützen. Der Handelsvertreter ist ein selbständiger Gewerbetreibender, der ständig (sonst wäre er ggf. ein Handelsmakler) damit betraut ist, für einen anderen Unternehmer Geschäfte zu vermitteln oder in dessen Namen (dann ist er insoweit auch Abschlussvertreter) abzuschließen (vgl. § 84 HGB). Zu den Ansprüchen des Handelsvertreters gehören die Provisionsansprüche (§§ 87 ff. HGB), der oft umstrittene Ausgleichsanspruch bei Vertragsbeendigung (§ 89b HGB) und sonstige Ansprüche auf Schadensersatz oder Aufwendungsersatz. Ein nachvertragliches Wettbewerbsverbot ist nur in engen sachlichen und zeitlichen Grenzen von maximal zwei Jahren zulässig (§ 90a HGB); für die Dauer eines etwaigen Wettbewerbsverbots ist eine »*angemessene Entschädigung*« von in der Regel mindestens 50 % der bisherigen Einkünfte zu zahlen (§ 90a I S. 3, IV HGB).

Praxishinweis: Vor dem Hintergrund der grundrechtlich garantierten Berufsfreiheit (Art. 12 I GG) müssen nachvertragliche Wettbewerbsverbote auch in anderen Privatrechtsverhältnissen angemessen sein, auch wenn Art. 12 GG hier nicht unmittelbar anwendbar ist. Die vorstehend genannten Maßstäbe von bis zu zwei Jahren nebst Kompensation i. H. v. 50 % der bisherigen Einkünfte werden dabei als Anhaltspunkte in anderen Bereichen nachvertraglicher Wettbewerbsverbote herangezogen.

11.7 Die Handelsgeschäfte des Kaufmanns

Wie erwähnt gilt das BGB grundsätzlich auch für Kaufleute. Im vierten Buch des HGB finden sich jedoch verschiedene Modifikationen des BGB und spezielle Vertragstypen für bestimmte Handelsgeschäfte (vgl. §§ 343 ff. HGB). Unter Handelsgeschäft versteht das HGB alle Geschäfte, die zum Betrieb seines Handelsgewerbes gehören (§ 343 I HGB), wobei bei Rechtsgeschäften eines Kaufmanns **im Zweifel ein Handelsgeschäft** anzunehmen ist (§ 344 HGB).

Dabei ist zu beachten, dass einige Vorschriften nur gelten, wenn auf beiden Seiten des Rechtsgeschäfts ein Kaufmann handelt, und es bei anderen Vorschriften genügt, wenn eine (bestimmte) Seite Kaufmann ist. Die nachfolgende Tabelle gibt eine Übersicht über die **einseitigen** und **zweiseitigen** Handelsgeschäfte:

Einseitige Handelsgeschäfte	Zweiseitige Handelsgeschäfte
• Sorgfaltspflicht des Kaufmanns (§ 347 HGB) • Keine Einrede der Vorausklage bei der Bürgschaft (§ 349 HGB) • Formfreiheit bei Bürgschaft, Schuldversprechen, Schuldanerkenntnis (§ 350 HGB) • Sonderregeln beim Handelskauf (§§ 373 bis 376 HGB) • Kommissionsgeschäft (§§ 383 ff. HGB)	• Handelsbrauch (§ 346 HGB) wie z. B. das kaufmännische Bestätigungsschreiben • Gesetzlicher Zinssatz (§ 352 HGB) • Fälligkeitszinsen (§ 353 HGB) • Kaufmännisches Zurückbehaltungsrecht (§ 369 HGB) • Untersuchungs- und Rügepflicht beim Handelskauf (§ 377 HGB)

Ein »Markenzeichen« des Handelsrechts ist, dass dort der Schutz der handelnden Personen (also der Kaufleute) hinter den **Interessen des Rechtsverkehrs** deutlich stärker zurücktritt als dies im BGB der Fall ist. So kann ein Kaufmann eine Bürgschaftserklärung auch mündlich abgeben (vgl. § 350 HGB im Gegensatz zu § 766 BGB).

11.8 Das Schweigen der Kaufleute

Besonders wichtig sind die handelsrechtlichen **Ausnahmen** von dem zivilrechtlichen Grundsatz, dass **Schweigen** *keine* **Willenserklärung** darstellt. Folgende drei Ausnahmen von diesem Prinzip sollten jedem Betriebswirt geläufig sein:

- **§ 362 I HGB**: Erhält ein Kaufmann in seinem Geschäftsbetrieb einen Antrag von jemandem, mit dem er in Geschäftsverbindung steht, dann ist er verpflichtet unverzüglich zu antworten, ansonsten gilt sein Schweigen als Annahme des Antrags.
- **§ 377 HGB**: Der Kaufmann hat empfangene Ware unverzüglich im Rahmen des ordnungsgemäßen Geschäftsganges zu untersuchen und Mängel dem Verkäufer unverzüglich anzuzeigen. Unterlässt er dies, gilt die empfangene Ware als genehmigt.
- **§ 346 HGB**: Das Schweigen auf ein **kaufmännisches Bestätigungsschreiben** gilt nach Gewohnheitsrecht als Zustimmung zu dem Inhalt des Schreibens (wer § 346 HGB – wie stets empfohlen – nachgelesen hat, wird festgestellt haben, dass das kaufmännische Bestätigungsschreiben weder dort noch sonst irgendwo im HGB explizit geregelt ist: Es ist ein anerkannter Handelsbrauch ohne ausdrückliche gesetzliche Regelung). Voraussetzungen des kaufmännischen Bestätigungsschreibens sind im Einzelnen:
  - Absender und Empfänger des Schreibens sind Kaufleute (oder nehmen zumindest wie Kaufleute am Geschäftsverkehr teil);
  - abgeschlossene Vertragsverhandlungen sind vorausgegangen (aber es muss noch kein Vertragsschluss vorliegen);
  - Bestätigungsschreiben wurde unmittelbar nach den Verhandlungen verschickt;
  - das Schreiben bestätigt den Vertragsschluss unter Widergabe des Vertragsinhalts;
  - Absender handelt dabei redlich;
  - *kein* unverzüglicher Widerspruch des Empfängers (Schweigen gilt hier also ausnahmsweise als Zustimmung).

Praxishinweis: Es ist die Aufgabe von Unternehmensleitern, den Geschäftsbetrieb so zu organisieren, dass es aufgrund der vorstehenden drei Regeln nicht zu ungewollten Rechtsfolgen kommt. Insb. die Rügepflicht nach § 377 HGB hat eine enorme praktische Relevanz.

Klausurhinweis: Die Rügepflicht des § 377 HGB und das gesetzlich nicht explizit geregelte kaufmännische Bestätigungsschreiben erfreuen sich bei Klausurstellern großer Beliebtheit.

Literaturempfehlungen: Als Lehrbuch *Brox/Henssler*, Handelsrecht, 22. Aufl. 2016; als Fallbuch *Alpmann/Schmidt*, Handelsrecht, 15. Aufl. 2013; als Nachschlagewerk *Büchel/v.Rechenberg*, Kölner Handbuch Handels- und Gesellschaftsrecht, 3. Aufl. 2015; als Standardkommentar: *Baumbach/Hopt*, HGB.

12 Gesellschaftsrecht: Übersicht zu den Rechtsformen und ausgewählte Praxisthemen

12.1 Einführung

Die Frage nach der Unternehmensform ist stets eine der ersten rechtlichen Fragen, die sich jeder Betriebswirt bei einer Unternehmensgründung stellt. Nachfolgend soll nach einer kurzen Darstellung internationaler Aspekte das Thema Rechtsformen aus einer praxisorientierten Perspektive dargestellt werden.

12.2 Internationale Aspekte

Im **Internationalen Gesellschaftsrecht** existieren zwei grundlegend verschiedene Anknüpfungspunkte für die Frage des anwendbaren Rechts bei grenzüberschreitenden Fällen, die sog. **Sitztheorie** und die sog. **Gründungstheorie:**

- Die **Sitztheorie** besagt, dass eine Gesellschaft dem Recht der Jurisdiktion unterliegt, in dem sich ihr tatsächlicher Verwaltungssitz befindet. Das deutsche Internationale Privatrecht folgt traditionell dieser Sitztheorie, so dass bis zu der grundlegenden Aufweichung dieses Prinzips durch die Rechtsprechung des EuGH in Deutschland nur Gesellschaften in Formen des deutschen Gesellschaftsrecht existierten und Kapitalgesellschaften, die im Ausland gegründet worden waren, bei Sitzverlegung nach Deutschland aus deutscher Sicht aufgelöst wurden.
- Die **Gründungstheorie** wendet auf Gesellschaften das Recht der Jurisdiktion an, nach welcher die Gesellschaft gegründet wurde, selbst wenn die Gesellschaft nach der Gründung ihren Verwaltungssitz in eine andere Jurisdiktion verlegt. Der Gründungstheorie folgen z. B. die Bundesstaaten der USA, die jeweils ein eigenes Gesellschaftsrecht haben. Dies führt dazu, dass in den USA ein Großteil der *Corporations* nach dem Recht des Staates Delaware gegründet werden, dort ihren Satzungssitz haben und ihren Verwaltungssitz in dem Bundesstaat der USA haben, wo die Gesellschaft tatsächlich tätig werden will.

Der **EuGH** hat (vergleichbar zur Rechtslage in den USA) in mehreren grundlegenden Verfahren aufgrund der europäischen Niederlassungsfreiheit (Art. 49 ff. AEUV) entschieden, dass ein Mitgliedstaat der EU einer Gesellschaft, die nach dem Recht eines anderen Mitgliedsstaates wirksam gegründet worden ist, den **Zuzug**, d. h. die Sitzverlegung in den eigenen Staat nicht verwehren darf (davon zu trennen ist die Frage des Wegzugs, hier sind Beschränkungen aus EU-Sicht nicht verboten) (EuGH NJW 1999, 2027 – Centros; NZG 2002, 1064 – Überseering; NZG 2003, 1064 – Inspire Art). Dies ist der Grund dafür, dass seit einigen Jahren viele Unternehmen in Deutschland in der Rechtsform der Limited, gegründet nach dem Recht Englands und Wales, betrieben werden, d. h. diese Unternehmen in der Rechtsform der Limited dürfen ihren Verwaltungssitz in Deutschland nehmen.

> **Praxishinweis:** Die *Limited* war eine Modeerscheinung auf dem Markt der Rechtsformen in Deutschland und wurde nach dem Motto »*Der Rasen des Nachbarn ist immer grüner*« gewählt, oft allerdings ohne die Besonderheiten des englischen Rechts und den dadurch entstehenden zusätzlichen Beratungsbedarf ausreichend zu berücksichtigen. So ist bei der *Limited* z. B. anders als bei deutschen Gesellschaften eine jährliche Erneuerung notwendig; da dies viele deutsche Gesellschafter einer *Limited* übersehen haben, kam es in der Vergangenheit häufig zu zwangsweisen Löschung mit fatalen Folgen. Durch diese Vorkommnisse hat die *Limited* nunmehr ein erhebliches **Imageprobleme** in Deutschland.

Dabei ist zu beachten, dass es hier nur um die Frage der Verlegung der Hauptverwaltung in ein anderes Land geht. Selbstverständlich kann eine ausländische Gesellschaft unabhängig von der dargestellten Frage des Internationalen Gesellschaftsrechts in Deutschland Verträge schließen. Es ist durchaus üblich, dass ausländische Konzerne, die in Deutschland unternehmerisch tätig werden wollen, davon absehen, eine neue Gesellschaft mit Sitz in Deutschland zu gründen, sondern entweder nur eine schlichte **Repräsentanz** in Deutschland einrichten (diese wird nicht im HR eingetragen) oder, wenn der Umfang der Aktivitäten größer wird, zu diesem Zweck eine **Zweigniederlassung** der ausländischen Gesellschaft im deutschen HR eintragen lassen (vgl. §§ 13d ff. HGB).

> **Praxishinweis:** In technischer Hinsicht ist die Eintragung einer ausländischen Kapitalgesellschaft im deutschen HR relativ aufwendig, da umfangreiche gesellschaftsrechtliche Dokumente aus dem Heimatstaat der betreffenden ausländischen Gesellschaft in beglaubigter Form nebst beglaubigter Übersetzung dem deutschen Register vorgelegt werden müs-

sen, welches dann so gut wie möglich die vorgelegten Daten in das System des deutschen HRs überträgt (was naturgemäß Schwierigkeiten bereitet und zu Unklarheiten führt).

12.3 Personen- und Kapitalgesellschaften

Die erste Frage bei der Unternehmensgründung ist stets, ob eine Personen- oder eine Kapitalgesellschaft gegründet werden soll. In der Praxis werden in Organigrammen Personengesellschaften als Dreiecke und Kaptialgesellschaften als Rechtecke dargestellt:

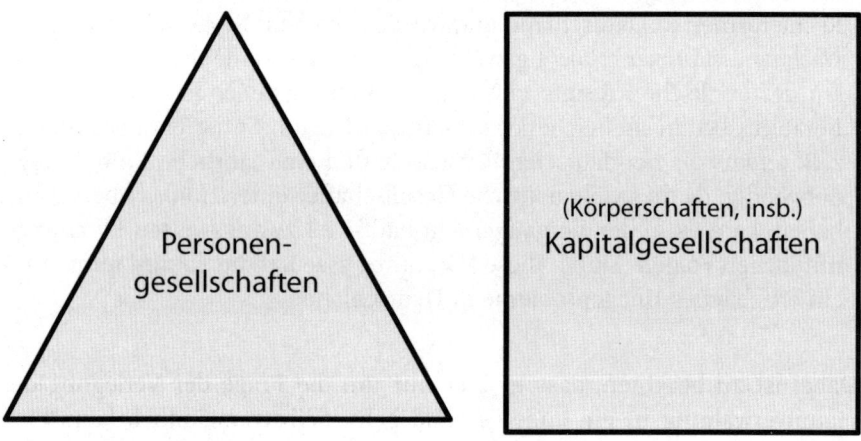

Bei Personengesellschaften (als rechtsfähigen Gesamthandgemeinschaften) stehen die Gesellschafter im Vordergrund, während die Kapitalgesellschaften (als juristischen Personen) verselbständigt sind und bei Kapitalgesellschaften folglich die Gesellschaft im Vordergrund steht. Grundform der Personen-gesellschaften ist die Gesellschaft bürgerlichen Rechts (GbR), die Kapitalge-sellschaften gehören zu den Körperschaften, deren Grundform der Verein ist (der aber nicht wirtschaftlich tätig werden kann und daher hier nicht näher dargestellt wird). Die Frage der Grundform ist deswegen wichtig, weil bei Regelungslücken auf das Recht der Grundform zurückgegriffen werden kann (**Beispiel**: § 35 BGB aus dem Vereinsrecht findet auch auf die GmbH und die AG Anwendung). Die wichtigsten Unterschiede zwischen Personen- und Kapitalgesellschaften ergeben sich aus nachfolgender Übersicht:

Kriterium	Personengesellschaft	Kapitalgesellschaft
Beispiele	GbR, OHG, KG (inkl. GmbH & Co. *KG*), PartG, engl. LLP	GmbH, AG, KGaA, eG, SE, engl. Ltd., Delaware Corporation
Rechtsfähigkeit	rechtsfähige Gesamthands-gemeinschaften (praktisch stark an die juristischen Personen angenähert)	ja, juristische Person
Inhaber des Vermögens	sog. gesamthänderisches Vermögen der Gesellschafter	Gesellschaft als juristischer Person
Haftung	Unbeschränkte Haftung der Gesellschafter	Haftung auf das Gesellschaftsvermögen beschränkt
Anzahl Gesellschafter	mindestens zwei Gesellschafter	ein Gesellschafter genügt
Registerpflicht	ja (ausgenommen die GbR), i. d. R. ist die Eintragung deklaratorisch	ja, Eintragung ist konstitutiv
Selbstverwaltung	gemeinschaftlich (abdingbar)	durch Organe
Mehrheitserforder-nisse	Einstimmigkeit (abdingbar)	Mehrheitsprinzip (50 oder 75 %) (jedenfalls Erschwerung ist möglich)
Übertragbarkeit der Gesellschafterstellung	grundsätzlich ausgeschlossen	grundsätzlich zulässig (Gesellschaftsvertrag kann Vinkulation vorsehen)

12.4 Übersicht Personengesellschaften

Nachfolgend sollen kurz die Hauptmerkmale der GbR, der OHG, der KG und der PartG dargestellt werden.

12.4.1 Die Gesellschaft bürgerlichen Rechts (GbR)

Grundform der Personengesellschaften ist die Gesellschaft bürgerlichen Rechts (GbR), die in §§ 705 ff. BGB geregelt ist. Eine GbR entsteht formlos, wenn die drei in § 705 BGB genannten Voraussetzungen erfüllt sind:

1. (Gesellschafts-)**Vertrag** zwischen mindestens zwei Personen (dies können auch juristische Personen sein, d. h. diese Voraussetzung kann auch künstlich durch Neugründungen herbeigeführt werden);
2. gemeinsamer (beliebiger, solange nicht verbotener) **Zweck** von der konkludent verabredeten Fahrgemeinschaft bis zur »Arbeitsgemeinschaft« (ARGE) in der Baubranche, solange kein Handelsgewerbe betreiben wird (liegt ein Handelsgewerbe vor, dann handelt es sich kraft Gesetzes um eine OHG); **Achtung**: beschränkt sich der Zweck auf das gemeinschaftliche Halten einer Sache liegt keine GbR, sondern eine sog. Gemeinschaft nach Bruchteilen i.S.v. § 741 BGB vor;
3. **Förderpflicht** der Vertragsparteien.

Die GbR wird in *keinem* **Register** geführt, was zu einer Intransparenz führt, die zugleich große Vor- und Nachteile mit sich bringt. Die GbR ist *keine* juristische Person, wird aber von der Rechtsprechung seit einigen Jahren als im Außenverhältnis rechtsfähig angesehen, so dass die GbR z. B. im Grundbuch als Gesellschaft eingetragen werden kann. Träger der Rechte und Pflichten der GbR ist nicht die GbR, sondern sind die Gesellschafter, die das Vermögen als Sondervermögen halten (**Gesamthandsvermögen**). Soweit nichts anderes vereinbart ist, erfolgt die Geschäftsführung durch alle Gesellschafter gemeinsam. Sämtliche Gesellschafter unterliegen einer Treuepflicht (§§ 242, 241 II BGB), sie sind aber über die vereinbarte Beitragspflicht hinaus *nicht* zu Nachschüssen verpflichtet.

Für Schulden der GbR haftet einerseits das Gesellschaftsvermögen, zugleich aber haften alle Gesellschafter mit ihrem Privatvermögen als Gesamtschuldner (§ 128 HGB analog).

Praxishinweis: Diese persönliche Haftung der Gesellschafter ist der entscheidende Nachteil der GbR, der dazu führt, dass trotz der großen Flexibilität der GbR z. B. viele Freiberufler statt der GbR eine Partnerschaftsgesellschaft (idealerweise mbB) oder (soweit zulässig) eine Kapitalgesellschaft als Rechtskleid für ihre Tätigkeit bevorzugen.

12.4.2 Die offene Handelsgesellschaft (OHG)

Der entscheidende Unterschied zwischen der GbR und der OHG ist, dass bei der OHG der Geschäftszweck in dem Betrieb eines **Handelsgewerbes** besteht. Entwickelt sich das Geschäft einer GbR zu einem Handelsgewerbe, so wird die GbR automatisch kraft Gesetzes zur OHG; betreibt eine GbR nur ein Kleingewerbe i.S.v. § 1 II HGB, dann steht es den Gesellschaftern der GbR frei, die GbR durch ein Eintragung in das HR zu einer OHG zu machen (§ 105 II HGB).

12.4.3 Die Kommanditgesellschaft (KG)

Die KG unterscheidet sich von der OHG dadurch, dass bei der KG die Haftung zumindest eines Gesellschafters gegenüber den Gesellschaftsgläubigern auf eine Haftungseinlage beschränkt ist, d. h. die KG hat zwei Arten zwei von Gesellschaftern:

- Mindestens ein persönlich unbeschränkt haftender Gesellschafter (**Komplementär**), und
- mindestens ein Gesellschafter bei dem die Haftung auf eine Haftsumme beschränkt ist (**Kommanditist**).

Große praktische Bedeutung hat bekanntlich die **GmbH & Co. KG** erlangt: Hierbei handelt es sich um eine KG, deren einziger unbeschränkt haftender Gesellschafter eine GmbH ist, d. h. keine natürliche Person haftet unbeschränkt (daher muss die Bezeichnung »GmbH« in der Firma stehen). Diese spezielle Struktur kombiniert die (steuerlichen) Vorteile einer Personengesellschaft (die Gesellschaft ist eine KG) mit den Haftungsvorteilen einer Kapitalgesellschaft (da nur die GmbH unbeschränkt haftet, haftet keine natürliche Person mehr unbeschränkt). Es ist auch zulässig, andere Kapitalgesellschaften oder ausländische Kapitalgesellschaften als Komplementär einzusetzen (z. B. »AG & Co. KG« oder »Ltd. & Co. KG«, mag letzteres auch eher unpraktisch sein).

12.4.4 Die Partnerschaftsgesellschaft (PartG)

Die im Partnerschaftsgesetz (PartGG, subsidiär gelten die §§ 705 ff. BGB) geregelte Partnerschaftsgesellschaft (PartG) kommt nur (auf freiwilliger Basis) für Angehörige der sog. **freien Berufe** in Betracht.

Der entscheidende (Haftungs-)Vorteil der PartG gegenüber der GbR besteht darin, dass für berufliche Fehler nur das Gesellschaftsvermögen und (anders als bei der englische *Limited Liability Partnership*/LLP) der mit dem Auftrag befasste Partner, haftet. Um die deutsche PartG auch im Vergleich zur LLP attraktiver zu machen, besteht nunmehr die Möglichkeit einer »**Partnerschaft mbB**« (vgl. § 8 PartGG), d. h. unter bestimmten Voraussetzungen (Berufshaftpflicht, Firmierung als »mbB«) haftet für Schäden wegen fehlerhafter Berufsausübung nur das Gesellschaftsvermögen.

12.5 Übersicht Kapitalgesellschaften

12.5.1 GmbH und AG

Die mit Abstand verbreitetste und beliebteste deutsche Kapitalgesellschaft ist die Gesellschaft mit beschränkter Haftung (GmbH), während die Aktiengesellschaft (AG) aufgrund ihrer Komplexität und weitgehenden Verselbständigung gegenüber ihren Aktionären (insb. im Gegensatz zur GmbH haben die Gesellschafter keinen direkten Einfluss auf die Führung der Geschäfte) primär für Gesellschaften mit einer höheren Anzahl von Aktionären geeignet erscheint. Daher ist die GmbH insb. auch als hundertprozentige Tochtergesellschaft gut geeignet.

Um die GmbH im Vergleich zur Limited attraktiver zu machen, hat der Gesetzgeber in § 5a GmbH-Gesetz die Unternehmergesellschaft (haftungsbeschränkt) oder **UG (haftungsbeschränkt)** geschaffen, die eine GmbH ist mit der Besonderheit, dass das Stammkapital auf bis zu 1 Euro herabgesetzt werden kann (im Gegensatz dazu gibt es bestimmte Thesaurierungspflichten). Da aber eine Gesellschaft mit einem Euro (ohne weiteres Eigenkapital) bereits nach der kleinsten Anschaffung insolvent wäre, und auch bei einer 25.000 Euro-GmbH zunächst die Einzahlung der Hälfte des Stammkapitals genügt (vgl. § 7 II GmbH-Gesetz), dürfte die UG im Unternehmensbereich nur in Ausnahmefällen (wie etwa als Komplementärin einer KG) ernsthaft in Betracht kommen.

Um die Attraktivität der AG zu steigern, wurde vom Gesetzgeber bereits vor längerem die sog. **kleine AG** geschaffen, die jedoch *keine* eigenständige Rechtsform darstellt, sondern nur eine Sammelbezeichnung für bestimmte Vereinfachungen im Aktienrecht für insb. nicht-börsennotierte AG darstellt. An dem Grundproblem der Komplexität der AG hat dies nichts geändert (genaugenommen wurde diese durch die Regelungen zur kleinen AG noch einmal erhöht).

Vergleicht man GmbH und AG so sind eine ganze Reihe von unterschieden festzustellen:

- Im Gegensatz zur GmbH ist die AG (ebenso wie die KGaA und die SE) **börsenfähig**, muss aber nicht an der Börse gelistet sein (vgl. § 3 II AktG).
- Der Mindestnennbetrag des **Grundkapitals** bei der AG beträgt mindestens EUR 50.000 (§ 7 AktG), während die GmbH ein **Stammkapital** i. H. v. mindestens EUR 25.000 haben muss (§ 5 I GmbH-Gesetz, eine Ausnahme gilt für die UG, vgl. insofern § 5a GmbH-Gesetz).
- Während die GmbH als **Organe** nur (mindestens) einen Geschäftsführer und die Gesellschafterversammlung benötigt (soweit nicht aus Gründen der Mitbestimmung ein Aufsichtsrat notwendig wird), ist bei der AG neben (ebenfalls mindestens) einem Vorstand und der Gesellschafterver-

sammlung (die sich bei der AG Hauptversammlung nennt) immer ein **Aufsichtsrat** notwendig (bestehend aus mindestens drei Personen; der frühere Dreiteilungsgrundsatz auch bei höheren Mitgliederzahlen im AR wurde aber mit der Aktienrechtsnovelle 2016 grundsätzlich aufgegeben, vgl. § 95 AktG).

- Während bei der GmbH die Gesellschafter gegenüber der Geschäftsführung ein **Weisungsrecht** haben, führt der Vorstand der AG das operative Geschäft der Gesellschaft selbständig und grundsätzlich weisungsfrei (vgl. § 119 II AktG).
- Während jedenfalls Teile des GmbH-Gesetzes in dem Gesellschaftsvertrag geändert werden können, besteht beim AktG sehr wenig Spielraum für Änderungen durch die Satzung (**Satzungsstrenge** bei der AG, § 23 V AktG).
- Während die Geschäftsführer grundsätzlich ohne wichtigen Grund von der Gesellschafterversammlung abberufen werden können (§ 38 GmbH-Gesetz), bedarf es für die **Abberufung** eines Vorstands durch den Aufsichtsrat eines wichtigem Grundes (§ 84 III AktG). Der Aufsichtsrat kann mit einer ¾-Mehrheit der Hauptversammlung ohne weitere Voraussetzungen abberufen werden (§ 103 AktG). Zu berücksichtigen sind ggf. Sonderregelungen in den Mitbestimmungsgesetzen.

> **Praxis- und Klausurhinweis:** Wie bereits dargestellt, ist die Abberufung als Organ streng zu unterscheiden von der Beendigung des Dienstvertrages der Geschäftsführer und Vorstände.

Einmal im Jahr muss bei GmbH und AG eine ordentliche **Gesellschafterversammlung** durchgeführt werden. Die Standard-Tagesordnungspunkte bei der ordentlichen Gesellschafterversammlung der Hauptversammlung der AG und der (nicht-mitbestimmten) GmbH lauten:

»Standard«-Beschlüsse – AG (vgl. § 119 AktG)	»Standard«-Beschlüsse – GmbH (vgl. § 46 GmbH-Gesetz)
Kein Beschluss zum Jahresabschluss, nur Vorlage und Auslage des JA (Feststellung erfolgt durch den AR, vgl. § 172 f. AktG)	Feststellung Jahresabschluss (§§ 42a, 46 Nr.1 GmbH-Gesetz)
Beschluss über die Ergebnisverwendung (§ 172 AktG)	Beschluss über die Ergebnisverwendung (§ 46 Nr. 1a GmbH-Gesetz)
Entlastung Vorstand für das *zurückliegende* Geschäftsjahr (§§ 119 I Nr. 3, 120 AktG)	Entlastung Geschäftsführer für das *zurückliegende* Geschäftsjahr (§ 46 Nr. 5 GmbH-Gesetz)

»Standard«-Beschlüsse – AG (vgl. § 119 AktG)	»Standard«-Beschlüsse – GmbH (vgl. § 46 GmbH-Gesetz)
Entlastung Aufsichtsrat für das *zurückliegende* Geschäftsjahr (§§ 119 I Nr. 3, 120 AktG)	(i. d. R. kein AR vorhanden; zwingend ggf. nur bei Mitbestimmung; vgl. § 52 GmbH-Gesetz)
ggf. Bestellung (einzelner/aller) Mitglieder des Aufsichtsrats (i. d. R./max. 5 Jahre Amtszeit, § 102 AktG)	(i. d. R. kein AR vorhanden; zwingend ggf. nur bei Mitbestimmung; vgl. § 52 GmbH-Gesetz)
ggf. Wahl Abschlussprüfer für das *laufende* Geschäftsjahr (§ 318 I HGB)	ggf. Wahl Abschlussprüfer für das *laufende* Geschäftsjahr (§ 318 I HGB)
ggf./i. d. R. weitere TOPs z. B. Änderungen des Gesellschaftsvertrages, UmwG-Beschlüsse, Zustimmung zu Unternehmensverträgen, etc.; <u>wichtig</u>: einen TOP »Verschiedenes« wird man jedenfalls bei Publikumsgesellschaften nicht finden, da unter diesem ohnehin keine Beschlüsse gefasst werden können, dieser aber andererseits nur unnötige Angriffsflächen für (»räuberische«) Aktionäre eröffnen würde. <u>Empfehlung</u>: Schauen Sie sich einmal im Internet die Einladung zur einer Hauptversammlung eines DAX-Konzerns an.	

Was die **Form der Gesellschafterversammlung** anbelangt, ist zwischen der GmbH und der AG zu differenzieren:

- Die Gesellschafterversammlung der **GmbH** bedarf grundsätzlich keiner (notariellen) Form, erfolgt in der Praxis aber meist **privatschriftlich** (vgl. aber § 48 III GmbH-Gesetz). Eine notarielle Beurkundung ist aber insb. bei Beschlüssen über die Änderung des Gesellschaftsvertrages notwendig (§ 53 II GmbH-Gesetz, die nach Anmeldung beim HR erst mit Eintragung im HR wirksam werden).
- Hauptversammlungen der **AG** bedürfen dagegen grundsätzlich der **notariellen Niederschrift** (§ 130 I S. 1 AktG), eine privatschriftliche Protokollierung genügt, wenn AG nicht börsennotiert ist und keine Beschlüsse gefasst werden für die laut Gesetz mindestens eine ¾-Mehrheit erforderlich wäre (§ 130 I S. 3 AktG i. V. m. § 3 II AktG).

Wenn alle Gesellschafter an der Versammlung teilnehmen (sog. **Vollversammlung)** und einvernehmlich auf die Einhaltung aller Formen und Fristen für die Einberufung der Versammlung verzichten, dann ist die Einhaltung dieser Einladungsformalitäten (fristgemäße Ladung, Tagesordnung, ggf. Ladung per Einschreiben) nicht erforderlich (auf die dargestellte Form der Versammlung selbst kann nicht verzichtet werden).

Zusammenfassend lässt sich festhalten, dass das AktG im Vergleich zum GmbH-Gesetz sehr komplex und voller juristischer Fallstricke ist. Das GmbH-Gesetz verleiht im Gegensatz zum AktG den Gesellschaftern weitreichende Kontrolle über die Gesellschaft (Weisungsrecht, Abberufung Geschäftsführer ohne wichtigen Grund, Flexibilität des Gesellschaftsvertrags, Bestimmungen über die Kapitalerhaltung, etc.), daher ist die GmbH besonders beliebt als 100 %ige Tochtergesellschaft, während die AG eher als Konzernmuttergesellschaft in Betracht kommt.

12.5.2 Die Kommanditgesellschaft auf Aktien (KGaA)

Die Kommanditgesellschaft auf Aktien (**KGaA**, geregelt in §§ 278 ff. AktG) wird nur selten gewählt (vgl. aber z. B. Henkel AG & Co. KGaA oder Borussia Dortmund GmbH & Co. KGaA) und soll daher an dieser Stelle nur erwähnt werden.

12.5.3 Die Europäische Aktiengesellschaft (SE)

Etwas größerer Beliebtheit erfreut sich inzwischen die **Europäische Aktiengesellschaft** (*Societas Europaea*, SE), die eine Mischform aus europäischem Recht und dem jeweiligen nationalen Aktienrecht ist, d. h. es gibt nicht – wie man erwarten könnte – die einheitliche Europäische Aktiengesellschaft, sondern 28 verschiedene Varianten. Bedenkt man, dass bereits das deutsche Aktienrecht recht komplex ist, dann wird klar, dass die SE eine technisch sehr aufwendige Gesellschaftsform ist, die meist nur von international tätigen Konzernen gewählt wird, die sich einerseits ein »*europäisches Rechtskleid*« geben wollen, andererseits aber auch Vorteile bei der *Corporate Governance* anstreben, z. B. durch die so mögliche Reduzierung der Größe des Aufsichtsrats, und im Übrigen über die internen Ressourcen (etwa in der Rechtsabteilung) verfügen, die Anforderungen dieser Rechtsform zu erfüllen (**Beispiele**: Allianz SE oder E.ON SE).

12.6 Der Squeeze-out

Während es bei der AG die Möglichkeit des Ausschlusses von Minderheitsaktionären durch einen Hauptaktionär, der mindestens 95 % (in einer Variante genügen 90 %) der Aktien hält, gibt (sog. *squeeze out*), besteht diese Möglichkeit der GmbH nicht. Die verschiedenen Varianten des *squeeze out* werden in der nachstehenden Übersicht veranschaulicht:

Gesetzliche Regelung	Betroffene Rechtsform	Erforderliche Mehrheit	Etwaige weitere Voraussetzungen
§§ 327a ff. AktG	AG, KGaA, SE	*ein* Aktionär mit mindestens **95**%-Mehrheit	keine, insb. keine Börsennotierung notwendig
§ 39a WpÜG	AG, KGaA, SE	*ein* Aktionär mit mindestens **95**%-Mehrheit	Börsennotierung der Zielgesellschaft notwendig
§ 62 V UmwG	AG, KGaA, SE	*ein* Aktionär mit mindestens **90**% (!)-Mehrheit	nur innerhalb von drei Monaten nach Konzernverschmelzung; Gesellschafter muss eine AG, KGaA oder eine SE sein

Praxishinweis: Allerdings könnte ein Inhaber von mindestens 95% der Geschäftsanteile einer *GmbH* auf den Gedanken kommen, die GmbH zunächst im Wege eines Formwechsels nach § 1 UmwG mit einer 75%igen Mehrheit in das Rechtskleid einer AG zu überführen, um dann – nach dem Verstreichenlassen einer gewissen Schamfrist – einen *squeeze out* durchzuführen. In diesen und anderen Fällen kann aber ein rechtsmissbräuchliches Verhalten vorliegen, wenn eine Zweckentfremdung des Verfahrens vorliegt (vgl. HB-HGR/*Rott* Kap. 19, Rd. 254 f.).

12.7 Gründung einer Kapitalgesellschaft am Beispiel der GmbH

Die Neugründung einer GmbH vollzieht sich in folgenden Schritten:

1. Notartermin mit den Gesellschaftern mit Beurkundung der **Gründungsurkunde** einschließlich des (ggf. zuvor verhandelten) Gesellschaftsvertrags und Bestellung der ersten Geschäftsführer; damit entsteht erst eine »GmbH i.G.« (= in Gründung, die im Rechtsverkehr auch so firmieren muss und noch nicht operativ tätig werden darf).

Praxishinweise: (1) Bei einfach gelagerten Konstellationen ist es aus Kostengründen ratsam, direkt und ausschließlich einen Notar für die Gründung zu mandatieren und die zusätzlichen Kosten eines Rechtsanwalts zu vermeiden. (2) Bei komplexeren Vorgängen sollte man nicht selbst im Internet auf die Suche einem passenden Muster für einen

Gesellschaftsvertrag gehen, sondern sich ein geeignetes und aktuelles Muster von einem Anwalt übersenden lassen und in diesem kennzeichnen, wo aus Gründersicht insb. Änderungsbedarf besteht und die Erstellung der Endfassung dem Juristen überlassen.

2. Die neu bestellten Geschäftsführer eröffnen unter Vorlage einer Abschrift der Gründungsurkunde ein **Bankkonto** der GmbH i.G. Die Banken dürfen ohne Vorlage einer solchen notariellen Abschrift kein Konto eröffnen. Auf das neu eröffnete Konto der GmbH i.G. wird dann das **Stammkapital eingezahlt**.

Praxishinweis: Bevor der Notar eine solche Abschrift aushändigt, muss er im Rahmen seiner Amtspflichten eine Abschrift der Gründungsurkunde an die Finanzverwaltung übersenden.

3. Notartermin mit den Geschäftsführern zwecks Unterzeichnung der **Handelsregisteranmeldung** (wird beglaubigt) und der Gesellschafterliste (privatschriftlich). In der Handelsregisteranmeldung versichern die Geschäftsführer u. a., dass das Mindeststammkapital voll eingezahlt wurde und zur freien Verfügung der Gesellschaft steht. Wegen dieser Versicherung darf der Notar die HR-Anmeldung mit der Gründungsurkunde als Anlage erst nach der Kontoeröffnung und der Einzahlung des Stammkapitals beim HR einreichen.

Praxishinweis: Meist werden Schritt 1 und 3 zeitgleich in einem Termin vorgenommen und der Notar wird angewiesen mit der Einreichung der Unterlagen beim HR zu waren, bis die Kontoeröffnung und Einzahlung erfolgt sind. Umsichtige Notare werden diese Einreichung erst vornehmen, nachdem sie eine Kopie eines entsprechenden Kontoauszugs erhalten haben.

4. Der Notar reicht sämtliche Gründungsdokumente (Gründungsurkunde mit Gesellschaftsvertrag, Gesellschafterliste und HR-Anmeldung) **elektronisch beim zuständigen HR** ein.

Praxishinweise: Zur Vermeidung von Verzögerungen durch die Anforderung eines Kostenvorschusses sollte der Notar gebeten werden, die Haftung für die HR-Kosten der Gründung zu übernehmen. Die Geschäftsführer sollten gleichzeitig die Postadresse aktivieren (= ein Briefkastenschild bei der Adresse der GmbH i.G.) anbringen, um zu vermeiden, dass etwaige Post vom HR als unzustellbar zurückkommt (was ein beliebter Grund für Verzögerungen ist).

5. Das HR prüft die Unterlagen und trägt – soweit keine Beanstandungen in Form von Zwischenverfügungen ergehen – die GmbH ein. Mit **Eintragung im HR** entsteht die GmbH, d. h. die Eintragung hat **konstitutive** Wirkung.

Die **Dauer** dieses Vorgangs beträgt je nach Register und Einzelfall ungefähr ca. 1 bis 3 Wochen. Verzögerungen können insb. bei ausländischen Gesellschaftern eintreten, da die deutschen HR in diesem Fall amtliche Nachweise über die Existenz der Gesellschafter und deren Vertretung verlangen.

Die **Kosten** für den Notar liegen bei ca. EUR 400,- bis 700,- und ebenfalls einige hundert Euro für das HR. Die Kosten der Notare und Register sind gesetzlich festgelegt und nicht verhandelbar. Die Gründungskosten dürfen bis zur Höhe von 10 % des Stammkapitals (als bis zur Höhe von EUR 2.500 bei der weitverbreiteten 25.000-Euro-GmbH) der Gesellschaft aufgebürdet werden, wenn dies im Gesellschaftsvertrag unter Nennung der konkreten Kostenposten (Notar, HR) vorgesehen ist.

Praxishinweis: Neben der Neugründung einer GmbH besteht die Möglichkeit des Erwerbs einer sog. **Vorratsgesellschaft** (*shelf company*). Eine solche Vorratsgesellschaft ist eine bereits bestehende GmbH, die von kommerziellen Anbietern auf Vorrat gegründet wurde und Interessenten meist zu einem Preis i. H. v. ca. EUR 27.500,- angeboten werden. Der Vorteil des Erwerbs einer Vorratsgesellschaft im Vergleich zur Neugründung einer GmbH besteht in einem kleinen Zeitgewinn, die Nachteile bestehen darin, dass nach der Übertragung der Vorratsgesellschaft diese in praktisch jeder Hinsicht angepasst werden muss (neuer Gesellschaftsvertrag insb. mit neuem Geschäftsgegenstand und neuer Firma, Wechsel der Geschäftsführer, Änderung der Bankverbindung, usw.) und so im Ergebnis zusätzlichen Aufwand verursacht. Außerdem betrachtet die Rechtsprechung als sog. *wirtschaftliche* **Neugründung**, was bedeutet, dass die Geschäftsführer den Erwerb der Vorratsgesellschaft gegenüber dem HR offenlegen und erneut versichern müssen, dass die (bei Vorratsgesellschaften üblichen) EUR 25.000 Stammkapital vollständig vorhanden und zur Verfügung der Gesellschaft stehen (was sachlich kein Problem ist, da Vorratsgesellschaften stets über ein Geschäftskonto mit exakt EUR 25.000,- verfügen). Erst nach Eingang der Anmeldung der wirtschaftlichen Neugründung beim HR darf die Vorratsgesellschaft von den neuen Gesellschaftern operativ eingesetzt werden. Im Gegensatz dazu darf im Falle der Neugründung der GmbH, diese erst nach ihrem Entstehen mit Eintragung im HR eingesetzt werden. In dieser Zeitdifferenz von meist etwa ein bis zwei Wochen besteht der entscheidende Vorteil der Vorratsgesellschaften, dabei ist aber zu bedenken, dass eine Unternehmensgründung aus betriebswirtschaftlichen Gründen ohnehin meist eine längere Vorbereitungsphase benötigt und daher bei entsprechender Planung *kein* Bedarf an einer eher umständlichen Vorratsgesellschaft besteht.

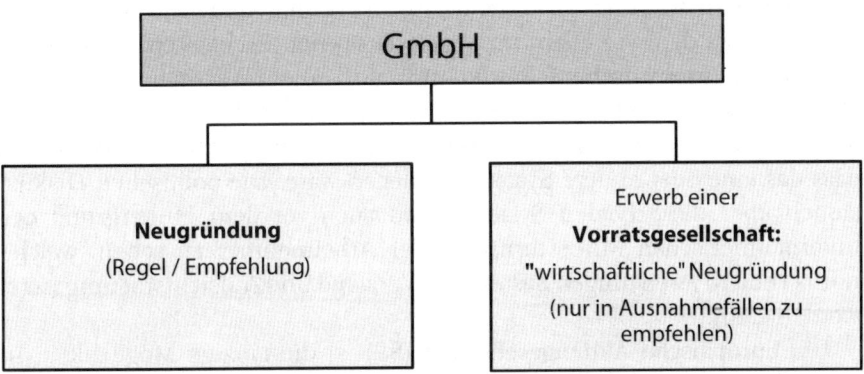

Nach Eintragung der GmbH ist eine jährliche Erneuerung der Eintragung (wie sie aus anderen Jurisdiktionen bekannt ist) *nicht* notwendig. Neben den üblichen Buchführungs- und Jahresabschlussarbeiten ist nur der jährliche Gesellschafterbeschluss notwendig. Spätere Änderungen des Gesellschaftsvertrages wie Änderungen der Firma (also des Namens der GmbH) oder Erhöhungen des Stammkapitals bedürfen der notariellen Beurkundung und werden erst mit Eintragung im HR wirksam.

Ebenfalls der notariellen Beurkundung bedürfen Verpflichtungen zur **Abtretung von GmbH-Geschäftsanteilen** und die Abtretung selbst (vgl. § 15 III, IV GmbH-Gesetz). Die Abtretung von GmbH-Geschäftsanteilen ist nicht eintragungspflichtig (wie etwa die Übertagung eines Grundstücks im Grundbuch), jedoch ist seit 2008 der Notar verpflichtet, eine aktualisierte **Gesellschafterliste** beim HR einzureichen (§ 40 II GmbH-Gesetz). Seit 2008 ist es unter den engen Voraussetzungen des § 16 III GmbH-Gesetz sogar möglich, einen GmbH-Geschäftsanteil auf Basis der Gesellschafterliste gutgläubig zu erwerben (Rechtsscheinträger ist hier also die im HR hinterlegte Gesellschafterliste).

Internationaler Aspekt: Das Beurkundungserfordernis für den Verkauf und die Abtretung von GmbH-Geschäftsanteilen (§ 15 III, IV GmbH-Gesetz) ist auch in Jurisdiktionen mit einem vergleichbaren Beurkundungssystem keine Selbstverständlichkeit und wäre auch in Deutschland im Rahmen der letzten GmbH-Reform 2008 fast abgeschafft worden.

12.8 Organe und Vertretungsregelungen bei Kapitalgesellschaften

Deutschland hat bei der AG das **zweistufige (dualistische) System** der Unternehmensführung bestehend aus Vorstand und Aufsichtsrat im Gegensatz zu dem vor allem im angelsächsischen Rechtskreis verbreiteten **einstufigen (monistischen) System** mit nur einem Verwaltungsrat (dem *Board of Directors*, welcher wiederum aus *Executive* und *Non-Executive Directors* besteht). Es sind keine wissenschaftlichen Nachweise dafür ersichtlich, dass das eine oder andere System überlegen wäre. Die politischen Diskussionen über diese beiden Systeme sind auch vor dem Hintergrund der unternehmerischen Mitbestimmung der Arbeitnehmer zu sehen, welche nur bei einem zweistufigen System aus Vorstand und Aufsichtsrat umgesetzt werden kann.

Die **Europäische Aktiengesellschaft** (SE) ist die einzige Möglichkeit, in Deutschland ein monistisches Board-System einzuführen (sieht man einmal von der Limited und vergleichbaren EU-Gesellschaftsformen ab), da bei der SE die Möglichkeit der Wahl zwischen einem einstufigen System mit einem Verwaltungsrat (*Board of Directors*) oder einem zweistufigen System aus Vorstand und Aufsichtsrat besteht (Art. 38 Verordnung (EG) Nr. 2157/2001 des Rates vom 8. Oktober 2001, kurz SE-VO).

Soweit die Mitbestimmungsgesetze oder andere regulatorische Vorgaben nicht ausnahmsweise etwas anders bestimmen, genügt es grundsätzlich einen einzigen Geschäftsführer oder einen einzigen Vorstand zu bestellen (§ 35 II GmbH-Gesetz, § 76 II AktG). Der Aufsichtsrat der AG muss aus mindestens drei Mitgliedern bestehen (§ 95 AktG).

Soweit tatsächlich nur ein Geschäftsführer oder ein Vorstand bestellt worden ist, hat dieser zwingend **Einzelvertretungsbefugnis**. Sind mehrere Geschäftsführer oder Vorstände bestellt, kann diesen **Gesamtvertretung** (ggf. mit einem Prokuristen) oder stets oder im Einzelfall Einzelvertretungsbefugnis ggf. jeweils in Kombination mit einer Befreiung von den Beschränkungen des § 181 BGB durch die Gesellschafterversammlung (bei der GmbH) oder den Aufsichtsrat (bei der AG) erteilt werden; bei der AG ist nur eine Befreiung von § 181 Alt. 2 BGB zulässig, da die AG zwingend durch den AR gegenüber dem Vorstand vertreten wird, so dass die Variante des § 181 Alt. 1 BGB von vorneherein nicht in Betracht kommt. Diese Befreiung kann im HR eingetragen werden, so dass Dritte technisch problemlos und rechtlich abgesichert (vgl. § 15 HGB) feststellen können, wer die Gesellschaft wie wirksam vertreten kann.

Praxishinweis/Beispiel: Die typische abstrakte Regelung der Vertretungsbefugnis bei einer GmbH lautet: »*(1) Die Gesellschaft hat einen oder mehrere Geschäftsführer. (2) Sind mehrere Geschäftsführer ernannt, wird die Gesellschaft durch zwei Geschäftsführer gemeinsam oder durch einen Geschäftsführer mit einem Prokuristen vertreten. Die Gesellschafterversammlung kann jedoch bestimmen, dass einer oder mehrere oder alle Geschäftsführer die Gesellschaft stets oder im Einzelfall einzeln vertreten können. Ist nur ein Geschäftsführer bestellt, so vertritt der die Gesellschaft stets allein. (3) Die Gesellschafterversammlung kann einen, mehrere oder alle Geschäftsführer ganz allgemein oder für den Einzelfall von den Beschränkungen des § 181 BGB befreien.*« Auf Basis einer solchen *abstrakten* Vertretungsregelung wird dann die *konkrete* Vertretungsregelung eines Geschäftsführers von den Gesellschaftern bei Bestellung des Geschäftsführers festgelegt (fehlt eine solche Festlegung gilt die abstrakte Vertretungsregelung). Sowohl die abstrakte als auch die konkrete Vertretungsregelung werden in das HR eingetragen. Diese Offenlegung der Vertretung gegenüber Dritten ist eine der wichtigsten Funktionen des HRs.

Die dargestellten Vertretungsregelungen im Außenverhältnis sind streng zu trennen von den Beschränkungen der Geschäftsführungsbefugnis im **Innenverhältnis**: In der Praxis gibt es hier regelmäßig Geschäftsordnungen mit **Listen zustimmungspflichtiger Geschäfte** (vgl. § 37 GmbH-Gesetz, § 111 II AktG), die aber eben nur eine interne Beschränkung der Geschäftsführungsbefugnis darstellen, d. h. Rechtsgeschäfte, die unter Verstoß gegen diese internen Beschränkungen vorgenommen werden, sind im Außenverhältnis wirksam (vgl. § 37 II GmbH-Gesetz, § 82 AktG). Auch der im Gesellschaftsvertrag bestimmte **Geschäftsgegenstand** (der Gesellschaftszweck) beschränkt im deutschen Recht (nur) im Innenverhältnis die Geschäftsführungsbefugnis der Organe.

Praxishinweise: (1) Die Liste zustimmungspflichtiger Geschäfte könnte auch in den Gesellschaftsvertrag aufgenommen werden, dann wäre diese Liste bei den Kapitalgesellschaften im HR einsehbar und nur durch notariell beurkundeten Gesellschafterbeschluss und Eintragung im HR änderbar (§§ 53 f. GmbH-Gesetz, §§ 179, 181 AktG); dies ist meist nicht gewünscht, so dass i. d. R. Geschäftsordnungen erlassen werden. (2) Viele Organe übersehen, dass sie sich bei ihren Aktivitäten innerhalb des Geschäftsgegenstandes halten müssen. Da der Geschäftsgegenstand keine Wirkung im Außenverhältnis entfaltet (keine Beschränkung der Vertretungsbefugnis zur Folge hat), wird dieser meist sehr kurz formuliert. Außerdem muss die Gegenseite diesen bei Vertragsschlüssen nicht prüfen, hat er doch keine Auswirkungen auf die Wirksamkeit eines Vertragsschlusses.

Soweit es um die Vertretung der Gesellschaft gegenüber dem Geschäftsführer oder Vorstand selbst geht, fällt dies bei der AG in den Zuständigkeitsbereich des Aufsichtsrats (§ 112 AktG). Bei der GmbH ist für die Vertretung der GmbH gegenüber dem Geschäftsführer die Gesellschafterversammlung zuständig, soweit es um Statusfragen geht, normale Verkehrsgeschäfte kann der Geschäftsführer aber gleichzeitig für sich und die GmbH unterschreiben, wenn er von den Beschränkungen § 181 Alt. 1 BGB befreit wurde.

Beispiel: Den Geschäftsführerdienstvertrag unterzeichnet für die GmbH der Vertreter der Gesellschafterversammlung, den Dienstvertrag des Vorstands unterzeichnet für die AG der AR-Vorsitzende (für den AR, der wiederum die AG vertritt).

Der Vorstand führt die Geschäfte der AG selbständig und unterliegt (anders als ein GmbH-Geschäftsführer) nicht den Weisungen der Aktionäre (§§ 76 I, 119 II AktG) und auch nicht den Weisungen des Aufsichtsrates (§ 111 IV AktG). Die **Zustimmung der Hauptversammlung** (also der Aktionäre) muss der Vorstand einer AG nur bei Maßnahmen von herausragender Bedeutung einholen (sog. **Holzmüller**-Doktrin, vgl. BGHZ 83, 122 und aktienrechtliche Kommentare zu § 119 AktG), die Zustimmung des Aufsichtsrates muss der Vorstand wie dargestellt bei Vorliegen entsprechender Zustimmungsvorbehalte in der Satzung oder der Geschäftsordnung einholen.

12.9 Kapitalerhaltung im deutschen Kapitalgesellschaftsrecht

Neben dem – oben bereits erwähnten – dualistischen System der Unternehmensführung aus Vorstand und Aufsichtsrat sowie der unten näher dargestellten etwaigen unternehmerischen Mitbestimmung der Arbeitnehmer im Aufsichtsrat ist das konservative und strenge System der Aufbringung des (Nominal-)kapitals und der Erhaltung des (Nominal-)kapitals (sog.

Verbot der Einlagerückgewähr) ein wesentliches und höchst praxisrelevantes Merkmal der deutschen Kapitalgesellschaften (§§ 5, 30 GmbH-Gesetz, §§ 7, 57 AktG). Ziel dieser deutschen Regelungen ist ein vorgelagerter Gläubigerschutz (die Gläubiger haben im Falle einer Insolenz ja grundsätzlich keine Ansprüche gegen die Gesellschafter, § 13 II GmbH-Gesetz, § 1 I S. 2 AktG), während es in den angelsächsischen Ländern (also den sog. *Common Law*-Jurisdiktionen) kein Mindestnominalkapital gibt, stattdessen aber (angeblich) durch schärfere Haftungsdurchgriffsregelungen auf die Gesellschafter einen ausgeprägteren nachgelagerten Gläubigerschutz.

Praxis- und Klausurhinweis: Bei der Rechtsformenwahl wird häufig mit dem **Mindest*stamm*kapital** von EUR 25.000 bei der GmbH bzw. EUR 50.000 **Mindest*grund*kapital** bei der AG argumentiert. Dies mag in Fällen kleinerer Unternehmensgründungen auch tatsächlich eine Rolle spielen, ist jedoch – wenn man die realen Kosten eines Unternehmens für Geschäftsräume, Arbeitnehmer, Einrichtung, ganz zu schweigen von Kosten für Maschinen denkt – letztlich kein entscheidender Gesichtspunkt, zumal interessanterweise sowohl bei der GmbH als auch bei der AG zunächst die Einzahlung von jeweils EUR 12.500 genügt (§ 7 II GmbH-Gesetz, § 36a I AktG). Vor diesem Hintergrund dürfte – jedenfalls außerhalb des Bereichs der Kleingewerbetreibenden – auch die Unternehmergesellschaft (§ 5a GmbH-Gesetz), bei der das Mindeststammkapital nur EUR 1 betragen kann, uninteressant sein. Soweit es keine regulatorischen Vorgaben gibt, sind neben der Marktwirkung eines freiwillig gewählten höheren Nominalkapitals und Fragen der besseren Teilbarkeit der Nominalbeträge bei mehreren Gesellschaftern keine zwingenden Gründe für ein höheres Nominalkapital erkennbar (Eigenkapital kann der Gesellschaft ja auch unabhängig vom Nominalkapital jederzeit zugeführt werden). Viel wichtiger ist für die Praxis die nachfolgend dargestellte Frage der Kapitalerhaltung.

Kerngedanke der **Kapitalerhaltungsbestimmung** bei der GmbH (**§ 30 GmbH-Gesetz**) ist, dass das eingezahlte Geld (auf Sachgründungen und Sachkapitalerhöhungen soll hier nicht näher eingegangen werden) zwar operativ eingesetzt werden kann (das Nominalkapital ist nicht irgendeine Art von Sicherheit, die nicht eingesetzt werden dürfte), aber das Nominalkapital darf nicht – weder direkt noch indirekt – an die Gesellschafter (aufgrund ihrer Gesellschafterstellung) zurückgezahlt werden. Dabei wird nicht auf die konkret geleistete Geldzahlung abgestellt, vielmehr wird **§ 30 GmbH-Gesetz** bilanziell betrachtet: Direkte oder indirekte Leistungen jeglicher Art an Gesellschafter dürfen *keine* **Unterbilanz herbeiführen oder vertiefen** (von einer Überschuldung ganz zu schweigen), solange dies nicht geschieht sind Leistungen an Gesellschafter aus freien Mitteln jedenfalls mit § 30 GmbH-Gesetz vereinbar. Oder anders formuliert die Summe der Aktiva der GmbH muss mindestens die Summe aus Passiva und Stammkapital decken:

> **Passiva + Stammkapital ≤ Aktiva**

Geschäftsführer, die dagegen verstoßen und Auszahlungen an Gesellschafter oder deren Tochtergesellschaften vornehmen, die zu einer Unterbilanz führen oder diese vertiefen, machen sich persönlich haftbar (§ 43 III GmbH-Gesetz). Insoweit führt ausnahmsweise auch keine Weisung der Gesellschafter zu einer Haftungsbefreiung. Dieses bilanzielle Verständnis des § 30 GmbH-Gesetz führt im Übrigen auch dazu, dass die Haftungshöchstsumme nicht etwa auf die (meist überschaubare) Höhe des Stammkapitals beschränkt ist.

Praxishinweis: Verstöße gegen § 30 GmbH-Gesetz (mit entsprechenden weitreichenden Haftungsfolgen im Falle einer Insolvenz der GmbH) im Zusammenhang mit dem sog. *Cash Pooling* ist nach wie vor eines der zentralen Praxisprobleme im Gesellschaftsrecht: Cash Pooling ist eine betriebswirtschaftlich sinnvolle Form der Konzerninnenfinanzierung, bei der z. B. eine Tochter-GmbH jeden Tag nach Geschäftsschluss die Beträge auf ihrem Konto auf ein Konto der Muttergesellschaft als typischem Cash Pool-Führer (tatsächlich und nicht nur fiktiv-virtuell) überweist, was innerhalb des Konzerns unterm Strich Zinsvorteile bringt. Im Rahmen der bilanziellen Betrachtung des § 30 GmbH-Gesetz ist dies unproblematisch, wenn und solange die so entstehenden Forderungen der Tochter-GmbH gegen die Muttergesellschaft auf Rückzahlung der überwiesenen Geldzahlungen werthaltig sind (insofern liegt ja bilanziell nur ein Aktivtausch »Geld gegen Forderung« vor). Das Problem besteht aber nun darin, dass es die Pflicht der Geschäftsführer ist, gerade diese Werthaltigkeit sorgfältig zu prüfen, geschieht dies nicht und gehen z. B. Mutter- und Tochtergesellschaft später in die Insolvenz, haftet der Geschäftsführer persönlich für unzulässigerweise überwiesene Beträge. Dieses Haftungsrisiko kann der Geschäftsführer in der Praxis meist nur reduzieren (z. B. durch regelmäßige Prüfung der finanziellen Situation der Muttergesellschaft), aber im Ergebnis nicht ganz ausschalten. Auch der Abschluss eines Unternehmensvertrages zwischen Mutter- und Tochtergesellschaft beseitigt das Risiko – entgegen dem insoweit etwas irreführenden Wortlaut des § 30 GmbHG – nicht endgültig, sondern führt nur zur Verlagerung des Problems, da nunmehr auf die Werthaltigkeit eines Verlustausgleichanspruchs gem. § 302 AktG abzustellen ist.

Noch weitreichender sind die Kapitalerhaltungsbestimmungen de jure bei der **Aktiengesellschaft,** wenn auch in der Praxis de facto nicht ganz so relevant wie bei der GmbH, da die AG aus den oben dargestellten Gründen selten als Tochtergesellschaft und häufiger als Konzernobergesellschaft eingesetzt wird. Obwohl der insofern maßgebende **§ 57 AktG** dem Wortlaut des § 30 GmbH-Gesetz sehr ähnelt, hat er eine deutlich weitergehende Wirkung einer **umfassenden Vermögensbindung:** Jede Leistung an Aktionäre, die wegen deren Aktionärsstellung erfolgt, darf nur aus dem Bilanzgewinn auf Basis eines Gewinnverwendungsbeschlusses der Hauptversammlung erfolgen. Dies geht über § 30 GmbH-Gesetz hinaus, da bei der GmbH Zahlungen an Gesellschafter aus freien Mitteln immer zulässig sind, soweit eben keine Unterbilanz entsteht, d. h. auch hier zeigt sich wieder die stärkere Verselbständigung der AG im Verhältnis zu ihren Gesellschaftern im Vergleich zur GmbH.

Literaturempfehlungen, Lehrbücher: *Grunewald,* Gesellschaftsrecht, 9. Aufl. 2014; *Beurskens,* Gesellschaftsrecht, 2. Aufl. 2014; *Mock,* Gesellschaftsrecht, 2015; Nachschlagewerk: Münchener Handbuch zum Gesellschaftsrecht, 7 Bände, 4./5. Aufl. 2013/ 2016; Standkommentar zum GmbH-Gesetz: *Lutter/Hommelhoff,* 18. Aufl. 2012; Standardkommentar zur AktG: *Hüffer/Koch,* 12. Aufl. 2016.

12.10 Organhaftung und Compliance

12.10.1 Innen- und Außenhaftung von Organen und Arbeitnehmern

Von besonderer Bedeutung für das Wirtschaftsleben ist die Frage, wann Mitglieder von Organen wie **Geschäftsführer, Vorstände** und **Aufsichtsräte** für ihr Handeln oder Unterlassen **persönlich haftbar** gemacht werden können. Während Arbeitnehmer (zu denen haftungstechnisch auch leitende Angestellte unabhängig vom Einkommen zählen) sowohl hinsichtlich des »ob« als auch hinsichtlich des »wie« der Haftung nur sehr eingeschränkt haften, unterliegen Geschäftsführer, Vorstände und Aufsichtsrate einer außerordentlich strengen und unbeschränkten persönlichen Haftung. Daher ist der Begriff »Managerhaftung« aus juristischer Sicht wenig hilfreich, da Manager (leitende) Angestellte oder Organe sein können.

Dabei ist zwischen der **Innenhaftung,** d. h. der Haftung gegenüber der Gesellschaft, und der **Außenhaftung,** d. h. der Haftung gegenüber Dritten, zu differenzieren. Die entscheidende Bedeutung hat dabei die Innenhaftung, da entweder die Verwirklichung eines Haftungstatbestandes im Außenverhältnis zugleich eine Haftung im Innenverhältnis begründet oder im selteneren Fall der Haftung nur im Außenverhältnis, das betroffene Organ einen Freistellungsanspruch gegenüber der Gesellschaft hat, wenn gleichzeitig keine Innenhaftung vorliegt.

Die folgende Abbildung soll die für das Grundverständnis entscheidenden zentralen Differenzierungen bei Fragen der Haftung im Unternehmen noch einmal optisch veranschaulichen:

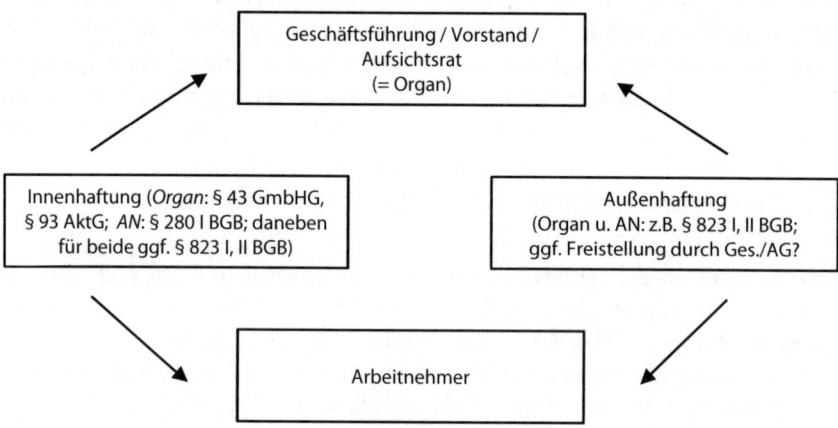

12.10.2 Die Innenhaftung der Organe und die Business Judgement Rule

Die maßgebenden Regelungen zur Innenhaftung bei GmbH und AG finden sich in **§ 43 GmbH-Gesetz, §§ 93, 116 AktG**. Zentrale Voraussetzung für die Haftung ist die Pflichtwidrigkeit, d. h. die Frage, ob das Organ wie ein »*ordentlicher (und gewissenhafter) Geschäftsleiter*« gehandelt hat. Entgegen der üblichen Beweislastverteilung trägt das Organ die Beweislast für das pflichtgemäße Handeln (!), was damit zusammenhängt, dass das handelnde Organ den entsprechenden Vorgang am besten kennen wird.

Praxishinweise: (1) Vor dem Hintergrund der Beweislastverteilung ist es notwendig und üblich, in der Praxis alle wichtigen Entscheidungen von Organen stets sorgfältig zu dokumentieren. (2) Diese Beweislastumkehr gilt nicht nur für das subjektive Verschulden (wie dies etwas im Schuldrechts in § 280 I S. 2 BGB vorgesehen ist), sondern auch für die objektive

Pflichtwidrigkeit. Diese Beweislastverteilung in Kombination mit dem psychologischen Phänomen des sog. *hindsight bias* (Rückschaufehler, schlichter formuliert: »*Nachher ist man immer schlauer!*«) führt zu einem höchstgefährlichen Haftungsrisiko für Organe.

Eine Haftungserleichterung (oft spricht man hier auch von einem »sicheren Hafen«) bringt den handelnden Organen dabei die sog. *Business Judgement Rule* (BJR), die in § 93 I S. 2 AktG für die Organe der AG gesetzlich geregelt ist und die entsprechend auch auf GmbH-Geschäftsführer angewendet wird: Nach der BJR handelt ein Vorstand oder Geschäftsführer nicht pflichtwidrig und haftet somit nicht persönlich gegenüber der Gesellschaft, wenn »*das Vorstandsmitglied bei einer* **unternehmerischen Entscheidung** *vernünftigerweise annehmen durfte, auf der Grundlage angemessener* **Informationen** *zum* **Wohle der Gesellschaft** *zu handeln*«.

Beispiel: Beschließt der Vorstand eines Automobilkonzerns, einen Zulieferer zu übernehmen (dies wäre eine unternehmerische, weil gesetzlich nicht vorgeschriebene Entscheidung) und führt diese Übernahme später zu Verlusten, dann haften die Vorstande des Automobilkonzerns für diesen Fehlschlag nicht persönlich unbeschränkt und gesamtschuldnerisch, wenn sie insb. eine angemessene Prüfung des Zulieferers im Rahmen einer sog. *Due Diligence* durchgeführt haben (angemessene Information) und bei dem Erwerb keine Eigeninteressen verfolgt haben (also zum Wohle der Gesellschaft gehandelt haben).

Praxishinweis: Die BJR in Verbindung mit der Zurückhaltung der Gerichte wirtschaftliche Sachverhalte eigenständig zu beurteilen führt dazu, dass das Risiko der persönlichen Haftung für unternehmerische Fehlentscheidungen durch die sorgfältige Einhaltung eines ordnungsgemäßen Verfahrens signifikant reduziert werden kann.

Die Pflicht zur ordnungsgemäßen Wahrnehmung der Organfunktion wird ergänzt durch die **Treuepflicht der Organe:** Diese umfasst insb. die **Verschwiegenheitspflicht** (§§ 93 I S. 3, 404 I Nr.1 AktG; § 85 GmbH-Gesetz), das **Wettbewerbsverbot** (§ 88 I AktG, gilt auch bei der GmbH) und das grundsätzliche Verbot zur eigennützigen Nutzung von **Geschäftschancen** der Gesellschaft.

Beispiel: Im Rahmen einer *Due Diligence* darf ein Vorstand einem Kaufinteressenten vertrauliche Unternehmensdaten nur zur Verfügung stellen, wenn dies im Interesse der Gesellschaft ist (also nicht nur im Interesse eines Aktionärs) und angemessene Vorkehrungen zum Schutz der

Daten getroffen wurden (Vertraulichkeitsvereinbarung, strukturiertes *Data Room*-Verfahren, etc.). Besonders streng sind die Anforderungen bei einer börsennotierten AG, relativ unproblematisch ist die Weitergabe bei der GmbH, wenn alle Gesellschafter der Weitergabe zugestimmt und der Geschäftsführung der Zielgesellschaft eine entsprechende Weisung erteilt haben.

12.10.3 Compliance

Geschäftsführer und Vorstände müssen sich aber nicht nur selbst an die Gesetze halten, sondern müssen auch aktiv für die Einhaltung der gesetzlichen Bestimmungen und der unternehmensinternen Richtlinien sorgen und auf deren Beachtung durch Konzernunternehmen hinwirken: »*Der Vorstand hat für die Einhaltung der gesetzlichen Bestimmungen und der unternehmensinternen Richtlinien zu sorgen und wirkt auf deren Beachtung durch die Konzernunternehmen hin (Compliance)*«. So die Definition von **Compliance** in Ziff. 4.1.3 des Deutschen Corporate Governance Kodex www.dcgk.de / DCGK (zur rechtlichen Relevanz des Kodex vgl. § 161 AktG sowie die Ausführungen unten). Die Compliance-Verpflichtung umfasst somit zwei große Bereiche:

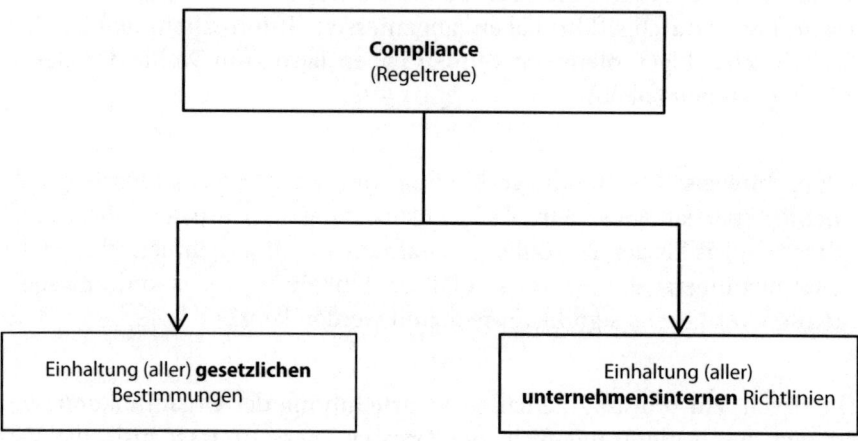

Beispiel: »*Im Rahmen seiner Legalitätspflicht hat ein Vorstandsmitglied dafür Sorge zu tragen, dass (das) Unternehmen so organisiert und beaufsichtigt wird, dass keine Gesetzesverstöße wie Schmiergeldzahlungen an Amtsträger eines ausländischen Staates oder an ausländische Privatpersonen erfolgen. Seiner Organisationspflicht genügt ein Vorstandsmitglied bei entsprechender Gefährdungslage nur dann, wenn er eine auf Schadensprävention und Risikokontrolle angelegte Organisation einrichtet. Entscheidend für den Umfang im Einzelnen sind dabei*

*Art, Größe und Organisation des Unternehmens, die zu beachtenden Vorschriften,
die geografische Präsenz wie auch Verdachtsfälle aus der Vergangenheit.*« Siemens
vs. Neubürger, Leitsatz 1 des Urteils des LG München I v. 10.12.2013 – 5 HKO
1387/10.

12.10.4 Verschulden, Kausalität und Schaden

Wenn eine Pflichtwidrigkeit vorliegt, ist vergleichbar zu den bekannten
Haftungstatbeständen (vgl. z. B. § 280 I BGB) zu prüfen, ob ein Verschulden
vorliegt (was vermutet wird) und ob die Pflichtwidrigkeit adäquat kausal einen Schaden verursacht hat (was vor dem Hintergrund der umfassenden
Vermögenssorgepflicht von Organen regelmäßig der Fall sein dürfte). Sind
sämtliche Voraussetzungen erfüllt, haftet der betroffenen Geschäftsführer
oder Vorstand persönlich unbeschränkt. Haben mehrere Mitglieder eines
Organs eine Pflichtwidrigkeit begangen, haften diese gesamtschuldnerisch
(§ 43 II GmbH-Gesetz bzw. § 93 II S. 1 AktG jeweils i. V. m. § 421 BGB). Mehr
bedarf es für die persönliche Haftung von Organen im Innenverhältnis nicht,
d. h. eine Verschärfung der Organhaftung, die oft leichtfertig öffentlich gefordert wird, ist kaum noch vorstellbar.

12.10.5 Die Haftung im Außenverhältnis

Haftungstatbestände im **Außenverhältnis**, also gegenüber Dritten, können
sich nach den allgemeinen Regeln insb. aus dem Deliktsrecht (§§ 823 ff. BGB)
ergeben. Hier gelten für Organe wie auch für Arbeitnehmer die allgemeinen
Regeln, mit der Besonderheit des Anspruchs auf Freistellung von diesen
Haftungstatbeständen gegenüber der Gesellschaft, wenn nicht gleichzeitig
im Innenverhältnis eine Haftung besteht. Ein solcher **Freistellungsanspruch**
wird bei einem Organ wegen der strengen Anforderungen an ein pflichtge-
mäßes Handeln im Innenverhältnis eher selten gegeben sein, während
Arbeitnehmer in der Praxis regelmäßig einen Anspruch auf Freistellung
gegenüber ihrem Arbeitgeber haben werden.

12.10.6 Bedeutung der »Entlastung«

Wird einem Vorstand auf der jährlich stattfindenden ordentlichen Hauptversammlung oder dem Geschäftsführer durch die ordentliche Gesellschafterversammlung wie üblich »Entlastung« erteilt, stellt sich die Frage, welche
Auswirkungen dies insb. auf ihre persönliche Haftung hat. Hier ist nach der
Rechtsform zu differenzieren (vgl. *Fischer*, FAZ v. 29.6.2002, S. 19):

	Bedeutung Entlastung – bei der AG für den Vorstand	Bedeutung Entlastung – bei der GmbH für den Geschäftsführer
Erteilung der Entlastung als Haftungsbefreiung?	*Keine* Haftungsbefreiung (§ 120 II S.2 AktG).	*Grundsätzlich haftungsbefreiend:* Innenhaftungsansprüche der GmbH entfallen für den Zeitraum auf den sich die Entlastung bezieht, soweit für die Gesellschafterversammlung mögliche Ersatzansprüche erkennbar waren.
Verweigerung der Entlastung als Abberufungsgrund? (Davon streng zu trennen ist die Frage der Kündigung oder sonstigen Beendigung des Dienstvertrages!)	Eine verweigerte Entlastung kann als Vertrauensentzug i.S.v. § 84 III AktG gedeutet werden und somit Grundlage der Abberufung eines Vorstands aus wichtigem Grund bilden.	Die Abberufung eines Gf ist ohnehin grundsätzlich jederzeit möglich, soweit die Satzung keine Erschwerung vorsieht (vgl. § 38 GmbH-Gesetz).
Hinweis zu Stimmverboten bei der Beschlussfassung	*Kein* Stimmrecht eines Aktionärs bei Abstimmung über seine Entlastung als Vorstand oder Aufsichtsrat (§ 136 I S.1 AktG).	*Kein* Stimmrecht eines Gesellschafters bei Abstimmung über seine eigene Entlastung (§ 47 IV S. 1 GmbH-Gesetz).

Internationaler Aspekt: Insb. die angelsächsischen Jurisdiktionen kennen eine solche Form der jährlichen Entlastung nicht.

12.10.7 Die Pflicht des AR zur Geltendmachung von Haftungsansprüchen

Um die Durchsetzung von Haftungsansprüchen gegenüber Vorständen einer AG sicherzustellen, hat die Rechtsprechung – quasi als Schlussstein der Organhaftung – entschieden, dass Aufsichtsräte etwaige Ansprüche in eigener Verantwortung und ohne weitere Veranlassung prüfen und voraussichtlich durchsetzbare Ansprüche geltend machen müssen, weil sie sich ansonsten selbst persönlich haftbar machen (BGHZ 135, 244 **ARAG-Entscheidung**).

Praxishinweise: (1) Machen Aufsichtsräte für die Gesellschaft Ansprüche gegen Vorstände im Klagewege geltend, reagieren diese zivilprozessual oft mit einer sog. Streitverkündung gegenüber den Aufsichtsräten, da die Vorstände argumentieren werden, dass ihr (mögliches) Fehlverhalten den Aufsichtsräten bekannt war und diese daher selbst dafür haften. Vor diesem Hintergrund wird in der Praxis empfohlen, dass Aufsichtsräte eine (zusätzliche) eigene D&O-Versicherung abschließen sollten. (2) Rechtspolitisch kann man die ARAG-Entscheidung und ihre Konsequenzen durchaus kritisch sehen, zumal ein jahrelanger Schadensersatzprozess den betroffenen Unternehmen unter dem Strich oft mehr schadet als wirtschaftlich bringt (berücksichtigt man, dass die betroffenen Vorstände in der Regel ohnehin nicht über genügend Vermögen verfügen, um etwaige Milliardenschäden zu ersetzen).

12.10.8 Die D&O-Versicherung

Vor dem Hintergrund dieser scharfen Haftungsregelung für Organe ist es dringend angeraten und absolut üblich eine Versicherung für diese Haftungsrisiken in Form einer sog. *Directors and Officers Liability Insurance* (D&O-Versicherung) abzuschließen, welche grundsätzlich zwei Risiken abdecken soll: **Abwehrschutz** (ähnlich einer Rechtsschutzversicherung) und **Bilanzschutz** (zu letzterem ist die Versicherungswirtschaft aber de facto kaum noch bereit, da die Einnahmen aus der Versicherung bislang nicht die entstandenen Schäden abdecken konnten). Häufig werden in die Gruppenpolicen auch bestimmte leitende Arbeitnehmer einbezogen, dies dürfte aber wohl eher verkaufstaktische Gründe haben. Die Kosten für die Versicherung trägt typischerweise die Gesellschaft, wobei bei der AG ein Teil des Schadens zwingend von dem betroffenen Organ getragen werden muss (zu den Details des sog. Selbstbehalts vgl. § 93 II S. 3 AktG, der insoweit im GmbH-Recht keine entsprechende Anwendung findet), welches das Risiko des Selbstbehalts wiederum selbst versichern kann und sollte. In Dienstverträgen der Organe (diese sind keine Arbeitnehmer und haben daher auch keine Arbeitsverträge, sondern Dienstverträge) wird häufig eine sog. Verschaffungsklausel stehen, welche die Gesellschaft zum Abschluss einer D&O-Versicherung zugunsten des Organs enthält. Ansonsten spielen die Dienstverträge bei der Organhaftung keine wichtige Rolle, da die entsprechenden Fragen abschließend gesetzlich geregelt wurden (man könnte insoweit allerdings an die Vereinbarung einer Schiedsgerichtsklausel im Dienstvertrag denken). Auch die Gesellschaftsverträge bzw. Satzungen der Gesellschaften spielen insoweit keine besondere Rolle, da auch in diesen die Haftung *nicht* ausgeschlossen oder beschränkt werden kann (etwa auf grobe Fahrlässigkeit). Die D&O-Versicherung unterliegt dem Versicherungsvertragsgesetz (VVG). Dabei darf aber auch nicht übersehen werden, dass oft erst die Existenz von D&O-Versicherungen so manche Begehrlichkeit weckt und die Prozessfreudigkeit im Bereich der Organhaftung deutlich erhöht.

12.10.9 Fazit und Ausblick zur Organhaftung

Als Fazit zum Thema Organhaftung kann festgehalten werden, dass das Risiko einer persönlichen Inanspruchnahme von Geschäftsführern und Vorständen in den zurückliegenden Dekaden durch Maßnahmen des Gesetzgebers, Verschärfungen der Rechtsprechung aber und vor allem auch durch einen Wandel der Rechtskultur de jure und de facto signifikant zugenommen hat. In der Wissenschaft wird diese Entwicklung durchaus kritisch gesehen (so wurde auf dem Deutschen Juristentag bereits über eine Begrenzung der Haftung nachgedacht) und auch in den Wirtschaftsmedien wird die zunehmende Überlagerung des operativen Geschäfts durch eine Verrechtlichung kritisiert (so *Jahn*, FAZ online v. 15.9.2014), die Politik dürfte den gestrauchelten und zunehmend in der Öffentlichkeit unpopulären Vorständen aber (vorerst) kaum zur Hilfe eilen.

Literaturempfehlungen zur Vertiefung und vor allem für die Praxis: *Thümmel*, Persönliche Haftung von Managern und Aufsichtsräten, 4. Aufl. 2008, und *Krieger/Schneider*, Handbuch Managerhaftung, 2. Aufl. 2010; speziell zum Thema Compliance: *Moosmayer*, Compliance, 3. Aufl. 2015; *Teichmann*, Compliance – rechtliche Grundlagen für Studium und Unternehmenspraxis, 2014.

12.11 Der Deutsche Corporte Governance Kodex

Beim **Deutschen Corporate Governance Kodex (DCGK)** handelt es sich um *kein* Gesetz, sondern »nur« um die Zusammenstellung gesetzlicher Regelungen und Empfehlungen für *börsennotierte* Gesellschaften durch eine Regierungskommission (in § 3 II AktG findet sich eine Legaldefinition der Börsennotierung, welche insb. die im Freiverkehr gehandelten Aktien nicht erfasst). Rechtliche Relevanz erhält der Kodex für börsennotierte Gesellschaften durch **§ 161 AktG**, der von börsennotierten Gesellschaften jährlich eine sog. **Entsprechenserklärung** verlangt, aus der hervorgeht, welche der Empfehlungen des Kodex die Gesellschaft im zurückliegenden Jahr eingehalten hat und welche aus welchen Gründen nicht: »*Comply or explain*« (statt des früher noch genügenden »*comply or disclose*«-Prinzips; vgl. zu den Einzelheiten www.dcgk.de). **Empfehlung**: Schauen Sie sich einmal die Entsprechenserklärung eines Dax-Konzerns auf dessen Homepage an.

12.12 Umwandlungsgesetz

Das deutsche Gesellschaftsrecht eröffnet mit dem Umwandlungsgesetz (UmwG) eine in der Praxis häufig eingesetzte Möglichkeit zur strukturellen Veränderung von Gesellschaften und Konzernen. Steuerlich ergänzt wird das Umwandlungsgesetz durch das Umwandlungssteuergesetz (UmwStG). §1 UmwG fasst die möglichen Umwandlungsformen zusammen:

- **Verschmelzungen**, d. h. die Möglichkeit sämtliche Aktiva und Passiva einer Gesellschaft auf eine andere zu übertragen, so dass sich die übertragende Gesellschaft ohne (ansonsten notwendige) Liquidation auflöst (§1 I Nr. 1 i. V. m. §§ 2 ff. UmwG).
  Beispiel: Die A-GmbH wird auf die B-GmbH verschmolzen, d. h. mit Wirksamwerden der Verschmelzung existiert nur noch die B-GmbH, welche nunmehr sämtliche Aktiva und Passiva der A-GmbH und der B-GmbH beinhaltet. In der Konzernpraxis werden operativ nicht mehr genutzte GmbHs in der Regel durch Verschmelzung statt durch Liquidation (vgl. insofern §§ 60 ff. GmbH-Gesetz) beseitigt, da die Verschmelzung mit deutlich geringerem Aufwand als die Liquidation verbunden ist.
- Das Gegenstück zur Verschmelzung bilden die **Spaltungsvorgänge**, bei denen definierte Aktiva und Passiva einer Gesellschaft auf eine andere Gesellschaft übertragen werden (§1 I Nr. 2 i. V. m. §§ 123 ff. UmwG).
- Die in §1 I Nr. 3 UmwG genannte **Vermögensübertragung** hat sachlich nur einen sehr eingeschränkten Anwendungsbereich bei Körperschaften des öffentlichen Rechts und Versicherungsunternehmen und hat daher nur eine relativ geringe Praxisrelevanz (vgl. §§ 174 ff. UmwG).
- Eine hohe praktische Relevanz hat demgegenüber wiederum der **Formwechsel** (§1 I Nr. 4 i. V. m. §§ 190 ff. UmwG), bei dem im Gegensatz zu den anderen Umwandlungsvorgängen keine Übertragung von Aktiva und Passiva erfolgt, sondern lediglich das »Rechtskleid« einer Gesellschaft geändert wird.
  Beispiel: Im Vorfeld eines Börsengangs (IPO) wird eine – nicht börsenfähige – GmbH in eine – börsenfähige – AG umgewandelt.

Zu beachten ist der sog. **NC der Umwandlungsformen (§ 1 II UmwG)**, d. h. Umwandlungsformen sind nur zulässig soweit sie vom Gesetzgeber zugelassen wurden. Dies ist insb. im Umwandlungsgesetz geschehen, daneben ergeben sich Umwandlungsmöglichkeiten auch aus den Regelungen zu der Europäischen Aktiengesellschaft.

Aufgrund der Rechtsprechung des **EuGH** ist eine Beschränkung von Umwandlungsalternativen auf nationale Gesellschaftsformen grundsätzlich unzulässig, so dass innerhalb der EU auch grenzüberschreitende Umwandlungsmaßnahmen möglich sind. Der deutsche Gesetzgeber hat dies für die Verschmelzung in §§ 122a bis 122l UmwG umgesetzt und die **grenzüberschreitende Verschmelzung** geregelt.

Der entscheidende Vorteil von Umwandlungsvorgängen ist, dass hier sämtliche Aktiva und Passiva im Wege der **Universalsukzession** (Gesamtrechtsnachfolge) bzw. bei den Spaltungsvorgängen im Wege der partiellen Universalsukzession übertragen werden, d. h. es ist keine sachenrechtliche Einzelrechtsübertragung einschließlich der etwaig notwendigen Zustimmung Dritter notwendig (wie etwa bei einem sog. Asset Deal ▸ Kap. 15).

> **Praxishinweis:** Diese Universalsukzession macht Umwandlungsmaßnahmen (neben steuerlichen Aspekten) für die Praxis so interessant.

Technisch erfordern Umwandlungsbeschlüsse regelmäßig (neben etwaigen Prüfungen) insb. Gesellschafterbeschlüsse in notariell beurkundeter Form und notariell beglaubigte Handelsregisteranmeldungen. Wirksam werden die Umwandlungen nach dem Umwandlungsgesetz erst mit **Eintragung im HR**, d. h. die Registereintragungen haben hier konstitutive Wirkung (vgl. § 20 UmwG).

> **Praxishinweis:** Bei einfach gelagerten konzerninternen Umstrukturierungsmaßnahmen nach dem Umwandlungsgesetz, die insb. auch arbeitsrechtlich unproblematisch sind, kann aus Kostengründen auf die Einschaltung eines Anwalts verzichtet und ausschließlich ein Notar beauftragt werden.

Im **Personengesellschaftsrecht** besteht die Möglichkeit, über **Anwachsungen** (vgl. § 738 BGB, ggf. i. V. m. §§ 105 III, 161 II HGB) wirtschaftlich dasselbe Ergebnis wie bei der Verschmelzung zu erreichen, dabei aber technisch einen geringeren Aufwand zu betreiben (vor allem weil keine notarielle Beurkundung notwendig ist).

Beispiel: Innerhalb eines Konzerns haben die Konzern GmbH 1 und Konzern GmbH 2 eine GbR unter Firma »Immobilien-Projekt GbR Neustadt« gebildet. Nachdem das Projekt in Neustadt vollständig abgewickelt worden ist, soll die GbR möglichst reibungslos abgewickelt werden. Die einfachste Methode dafür wäre, dass z. B. die GmbH 2 einfach aus der GbR austritt, mit der Konsequenz, dass die GbR aufhört zu existieren (eine

Personengesellschaft setzt zwingend zwei Gesellschafter voraus!) und kraft Gesetzes (§ 738 BGB) alle etwaigen verbliebenen Aktiva und Passiva der GbR im Wege der Anwachsung auf die GmbH übergehen.

Literaturempfehlungen: Das Thema Umwandlungsrecht wird in Lehrbüchern trotz seiner hohen Praxisrelevanz oft überhaupt nicht oder nur kursorisch behandelt, in der Praxis wird hier meist mit Kommentaren zum UmwG wie z. B. dem *Kallmeyer*, 5. Aufl. 2013, oder *Lutter/Winter*, 5. Aufl. 2014 sowie mit Formularbüchern wie dem Münchener Vertragshandbuch, Bd. 1, Gesellschaftsrecht, 7. Aufl. 2011, gearbeitet.

12.13 Unternehmerische Mitbestimmung

Die Mitbestimmung der Arbeitnehmer im Unternehmen wird in Deutschland einerseits auf betrieblicher Ebene durch das dem kollektiven Arbeitsrecht zuzuordnende Betriebsverfassungsgesetz (BetrVG) und den dort verankerten Betriebsrat (sog. betriebliche Mitbestimmung) sowie andererseits durch die sog. **unternehmerische Mitbestimmung im Aufsichtsrat** gewährleistet. Nur auf die unternehmerische Mitbestimmung soll hier eingegangen werden.

Bei der unternehmerischen Mitbestimmung geht es im Kern um die Frage, ob und inwieweit **Arbeitnehmervertreter im Aufsichtsrat** vertreten werden. Diese Frage ist politisch auf deutscher wie europäischer Ebene sehr umstritten, was zu einer recht unübersichtlichen Rechtslage geführt hat. Gesetzliche Regelungen finden sich vor allem im Mitbestimmungsgesetz, im Drittelbeteiligungsgesetz und im Montan-Mitbestimmungsgesetz. Dabei differenziert der Gesetzgeber nach Rechtsform, Branche und Arbeitnehmerzahl (vgl. die nachstehende Übersicht). Sieht man von der historisch bedingten Sonderregeln für die Kohle- und Stahlindustrie (Montanindustrie) ab, lässt sich als Merkposten festhalten, dass

- bei deutschen Kapitalgesellschaften mit in der Regel mehr als 500 Arbeitnehmern **ein Drittel** der Mitglieder im Aufsichtsrat Arbeitnehmervertreter sind (DrittelbG; bei der GmbH muss dann ggf. ein Aufsichtsrat eingerichtet werden), und
- bei deutschen Kapitalgesellschaften und der GmbH & Co. KG mit in der Regel mehr als 2000 Arbeitnehmern **die Hälfte** der Mitglieder im Aufsichtsrat Arbeitnehmervertreter sind (paritätische Mitbestimmung), wobei der Vorsitzende des Aufsichtsrats von der Kapitalseite bestimmt wird und bei Pattsituationen mit einem Doppelstimmrecht ausgestattet ist.

Gesetz	Erfasste Rechtsformen	Nicht erfasste Rechtsformen	Notwendige Arbeitnehmerzahl	Branchenspezifische Anwendbarkeit	Anzahl AN-Vertreter im AR	Geschlechterquote für Frauen und Männer im AR (ab 2016)	Anmerkungen
DrittelbG (2004)	AG, KGaA, GmbH	GmbH & Co KG; ausländ. (Kapital-)Gesellschaften	i.d.R. > 500 AN (und < als 2000 AN)	grundsätzlich anwendbar; Ausnahme: sog. Tendenzbetriebe und Bergbau/Stahl (Montanindustrie)	1/3	freiwillige Zielgröße für AR (sowie für Vorstand und die beiden obersten Managementebenen darunter)	Sonderregeln für VVaG, Genossenschaften; (SE Sonderregeln)
MitbestG (1976)	AG, KGaA, GmbH, Gen.; auch GmbH & Co KG	VVaG, ausländ. (Kapital-)Gesellschaften	i.d.R. > 2000 AN	Grundsätzlich anwendbar; Ausnahme: sog. Tendenzbetriebe und Bergbau/Stahl (Montanindustrie)	1/2 (paritätisch) aber: Doppelstimmrecht des AR-Vorsitzenden (bestellt die Kapitalseite) in Pattsituationen und ein Vertreter der leitenden Angestellten im AR auf AN-Seite	mind. 30% Frauen und 30% Männer, wenn börsennotiert (und paritätisch mitbestimmt); wenn (nur) nicht börsennotiert, dann freiwillige Zielgröße für AR (sowie Vorstand und die beiden obersten Managementebenen darunter)	bei SE Verhandlungslösung; außerdem: Arbeitsdirektor auf Vorstandsebene
Montan-MitbestG (1951)	AG, GmbH	Personengesellschaften, ausländ. (Kapital-)Gesellschaften	i.d.R. > 1000 AN	nur Bergbau/Stahl (Montanindustrie)	1/2 (paritätisch) (ohne Doppelstimmrecht des AR-Vorsitzenden, dafür ein „weiteres" neutrales Mitglied)	wie MitbestG	außerdem: Arbeitsdirektor auf Vorstandsebene

Praxishinweis: Die Auswirkungen insb. der paritätischen Mitbestimmung sind in der Praxis nicht so gravierend wie man auf den ersten Blick meinen könnte. Auch wird von dem Doppelstimmrecht des AR-Vorsitzenden extrem selten Gebrauch gemacht (zu Zeiten der »Deutschland-AG« war dessen Gebrauch besonders verpönt).

13 Hinweise zum Arbeitsrecht

13.1 Übersicht

Das Arbeitsrecht ist das **Sonderprivatrecht der Arbeitnehmer**. Es dient dem Interessenausgleich zwischen Arbeitgeber und Arbeitnehmer, wobei der besondere Schutz der Arbeitnehmer im Vordergrund steht. Das Arbeitsrecht gliedert sich in zwei große Bereiche:

1. Das **Individualarbeitsrecht**, welches sich mit den Rechtsbeziehungen zwischen dem einzelnen Arbeitnehmer und dem Arbeitgeber beschäftigt. Hierher gehören insb. das Arbeitsvertragsrecht und Arbeitsschutzrecht.
2. Das **kollektive Arbeitsrecht**, welches sich mit den Rechtsbeziehungen zwischen den Koalitionen und Vertretungen von Arbeitnehmern und Arbeitgebern beschäftigt. Hierher gehören insb. Fragen im Zusammenhang mit der grundrechtlich garantieren Koalitionsfreiheit (Art. 9 III GG), des Arbeitskampfrechts (Streik und Aussperrung), des Tarifvertragsrechts sowie der betrieblichen und unternehmerischen Mitbestimmung.

Diese Darstellung beschränkt sich auf die Darstellung einzelner besonders praxisrelevanter Aspekte des Individualarbeitsrechts. Die für die Unternehmenspraxis wichtige unternehmerische Mitbestimmung wurde bereits im Rahmen des Gesellschaftsrechts im Überblick dargestellt.

Anders als etwa das Sonderprivatrecht der Kaufleute wurde das Sonderprivatrecht der Arbeitnehmer nicht in einer einheitlichen gesetzlichen Kodifikation zusammengefasst, vielmehr beruht das Arbeitsrecht auf dem BGB und diversen Gesetzen zu bestimmten Themen (z. B. das Kündigungsschutzgesetz, das Entgeltfortzahlungsgesetz oder das Allgemeine Gleichbehandlungsgesetz) sowie in – für deutsche Verhältnisse – sehr weitem Umfang **Richterrecht**. Eine besondere Bedeutung kommt im Arbeitsrecht den Grundrechten (insb. Art. 1 I, 2 I, 3, 9 III und 12 I GG) zu. Des Weiteren ist gerade das Arbeitsrecht in vielen Bereichen durch das Europarecht geprägt.

> **Praxishinweis:** Der einem *Case Law* ähnliche Charakter des deutschen Arbeitsrechts und eine gewisse politische Prägung führen dazu, dass man im Arbeitsrecht allein mit dogmatischen Erwägungen in der Praxis nicht weiterkommt. Für Betriebswirte, die im Personalbereich tätig werden wollen, eröffnet diese Struktur aber auch die Möglichkeit, hier rechtliches

Know-how aufbauen zu können, was in anderen Bereichen des BGB deutlich schwieriger sein dürfte.

Ausgangspunkt und Grundlage des Arbeitsrechts bilden §§ 611 bis 630 BGB und damit verbunden aufgrund der zu Beginn des Buches dargestellten Systematik des BGB subsidiär auch Bestimmungen des allgemeinen Schuldrechts und des Allgemeinen Teils des BGB.

Als Teil des BGB beruht auch das Arbeitsrecht grundsätzlich auf dem Grundsatz der Vertragsfreiheit, jedoch sind zahlreiche Bestimmungen des Arbeitsrechts (jedenfalls zugunsten der Arbeitnehmer) zwingend, so dass der Vertragsfreiheit im Arbeitsrecht nur eine eingeschränkte Bedeutung zukommt. Diese besondere Stellung des Arbeitsrechts findet ihr Ergänzung im formellen Recht: Für das Arbeitsrecht gibt es mit den Arbeitsgerichten eine eigene Gerichtsbarkeit mit einer eigenen Prozessordnung, dem **Arbeitsgerichtsgesetz (ArbGG)** (vgl. dazu z. B. *Lipperheide*, WPR, S. 13 ff.).

Praxishinweis: Ein Arbeitnehmer, der gegen eine Kündigung vorgeht, muss vor dem Arbeitsgericht klagen (vgl. § 2 ArbGG, § 4 KSchG), während ein Geschäftsführer vor dem Landgericht gegen die Kündigung seines Dienstvertrages vorgehen müsste (vgl. § 5 I S. 3 ArbGG).

Internationaler Aspekt: Gemäß Art. 8 I Rom I-VO darf eine Rechtswahl nicht dazu führen, dass dem Arbeitnehmer der Schutz ansonsten geltender zwingender Regelungen entzogen wird. Vor diesem Hintergrund ist es in der Praxis *unüblich* in Arbeitsverträgen von Arbeitnehmern, die in Deutschland arbeiten, eine andere als die deutsche Rechtsordnung zu wählen.

13.2 Der Arbeitnehmer

Wie sich bereits aus den bisherigen Ausführungen zum Arbeitsrecht ergibt, ist der Schlüsselbegriff des Arbeitsrechts der Arbeitnehmer. **Arbeitnehmer** ist, wer aufgrund eines privatrechtlichen Vertrags **weisungsgebunden** und in persönlicher Abhängigkeit von einem anderen (Arbeitgeber) zur fremdbestimmten Arbeitsleistung gegen Vergütung verpflichtet ist (s. z. B. Palandt/ *Weidenkaff*, Einf. v § 611 Rd. 7 m.w.N.). Die traditionelle weitere Unterscheidung von Arbeitern und Angestellten innerhalb der Arbeitnehmerschaft hat an Bedeutung verloren.

Praxishinweis: Dieser im Einzelnen umstrittene Arbeitnehmerbegriff ist für die Wirtschaftspraxis von zentraler Bedeutung, insb. in Fällen in den das Beschäftigungsverhältnis zwecks Vermeidung arbeitsrechtlicher Schutzbestimmungen als freier Mitarbeiterstatus dargestellt wird. Bei einer solchen Gestaltung ist zu beachten, dass die Qualifikation als Arbeitnehmer zwingend ist, soweit die o. g. Tatbestandsmerkmale erfüllt sind, d. h. die Einordnung als Arbeitnehmer ist der Disposition der Parteien entzogen, insb. hat die Bezeichnung als Arbeitnehmer oder freier Mitarbeiter nur Indizfunktion, maßgebend ist die tatsächliche Ausgestaltung der Tätigkeit.

13.3 Der Arbeitsvertrag

Vor dem Hintergrund der starken Einschränkung der Vertragsfreiheit hat der **Arbeitsvertrag** selbst eine geringere Bedeutung als vertragliche Vereinbarungen in anderen Bereichen (vgl. hierzu § 105 GewO). Bereits der Mindestinhalt des Arbeitsvertrages wird durch das Gesetz über den Nachweis der für ein Arbeitsverhältnis geltenden wesentlichen Bedingungen (Nachweisgesetz) bestimmt. Seit 2002 unterliegt der Arbeitsvertrag der Inhaltskontrolle durch die Bestimmungen über AGB (§§ 305 ff. BGB), wobei »die im Arbeitsrecht geltenden Besonderheiten angemessen zu berücksichtigen« sind (so § 310 IV S. 2 BGB).

Praxishinweis: Da bis 2002 Arbeitsverträge nicht der AGB-Kontrolle unterlagen, sind gerade bei Arbeitsverträgen viele AGB-rechtliche Fragen insb. im Zusammenhang mit dem Transparenzgebot (vgl. §§ 305 II Nr. 2, 307 I S. 2 BGB), nach welchem AGB-Klauseln klar und verständlich sein müssen, noch nicht endgültig geklärt.

Die wichtigste Frage bei Arbeitsverträgen ist immer die Frage der **Kündigung,** die schriftlich erfolgen muss (§ 623 BGB), und der Wirksamkeit der Kündigung. Zunächst einmal sind bei der ordentlichen Kündigung die Kündigungsfristen des Arbeitsvertrages oder, wenn dieser keine Fristen enthält, die gesetzlichen **Fristen** des § 622 BGB zu beachten. Besteht ein Betriebsrat, so ist dieser vor jeder Kündigung (nur) zu hören (§ 102 BetrVG), eine Zustimmung des Betriebsrats ist aber *nicht* notwendig. Zusätzlich stellt sich die entscheidende Frage, ob das Kündigungsrecht des Arbeitgebers durch den allgemeinen oder den besonderen Kündigungsschutz beschränkt ist.

Internationaler Aspekt: In den USA können Arbeitsverhältnisse grundsätzlich ohne Kündigungsgrund beendet werden (»*employment at will*«), allerdings gibt es in den USA einen gut entwickelten Diskriminierungsschutz gerade auch bei Kündigungen von Arbeitsverhältnissen.

13.4 Der Kündigungsschutz

13.4.1 Allgemeiner Kündigungsschutz

Der allgemeine Kündigungsschutz ergibt sich aus dem **Kündigungsschutzgesetz (KSchG)**, einem der für Betriebe relevantesten Gesetze in Deutschland. Das Kündigungsschutzgesetz findet grundsätzlich auf alle Arbeitsverhältnisse Anwendung, die zwei Voraussetzungen erfüllen:

1. Das Arbeitsverhältnis muss länger als **sechs Monate** bestehen (§ 1 I KSchG).
2. Das Arbeitsverhältnis besteht in einem Betrieb, der in der Regel **mehr als zehn Arbeitnehmer** beschäftigt (sog. Kleinbetriebsklausel, § 23 I S. 3 KSchG).

Ist das Kündigungsschutzgesetz anwendbar, dann ist eine Kündigung durch den Arbeitgeber nur zulässig, wenn die Kündigung **sozial gerechtfertigt** ist (§ 1 I KSchG). Als soziale Rechtfertigungsgründe kommen gem. § 1 II S. 1 KSchG nur folgende drei Gründe in Betracht:

1. **Personenbedingte Gründe** (z. B. bei dauernder Leistungsunfähigkeit, in engen Grenzen auch bei anhaltender Krankheit).
2. **Verhaltensbedingte Gründe** (z. B. bei Verstößen gegen den Betriebsfrieden), ist i. d. R. aus Gründen der Verhältnismäßigkeit erst nach einer Abmahnung zulässig.
3. **Betriebsbedingte Gründe** (bei Wegfall von Arbeitsplätzen aufgrund inner- oder außerbetrieblicher Gründe), erfordert außerdem eine sog. Sozialauswahl (§ 1 III KSchG).

Praxishinweis: Ist das Kündigungsschutzgesetz anwendbar und liegt *keiner* der drei Kündigungsgründe vor, dann ist die Kündigung unwirksam und der Arbeitgeber kann grundsätzlich auch keine Beendigung des Arbeitsverhältnisses gegen Abfindung verlangen (Ausnahmen finden sind in §§ 9, 14 II S. 2 KSchG). Es ist aber üblich, dass in dieser Situation die Parteien einvernehmlich einen Aufhebungsvertrag (oder im Gerichtsverfahren einen Vergleich) schließen, in dem das Arbeitsverhältnis einvernehmlich gegen Zahlung einer Abfindung aufgehoben wird. Regeln zur Höhe der Abfindung wie »ein Gehalt pro Jahr der Beschäftigung« existieren entgegen anderslautenden Verlautbarungen grundsätzlich *nicht*. Im Rahmen eines solchen Aufhebungsvertrags oder Vergleichs sind insb. auch steuerliche und sozialrechtliche Implikationen zu beachten.

Da die Gefahr besteht, dass Arbeitgeber mit Hilfe von **befristeten** Arbeitsverträgen die Bestimmungen des Kündigungsschutzgesetzes umgehen, hat der Gesetzgeber sehr detaillierte Regelungen für Arbeitsverträge geschaffen, die auf bestimmte Zeit geschlossen wurden (vgl. hierzu § 620 III BGB i. V. m. dem Teilzeit- und Befristungsgesetz/TzBfG).

13.4.2 Besonderer Kündigungsschutz

Zusätzlich zum allgemeinen Kündigungsschutz hat der Gesetzgeber für bestimmte Fälle einen **besonderen Kündigungsschutz** geschaffen:

- Schwangeren darf während der **Schwangerschaft** und bis zu vier Monaten nach der Geburt nicht gekündigt werden (absolutes Kündigungsverbot, § 9 MuSchG), nur ausnahmsweise kann eine behördliche Aufhebung des Kündigungsschutzes beantragt werden (§ 9 III MuSchG);
- während der zu Recht in Anspruch genommen **Eltern-** (§ 18 I S. 1 Bundeselterngeld- und Elternzeitgesetz) oder **Pflegezeit** (§ 5 Pflegezeitgesetz) ist eine Kündigung ebenfalls (ohne Zustimmung der zuständigen Behörde) unzulässig;
- die Kündigung eines **schwerbehinderten** Menschen ist (ohne Zustimmung des Integrationsamtes) ebenfalls unzulässig (§§ 85 bis 92 SGB IX);
- die ordentliche Kündigung eines **Betriebsratsmitglieds** oder anderer Mitglieder von bestimmten Arbeitnehmervertretungen ist ebenfalls unzulässig (§ 15 I KSchG), die außerordentliche Kündigung bedarf der Zustimmung des Betriebsrats (§ 103 BetrVG);
- des Weiteren besteht ein besonderer Kündigungsschutz bei **Ausbildungsverhältnissen** (§ 22 II Berufsbildungsgesetz) und bei Ableistung des freiwilligen **Wehrdienstes** (§§ 2 I, II, 16 VII Arbeitsplatzschutzgesetz);
- Kündigungen aus Anlass des **Übergangs eines Betriebs** oder Betriebsteils sind gem. § 613a IV BGB unwirksam.

13.4.3 Außerordentliche Kündigung

Der allgemeine Rechtsgrundsatz, dass Dauerschuldverhältnisse (zu denen bekanntlich auch Arbeitsverträge gehören) immer aus **wichtigem Grund** gekündigt werden können, hat bei Arbeitsverträgen in § 626 BGB eine besondere gesetzliche Ausformung gefunden: Um die Unsicherheit für den betroffenen Arbeitnehmer zeitlich zu begrenzen, muss die Kündigung innerhalb von zwei Wochen erfolgen (§ 626 II BGB).

Praxishinweis: § 626 BGB ist eine der wichtigsten Bestimmungen des Arbeitsrechts, insb. da häufig aufgrund des allgemeinen Kündigungsschutzes keine Kündigung möglich ist. Da die Rechtsprechung im Falle eines Vertrauensbruchs durch eine Straftat zu Lasten des Arbeitgebers unabhängig vom Wert der Sache (ein Stück Kuchen oder Pfandbons über Centbeträge genügen) bereits grundsätzlich einen wichtigen Grund bejaht, ist die Kündigung aus wichtigem Grund zu einer scharfen Waffe des Arbeitgebers geworden (die Durchsuchung von Spesenabrechnungen nach unrechtmäßig geltend gemachten Forderungen wird häufig als beliebtes Procedere eingesetzt, um unliebsame Mitarbeiter loszuwerden). Allerdings hat der berühmt gewordene Fall **»Emmely«** klar gemacht, dass es keine absoluten Kündigungsgründe gibt und insb. bei Bagatellfällen eine Abwägung vorzunehmen ist. Die Leitsätze des BAG im Fall Emmely lauten (BAG NJW 2011, 167, Urteil vom 10. 6. 2010 – 2 AZR 541/09): »1. *Rechtswidrige und vorsätzliche Handlungen des Arbeitnehmers, die sich unmittelbar gegen das Vermögen des Arbeitgebers richten, können auch dann ein wichtiger Grund zur außerordentlichen Kündigung sein, wenn die Pflichtverletzung Sachen von nur geringem Wert betrifft oder nur zu einem geringfügigen, möglicherweise gar keinem Schaden geführt hat. 2. Das Gesetz kennt auch im Zusammenhang mit strafbaren Handlungen des Arbeitnehmers keine absoluten Kündigungsgründe. Es bedarf stets einer umfassenden, auf den Einzelfall bezogenen Prüfung und Interessenabwägung dahingehend, ob dem Kündigenden die Fortsetzung des Arbeitsverhältnisses trotz der eingetretenen Vertrauensstörung – zumindest bis zum Ablauf der Kündigungsfrist – zumutbar ist oder nicht.«*

13.5 Die Haftung des Arbeitnehmers

Bei der Frage der **Haftung des Arbeitnehmers** gegenüber dem Arbeitgeber wegen Schlechterfüllung des Arbeitsvertrags (Arbeitnehmer zerstört fahrlässig eine teure Maschine) aus § 280 I BGB gelten gegenüber den Regeln in anderen Schuldverhältnissen wegen der besonderen Situation der Arbeitnehmer einige Sonderregeln, die durch die Rechtsprechung entwickelt worden sind (und im Detail umstritten sind). Danach gelten folgende Differenzierungen je nach Verschuldensgrad:

Vorsatz	Grobe Fahrlässigkeit	Mittlere/normale Fahrlässigkeit	Leichte(ste) Fahrlässigkeit
volle Haftung des Arbeitnehmers	grundsätzlich volle Haftung, ggf. Teilung/ Beschränkung (im Detail sehr str.)	Schadensteilung, ggf. Beschränkung (ebenfalls sehr str.)	Keine Haftung der Arbeitnehmers

Stellt man die Arbeitnehmerhaftung der oben dargestellten Organhaftung gegenüber, ergibt sich folgendes Gesamtbild:

Kriterium	Organe (Geschäftsführer, Vorstand, AR)	Arbeitnehmer
Sorgfaltsmaßstab (Innenhaftung)	»ordentlicher (und gewissenhafter) Geschäftsleiter« (§ 43 GmbH, §§ 93, 116 AktG) sowie sog. Business Judgement Rule (BJR), vgl. § 93 I 2 AktG – sog. »sicherer Hafen« – BJR gilt auch analog für Geschäftsführer	»im Verkehr erforderliche Sorgfalt« (vgl. §§ 611, 280 I BGB)
Hinweis zur Außenhaftung	allgemeine Maßstäbe, d. h. Organe und Arbeitnehmer haften wie jeder andere auch, *aber* ggf. Freistellung durch die Gesellschaft/den Arbeitgeber, wenn gleichzeitig keine Innenhaftung vorliegt	
Beweislast (Innenhaftung)	Beweislast beim Organ (Empfehlung: daher stets möglichst viel dokumentieren)	Beweislast beim Arbeitgeber (vgl. § 619a BGB)
Haftungsumfang (Innenhaftung)	unbeschränkte Haftung mit dem gesamten Vermögen bei Vorsatz und jeder Form der Fahrlässigkeit	eingeschränkte Haftung je nach Verschuldensgrad; unbeschränkte Haftung grundsätzlich nur bei Vorsatz und ggf. bei grober Fahrlässigkeit

Kriterium	Organe (Geschäftsführer, Vorstand, AR)	Arbeitnehmer
Verjährung (Innenhaftung)	grundsätzlich 5 Jahre, bei börsennotierter AG 10 Jahre ab Entstehung (§ 43 IV GmbH-Gesetz, § 93 VI AktG); Empfehlung insb. bei GmbH: jährliche Entlastung	3 Jahre ab entstehen und Kenntnis (§§ 195, 199 BGB)
Zuständige Gerichte (Innenhaftung)	Zivilgerichte (ggf. bei entsprechender Vereinbarung Schiedsgericht, z. Zt. noch eher selten, aber aus Unternehmenssicht grundsätzlich zu empfehlen)	Arbeitsgerichte

Literaturempfehlungen, Lehrbücher: *Wörlen/Kokemoor*, Arbeitsrecht, 11. Aufl. 2014; *Senne*, Arbeitsrecht, 9. Aufl. 2013; *Dütz/Thüsing*, Arbeitsrecht, 19. Aufl. 2014; Nachschlagewerk für die Praxis: *Schaub*, Arbeitsrechtshandbuch, 16. Aufl. 2015; Gesetzessammlung: Arbeitsgesetze, Beck-Texte im dtv, 88. Aufl. 2016.

14 Hinweise zum Insolvenzrecht

Viele Fragen des Privatrechts, wie z. B. die Frage, ob ein Anspruch auf Herausgabe des Eigentums aus § 985 BGB besteht, oder nur ein Anspruch auf Übereignung einer Sache aus § 433 I BGB, erhalten ihre besondere wirtschaftliche Bedeutung erst, wenn über das Vermögen des Anspruchsgegners Insolvenz eröffnet wird, d. h. erst in der Stunde der Insolvenz zeigt sich oft, ob die von den Parteien gewählten rechtlichen Konstruktionen das halten, was man sich von ihnen versprochen hat.

Die **Insolvenzordnung (InsO)** regelt die **Gesamtzwangsvollstreckung** im Gegensatz zur Einzelzwangsvollstreckung, die im 8. Buch der Zivilprozessordnung (vgl. §§ 704 ff. ZPO) und insb. für Grundstücke in dem Zwangsversteigerungsgesetz (ZVG) geregelt ist. Ziel der Insolvenzordnung ist die gemeinschaftliche und **gleichmäßige Befriedigung** der Gläubiger sowie die **Restschuldbefreiung** für den redlichen Schuldner (vgl. § 1 InsO).

Voraussetzungen für die Insolvenzeröffnung (Eröffnungsbeschluss des Amtsgerichts) sind (kumulativ):

1. Schriftlicher **Antrag** durch den Schuldner oder auch durch jeden Gläubiger (§§ 13 I, 14 InsO); insb. für Geschäftsführer und Vorstände besteht eine *unverzügliche* **Pflicht zur Antragstellung** (*spätestens* nach drei Wochen, vgl. § 15a InsO) unabhängig von der Vertretungsregelung oder internen Geschäftsverteilung (HB-HGR/*Bartels* ▶ Kap. 25, Rd. 31).

> **Praxishinweis:** Die Verletzung der Pflicht zur unverzüglichen Stellung des Insolvenzantrags durch Vertretungsorgane von Gesellschaften ist eine der haftungsträchtigsten Normen für Geschäftsführer und Vorstände; Anspruchsgrundlage zugunsten der Gläubiger wäre bei einer Verletzung dieser Pflicht § 823 II BGB i. V. m. § 15a InsO, daneben drohen den Organen Ansprüche zugunsten der jeweiligen Gesellschaft aus gesellschaftsspezifischen Bestimmungen wie § 64 GmbH-Gesetz oder §§ 92 II, 93 III Nr. 6 AktG; außerdem stellt ein Verstoß gegen die Antragspflicht eine Straftat dar (§ 15a IV, V InsO).

2. Des Weiteren muss für die Insolvenzeröffnung einer der folgenden Eröffnungsgründe vorliegen: **Zahlungsunfähigkeit** (§ 17 InsO) *oder* bei Antrag des Schuldners selbst auch **drohende Zahlungsunfähigkeit** (§ 18 InsO) *oder* bei juristischen Personen und der GmbH & Co KG auch die **Überschuldung** (§ 19 InsO).

Praxishinweise: (1) Während der Tatbestand der Zahlungsunfähigkeit noch relativ einfach feststellen lässt (und in der Praxis auch kaum unbemerkt bleiben dürfte), bereitet die Feststellung der Überschuldung i.S.v. §§ 15a, 19 InsO erhebliche Schwierigkeiten: Dabei ist zu beachten, dass es hierbei um eine rechtliche Überschuldung geht (im Gegensatz zu einer rechnerischen Überschuldung), die auf der Basis einer spezifischen **Überschuldungsbilanz** unter Berücksichtigung der **Fortführungsprognose** zu erstellen ist. Eine rechnerische Überschuldung in der handelsrechtlichen Bilanz hat nach Auffassung des BGH nur eine Indizfunktion für eine rechtliche Überschuldung (vgl. zur Problematik *Uhlenbrock*, Insolvenzordnung, 14. Aufl. 2015, § 19 Rd. 17 m.w.N.). (2) Insb. namhafte, börsennotierte Konzerne lassen hundertprozentige Tochtergesellschaften in der Regel nicht in die Insolvenz gehen, daher wird in der Praxis eine Überschuldung oft und sehr elegant durch eine **Rangrücktrittserklärung** abgewendet (genauer: Rangrücktrittsvereinbarung, da es sich hierbei um eine vertragliche Vereinbarung i.S.v. § 311 BGB handelt): Eine solche Rangrücktrittsvereinbarung besagt im Kern, dass ein Gläubiger mit näher definierten Forderungen im Falle der Insolvenz hinter die Forderungen aller gegenwärtigen und zukünftigen anderen Gläubiger zurücktritt (vgl. § 39 InsO), was bei der Erstellung der Überschuldungsbilanz dazu führt, dass die entsprechenden Forderungen nicht zu passivieren sind. Eine andere Maßnahme der Konzernmutter zur Abwendung einer Insolvenz einer Tochtergesellschaft ist häufig die Abgabe einer harten, also verbindlichen **Patronatserklärung** (ggf. direkt gegenüber den kreditgebenden Banken), um so die Kreditwürdigkeit einer Tochtergesellschaft wieder herzustellen.

3. Die Insolvenzeröffnung setzt außerdem eine **ausreichende Masse** zur Deckung zumindest der Verfahrenskosten voraus (§ 26 I InsO i. V. m. § 54 InsO); bei Ablehnung der Insolvenzeröffnung mangels Masse erfolgt die Eintragung in ein Schuldnerverzeichnis (sog. »*Schwarze Liste*«, § 26 II InsO).

Konsequenz der Insolvenzeröffnung ist, dass der Schuldner nicht mehr sein Vermögen verwalten und auch nicht mehr über sein Vermögen verfügen kann (§§ 22 I, 80 I InsO); der Schuldner bleibt aber Inhaber seines Vermögens und behält seine Geschäftsfähigkeit; eine Einzelzwangsvollstreckung ist *nicht* mehr möglich (da diese nur zu einer willkürlichen Befriedigung der Gläubiger nach dem Windhundprinzip führen würde). Gläubiger müssen stattdessen ihre Forderungen anmelden sowie etwaige Aussonderungsrechte (§§ 47, 48 InsO) und Absonderungsrechte (§§ 49 ff. InsO) geltend machen.

Um Vermögensverschiebungen zum Nachteil der Gläubiger im Vorfeld einer Insolvenz rückgängig machen zu können, hat der Gesetzgeber die Instrumente der **Insolvenzanfechtung** (§§ 129 ff. InsO) und der Anfechtungen nach dem **Anfechtungsgesetz** (AnfG) geschaffen, welche schuldrechtliche Ansprüche des Insolvenzverwalters auf Rückgewähr von bestimmten Leistungen begründen (**Achtung**: Die Insolvenzanfechtung hat mit der bereits dargestellten Anfechtung gem. §§ 119, 120, 123 BGB *nichts* zu tun).

> **Praxishinweise:** (1) Unternehmer, Vorstände und Geschäftsführer, die besonderen persönlichen Haftungsrisiken ausgesetzt sind, tun gut daran, jedenfalls einen Teil ihres Vermögens für den Fall einer Insolvenz z. B. durch rechtzeitige Übertragung auf nahe Angehörige zu schützen (sog. »*asset protection*«). Vor dem Hintergrund der o. g. Anfechtungsmöglichkeiten muss dies rechtzeitig erfolgen und nicht erst, wenn die Insolvenz kurz bevorsteht. (2) An dieser Stelle sei auch kurz auf die einschlägigen Straftatbestände hingewiesen (vgl. §§ 283 bis 283d StGB), die allerdings eine Strafbarkeit nur begründen, wenn es später zur Zahlungseinstellung, zur Insolvenzeröffnung oder zur Ablehnung der Insolvenzeröffnung mangels Masse kommt (§ 283 VI StGB); der Straftatbestand des § 15a IV, V InsO wurden bereits erwähnt.

Für natürliche Personen besteht nach einer sechsjährigen Wohlverhaltensphase die Möglichkeit der **Restschuldbefreiung** (vgl. §§ 286 bis 303a InsO), des Weiteren existieren spezielle Bestimmungen zur **Verbraucherinsolvenz** (§§ 304 ff. InsO).

Internationaler Aspekt: Bei grenzüberschreitenden Insolvenzen ist nach dem sog. **Internationalen Insolvenzrecht** innerhalb der Europäischen Union gem. Art. 3 I S. 1 EuInsVO (Europäische Verordnung über Insolvenzverfahren) das Insolvenzgericht zuständig, in dessen Zuständigkeit sich objektiv der Mittelpunkt der hauptsächlichen Interessen des Schuldners befindet (sog. **Center of Main Interest**, COMI). Dabei gilt für Gesellschaften die Vermutung, dass dies der satzungsmäßige Sitz der Gesellschaft ist (Art. 3 I S. 2 EuInsVO). Bei natürlichen Personen kommt es auf den Wohnsitz an. Die Frage des materiell anwendbaren Insolvenzrechts richtet sich aus deutscher Sicht wiederum nach dem Recht des Staats in dem das Insolvenzverfahren eröffnet wird.

> **Praxishinweis:** Das Kriterium des *COMI* eröffnet für den Schuldner die Möglichkeit des – bereits oben kurz erwähnten – sog. *Forum Shopping*, d. h. der Schuldner verlegt seine Aktivitäten kurz vor Insolvenzeröffnung in

eine schuldnerfreundliche Jurisdiktion. Erfolgversprechend sind derartige Maßnahmen nur, wenn der Schuldner vernünftige Gründe für die tatsächliche Verlegung seiner Aktivitäten längere Zeit vor Insolvenzantragstellung vortragen kann (z. B. in Form eines substantiierten Restrukturierungsplans). Eine erkennbar bloß vorgetäuschte Verlegung der Aktivitäten genügt dafür nicht.

Literaturempfehlungen: *Haarmeyer/Frind*, Insolvenzrecht, 4. Aufl. 2014; *Foerste*, Insolvenzrecht, 6. Aufl. 2014; *Gottwald*, Insolvenzrechts-Handbuch, 5. Aufl. 2015.

15 Hinweise zu Unternehmenskäufen

Unternehmenskäufe und die mit Unternehmenskäufen verbundenen Rechtsfragen haben in der Unternehmenspraxis eine große Bedeutung. Dem wird an Hochschulen leider oft zu wenig Rechnung getragen. Daher soll hier zumindest ein erster kleiner Einblick in diese Materie gegeben werden.

Die in der Praxis übliche englische Bezeichnung *Mergers & Acquisitions* **(M&A)** ist aus deutscher Perspektive etwas irreführend, da es beim Erwerb von Unternehmen und Beteiligungen an Unternehmen nicht um Verschmelzungen im Sinne des Umwandlungsgesetzes geht. Vielmehr kommen grundsätzlich zwei Wege beim Erwerb von Unternehmen (im Ganzen oder in Teilen) in Betracht: Entweder man erwirbt Anteile an der Zielgesellschaft also etwa deren Geschäftsanteile oder Aktien, dann spricht man von einem *Share Deal* (Rechtskauf gem. § 453 BGB). Alternativ kann man auch (einzelne oder alle) Vermögenswerte, die z. B. zu einem bestimmten Unternehmen gehören, erwerben, in diesem Fall spricht man von einem *Asset Deal*. In der Praxis werden die meisten Unternehmenskäufe in Form eines *Share Deals* abgewickelt, da es technisch einfacher und schneller ist, Geschäftsanteile oder Aktien zu (ver-)kaufen und zu übertragen, als eine Vielzahl von Aktiva und Passiva im Wege der Einzelrechtsnachfolge (Singularsukzession) zu (ver-)kaufen und entsprechend der für die jeweiligen Vermögenswerte geltenden Rechtsregeln zu übertragen (also bei Geltung deutschen Rechts gem. §§ 873, 925 BGB bei Immobilien, gem. §§ 929 ff. BGB bei Mobilien und gem. §§ 398 ff. BGB bei Rechten).

Ein *Asset Deal* kommt ausnahmsweise z. B. in Betracht, wenn bestimmte Haftungsrisiken in der Gesellschaft nicht mit übernommen werden soll (was beim *Share Deal* unvermeidbar wäre). Allerdings kommt es auch beim *Asset Deal* kraft Gesetzes in Ausnahmefällen zu einzelnen Haftungsübernahmen: Im Steuerrecht (vgl. § 75 AO), bei Firmenfortführung (vgl. § 25 I HGB, mit der oft vernachlässigten Möglichkeit des Haftungsausschlusses in § 25 II HGB) oder bei den Arbeitsverträgen (vgl. § 613a BGB, mit der in der Praxis bedeutenden, wenn auch selten ausgenutzten Widerspruchsmöglichkeit des Arbeitnehmers in § 613a VI BGB).

Soweit Käufer und Verkäufer nach ersten Sondierungsgesprächen eine Durchführung der Transaktion ernsthaft in Betracht ziehen, wird meist ein sog. »*Letter of Intent*« (LoI) unterzeichnet (es finden sich hier auch andere Bezeichnungen wie *Memorandum of Understanding*, MoU). Hierbei handelt es sich um eine Absichtserklärung, die den Willen der Parteien zum Abschluss einer möglichst bereits konkret umschriebenen Transaktion (*Share Deal* oder *Asset Deal*, wieviele Anteile veräußert werden sollen bzw. welche

Aktiva und Passiva übertragen werden sollen, usw.) dokumentiert. Die Auslegung solcher Vereinbarungen gem. §§133, 157 BGB wird im Regelfall noch nicht zur Annahme einer Verpflichtung zum Abschluss eines entsprechenden Kaufvertrags führen, sondern nur verbindliche Vereinbarungen zu Fragen der Vertraulichkeit und Kosten enthalten. Die Bezeichnung als *Letter of Intent* oder auch *Memorandum of Understanding* hat im Rahmen der Auslegung nur eine Indizfunktion. Um sich gar nicht erst mit Auslegungsfragen beschäftigen zu müssen, empfiehlt es sich, die Frage, welche Teile des LoI verbindlich sein sollen und welche nicht, explizit zu regeln. Soweit es um den Erwerb von GmbH-Geschäftsanteilen geht, folgt dieses Ergebnis bereits ganz unspektakulär aus §15 IV GmbH-Gesetz i. V. m. §125 BGB.

Merke: Die Verwendung bestimmter Bezeichnungen wie etwa »LoI« hat für die Auslegung stets nur Indizfunktion. Dies gilt, wie bereits erwähnt, für unsere Rechtsordnung insgesamt: Der verwendete Begriff ist regelmäßig nur ein Hinweis oder ein Kriterium im Rahmen der Auslegung.

Mit einem LoI wird das Ziel verfolgt zu einem möglichst frühen Zeitpunkt Klarheit darüber zu gewinnen, ob die Parteien wirklich dieselben Vorstellungen über die Transaktion haben, bevor durch weitere Verhandlungen und Prüfungen erhebliche Kosten entstehen. Außerdem ist ein LoI ein Dokument, welches dem internen Abstand innerhalb der jeweiligen Parteien dient (z. B. im Rahmen der Einholung eines Vorstandsbeschlusses als Basis für die weiteren Verhandlungsrunden).

Auch wenn ein LoI keine rechtliche Verpflichtung zur Durchführung einer Transaktion begründet, so haben auch unverbindliche Absprachen in einem LoI erhebliche *faktische* Wirkungen.

Beispiel: Wenn in einem LoI bereits ein Kaufpreis festgeschrieben wird, was regelmäßig in der ein anderen Form der Fall sein wird, dann wird es faktisch schwierig werden, später einen höheren oder niedrigeren Kaufpreis zu verhandeln.

Zentraler Baustein bei der Vorbereitung einer Transaktion ist die Durchführung einer sog. ***Due Diligence*** (bedeutet wörtlich »*mit gebotener Sorgfalt*«, die Bezeichnung als *Review* oder *Audit* wäre eigentlich treffender), d. h. die Zielgesellschaft wird durch den Erwerbsinteressenten und dessen Berater untersucht, so wie ein Autokäufer ein Auto untersucht. Die *Due Diligence*-Prüfung wird dabei üblicherweise in die Bereiche *Financial Due Diligence*, *Legal Due Diligence* und *Tax Due Diligence* unterteilt. Je nach Zielgesellschaft können weitere Prüfungsvorgänge hinzukommen (z. B. die immer mehr an Bedeutung gewinnende *Compliance Due Diligence* oder etwa eine *Environmental Due Diligence*). Ein Unternehmenskauf ohne Durchführung einer *Due Diligence* wäre ebenso problematisch wie etwa ein Gebrauchtwagenkauf ohne Probefahrt. Die Organe des Erwerbers würden sich im Falle einer unterbliebenen *Due Diligence*-Prüfung auch dem Risiko einer persönlichen Haftung aussetzten, da sie nicht auf der Basis angemessener Informationen und damit nicht mit der gebotenen Sorgfalt handeln (vgl. die BJR in § 93 I S. 2 AktG). Umfang und Intensität der *Due Diligence* sind abhängig von den Umständen des Einzelfalls. Abschluss der *Due Diligence* bildet der *Due Diligence Report*.

Praxishinweis: Wie auch in vielen anderen Bereichen des wirschaftlichen und öffentlichen Lebens hat sich auch bei der *Due Diligence* die Unsitte eingeschlichen, dass das formale Abarbeiten von Checklisten und das Erstellen umfangreicher Berichte nicht selten den Blick auf die eigentlichen Probleme verstellen. Dieses Risiko kann man dadurch entschärfen, dass der Leiter eines DD-Teams sich auf die Identifizierung der »wahren« Probleme konzentriert und sich nicht am »Häckchenmachen« beteiligt.

In besonders gelagerten Einzelfällen kann es auch sein, dass der Verkäufer (sic!) selbst eine *Due Diligence* bei der (seiner!) Zielgesellschaft durchführen lässt. In diesem Fall spricht man von einer **Vendor Due Diligence** (VDD). Dies kann z. B. dazu dienen im Rahmen eines Auktionsverfahrens, in welchem eine Gesellschaft mehreren Bietern angeboten wird, um die Gesellschaft dann an den Bieter zu veräußern, der das attraktivste Angebot unterbreitet, der Veräußerer einen Due Diligence Report auf seine Kosten erstellen lässt, welcher dann interessierten Bietern zur Verfügung gestellt wird. Da zwischen diesen Bietern und den Verfassern des Reports keine Mandatsvereinbarung existiert (diese besteht ja nur im Verhältnis zwischen Verkäufer und Berater), wird der Report dem Bieter auf Basis eines sog. *Reliance Letters* zur Verfügung gestellt (vgl. zur VDD z. B. *Fischer*, FAZ v. 15.6.2005, S. 25).

Parallel zur *Due Diligence* verlaufen meist die Verhandlungen über einen **Unternehmenskaufvertrag.** Handelt es sich – wie im Normalfall – um einen *Share Deal* spricht man insoweit von einem *Share Purchase Agreement* (im englischen auch als *Sale and Purchase Agreement* bezeichnet, in beiden Fällen in der Praxis üblicherweise mit »**SPA**« abgekürzt). Hauptbestandteile des SPA sind neben dem Verkauf und der Übertragung (treffender als Abtretung bezeichnet) der Anteile an der Zielgesellschaft (also etwa der GmbH-Geschäftsanteile oder der Aktien) vor allem ein umfangreicher Katalog von selbständigen Garantien (§ 311 BGB) betreffend die rechtlichen und wirtschaftlichen Verhältnisse bei der Zielgesellschaft (angefangen von der Garantie der Gesellschafterverhältnisse über Bilanzgarantien bis hin zur Garantie hinsichtlich von IP-Rechten). Im Gegenzug wird – soweit rechtlich möglich (vgl. insofern insb. § 276 III BGB) – jede gesetzliche Haftung des Verkäufers ausgeschlossen, d. h. die Praxis schafft bei Unternehmenskäufen ihr eigenes, individuelles Haftungsregime. Die Verhandlung dieses Garantiekatalogs macht stets einen wesentlichen Teil der Vertragsverhandlungen aus. Daneben kommen eine große Anzahl weiterer Regelungen z. B. zu etwaigen nachvertraglichen Wettbewerbsverboten des veräußernden Gesellschafter-Geschäftsführers oder komplizierten Exit-Regelungen, wenn nicht sämtliche Anteile einer Gesellschaft erworben werden, in Betracht. In letzterem Fall wird auch die Neugestaltung des Gesellschaftsvertrags oder auch der Dienstverträge der Organe (Geschäftsführer der GmbH oder Vorstände der AG) eine Rolle spielen.

Die Unterzeichnung des Unternehmenskaufvertrags bezeichnet man als *Signing*, während der nachgelagerte dingliche Vollzugszeitpunkt als *Closing* bezeichnet wird. Neben dem Unternehmenskaufvertrag werden regelmäßig komplexe Finanzierungsverträge nebst Kreditsicherheiten eine Rolle spielen. Außerdem ist an eine etwaige kartellrechtliche Freigabe nach deutschem oder europäischem Kartellrecht zu denken.

Nach dem *Closing* wird es regelmäßig zu Umstrukturierungsmaßnahmen kommen. Dies ist ein typischer Anwendungsbereich des Umwandlungsgesetzes (UmwG), welches für die Transaktion selbst unmittelbar meist keine Bedeutung hat.

Literaturempfehlungen: Lehrbücher zum Thema M&A gibt es bislang nicht, jedoch plant der Verfasser dieses Werks ein entsprechendes Lehrbuch; für die Praxis gibt es zahlreiche empfehlenswerte Handbücher wie z. B. *Hölters*, Handbuch Unternehmenskauf, 7. Aufl. 2010, *Merkt/Göthel*, Internationaler Unternehmenskauf, 3. Aufl. 2010, oder *Picot*, Handbuch Mergers & Acquistions, 4. Aufl. 2008.

16 Hinweise zur Praxis der Rechtsberatung

Nachfolgend sollen nur einige ausgewählte Aspekte aus dem Bereich der Rechtsberatung, die für einen künftigen Betriebswirt besonders relevant sein dürften, kurz angesprochen werden.

Rechtsanwälte sind unabhängige **Organe der Rechtspflege** (so § 1 BRAO), die ihre Leistungen nach dem **Rechtsanwaltsvergütungsgesetz** (RVG) abrechnen, solange keine wirksame anderweitige Vereinbarung zwischen Anwalt und Mandant existiert. Da das RVG die Gebühren nach dem Gegenstandswert bestimmt (§ 2 I RVG), ist es jedenfalls bei der Beratung von Unternehmen bei wirtschaftlich bedeutenderen Vorgängen durchaus üblich, die Leistungen der Rechtsanwälte auf der Basis von Stundensätzen abzurechnen. Stundensätze variieren je nach Seniorität des Anwalts und Region zwischen etwa 150 und 600 Euro, im Einzelfall auch darüber (wobei es durchaus vorkommen soll, dass Seniorpartner aus Prestigegründen höhere Stundensätze verlangen, diese aber möglicherweise nicht tatsächlich voll abrechnen). Gerade bei wirtschaftlich bedeutenden Projekten wie Unternehmenskäufen ist die **Vereinbarung von Stundensätzen** vor allem auch im Interesse der Mandanten geboten, um bei vorzeitigem Abbruch von Verhandlungen nicht exorbitanten Honorarforderungen ausgesetzt zu sein.

Gerade der Fall des Abbruchs von Verhandlungen führt dazu, dass Mandanten gerne Erfolgshonorare abschließen würden. **Erfolgshonorare** lässt das deutsche Standesrecht bei Rechtsanwälten aber nur ausnahmsweise dann zu, wenn ansonsten der Mandant aus wirtschaftlichen Gründen seine Rechte nicht wahrnehmen könnte (vgl. im Detail § 4a RVG; s. a. die Parallelbestimmung in § 9a SteuBG), im Ergebnis sind damit Erfolgshonorare in der Regel unzulässig.

Internationaler Aspekt: Im Gegensatz dazu sind Erfolgshonorare z. B. in den USA absolut üblich (in den USA gibt es je nach Bundesstaat regelmäßig eine Deckelung auf 25 % oder 30 % der erzielten Forderung). Diese werden dort als Möglichkeit verstanden, Geschädigten ohne finanzielle Mittel für einen Prozess eine Chance auf Gerechtigkeit zu gewähren. In Deutschland wird diese Funktion auf Kosten des Steuerzahlers durch den Sozialstaat im Wege der Prozesskostenhilfe (§§ 114 ff. ZPO) übernommen: Man sieht auch hier wieder, dass es für dieselben Probleme verschiedene Lösungen gibt und man sich hüten sollte, immer sofort anzunehmen, dass das US-amerikanische System sich auf Steinzeit-Niveau bewegt – dies gilt auch umkehrt für die amerikanische Sicht auf die deutsche Rechtsordnung.

Zu Beginn der Beauftragung einer Anwaltskanzlei wird diese zunächst im Rahmen eines *Conflict Checks* feststellen, ob sie das Mandat überhaupt annehmen darf (was z. B. nicht geht, wenn dies zu einem Parteiverrat i.S.v. § 356 StGB führen würde). Danach wird die Frage des Honorars geklärt (gesetzliche Gebühren nach dem RVG oder Stundensätze). Anschließend wird üblicherweise eine Mandatsvereinbarung ggf. zusätzlich eine Honorarvereinbarung und Haftungsbegrenzung abgeschlossen sowie eine Vollmacht unterzeichnet.

> **Praxishinweis:** Der Auftraggeber kann jedenfalls bei einem vereinbarten Stundenhonorar durch eine sachgerechte Aufbereitung aller Unterlagen bereits zu Beginn des Mandats unnötige Kosten vermeiden.

Im Gegensatz zu Rechtsanwälten üben **Notare** ein **öffentliches Amt** aus (wie man schon an dem Landeswappen am Türeingang und dem Siegel auf den Urkunden erkennen kann). Alle Notare rechnen ihre Leistungen zwingend nach gesetzlichen Vorgaben ab, Vereinbarungen über Honorare für Tätigkeiten eines Notars sind unzulässig (§ 17 BNotO). Einige notarielle Leistungen erfolgen dabei zu extrem günstigen Konditionen, während in anderen, wirtschaftlich bedeutenden Bereichen teilweise erhebliche Notargebühren anfallen.

> **Praxishinweise:** (1) In der Praxis war es in der Vergangenheit nicht unüblich, die Veräußerung und Abtretung von GmbH-Geschäftsanteilen (vgl. § 15 **GmbH-Gesetz**) in der **Schweiz** in Basel oder in Zug bei Zürich beurkunden zu lassen, da die schweizerischen Notare dort eine größere Flexibilität bei ihren Gebühren haben und die Beurkundungen gem. § 15 GmbH-Gesetz durch Notare an diesen Orten vom BGH als gleichwertig angesehen wurde. Diese Praxis gibt es aber momentan nicht mehr, da mit der letzten Reform des GmbH-Gesetzes (MoMiG) Zweifel an der Wirksamkeit solcher Transaktion entstanden sind. (2) In diesem Kontext vielleicht ein allgemeiner Hinweis: Sicher ist es in der Unternehmenspraxis ein verständliches und auch notwendiges Ziel, die **Kosten von Transaktionen** soweit wie möglich zu reduzieren. Dies sollte aber niemals soweit gehen, dass am Ende Fragen bezüglich der rechtlichen Wirksamkeit solcher Transaktionen entstehen, denn bereits diese Unsicherheit wird die betroffenen Parteien aufgrund von zusätzlichem Beratungsbedarf und Schwierigkeiten bei späteren Weiterveräußerungen deutlich mehr Geld kosten als ursprünglich einmal gespart wurde (von den Opportunitätskosten ganz zu schweigen).

Ein Anwaltsnotar kann in derselben Angelegenheit nur als Rechtsanwalt oder als Notar tätig werden. In welcher Eigenschaft der Anwaltsnotar tätig werden will, sollte er zu Beginn der Beratung klären und im Falle der Notartätigkeit in der Urkunde dokumentieren (§ 3 I Nr.7 BeurkG, sog. Vorbefassungsverbot).

Die nachfolgende Karte stellt die Bundesländer mit (hauptamtlichen) **Nurnotaren** dunkel und die Bundesländer mit **Anwaltsnotaren** hell dar (die angegebenen Städte korrespondieren mit den Bezirken der Notarkammern). In NRW gibt es beide Systeme, Baden-Württemberg stellt 2018 von einem Mischsystem auf das Nurnotariat um:

http://www.bnotk.de/Notar/Notariatsverfassungen/index.php

Literaturempfehlung, Nachschlagewerk zur Tätigkeit der Notare: *Limmer/Hertel/Frenz/ Mayer* (Hrsg.), Würzburger Notarhandbuch, 4. Aufl. 2015.

Epilog: Beschäftigen sich Rechtswissenschaftlerinnen und Rechtswissenschaftler eigentlich überhaupt nicht mit Gerechtigkeit?

Der kritischen Leserin und dem kritischen Leser mag aufgefallen sein, dass das Thema Gerechtigkeit in diesem Lehrbuch explizit nicht adressiert wurde. Sollte dies ein Redaktionsversehen des Verfassers sein (nun, das wollen wir mal ausschließen) oder ist die Jurisprudenz gar eine ethikfreie Wissenschaft (so sie überhaupt eine Wissenschaft ist)?

In der Tat ist dies ein Vorwurf, den man erheben kann, bedenkt man etwa, dass das BGB vom 1. Januar 1900 bis heute in seiner Kernsubstanz unverändert blieb, während in demselben Zeitraum in Deutschland ein Kaiserreich, zwei Demokratien und Unrechtssysteme der schlimmsten und zweitschlimmsten Art herrschten (wobei die DDR das BGB durch das Zivilgesetzbuch der DDR, das ZGB vom 19. Juni 1975, ersetzte bis am 3. Oktober 1990 gem. Art. 8 Einigungsvertrag auch in den neuen Bundesländern grundsätzlich wieder das BGB eingeführt wurde). Das BGB besitzt – rein technisch betrachtet – durch seine Generalklauseln (insb. §§ 138, 242, 826 BGB) eine hohe Flexibilität. Allerdings ist spätestens mit Inkrafttreten des Grundgesetzes eine wertneutrale Anwendung nicht mehr möglich, da insb. die Generalklauseln wie §§ 138, 242, 826 BGB im Lichte der Grundrechte (die oben ausführlich dargestellte mittelbare Drittwirkung der Grundrechte) und des Sozialstaatsprinzips (Art. 20 I GG) auszulegen sind. Das Grundgesetz wiederum ist in seinem Fundament gem. der Ewigkeitsgarantie des Art. 79 III GG nicht dispositiv (sieht man einmal von der Möglichkeit der Verabschiedung einer neuen Verfassung ab, vgl. Art. 146 GG, – es gibt also auch hier noch eine juristische Hintertür).

Das deutsche Recht ist *kein* reines Billigkeitsrecht (sieht man einmal von Spezialbestimmungen wie § 829 BGB ab), deswegen handeln in den juristischen Klausuren auch immer A, B und C ohne Angaben zu Charaktereigenschaften und Erscheinungsbild – Justitia ist ja bekanntlich blind und auch dieses Bewusstsein wird den Bearbeitern von Rechtsfällen antrainiert. Vielmehr – und das ist der entscheidende Punkt – soll und wird soweit wie möglich der Gerechtigkeit durch ein demokratisch legitimiertes und transparentes System von Regeln, Ausnahmen und Gegenausnahmen sowie Korrekturmöglichkeiten über verfassungsrechtlich geprägte Generalklauseln

Rechnung getragen, welches in einem geordneten und öffentlichen Verfahren durch mindestens eine unabhängige Instanz angewendet wird.

Dabei sollte man aber nicht naiv sein: In einem Rechtsstaat hat man Anspruch auf ein rechtsstaatliches Verfahren und ein mit Gründen versehendes Urteil, ob dieses subjektiv als gerecht empfunden wird, ist eine völlig andere Frage.

Anhang: Ausdruck eines online abgerufenen Handelsregistereintrags

Handelsregister B des Amtsgerichts Düsseldorf

Nummer der Eintragung	a) Firma b) Sitz, Niederlassung, inländische Geschäftsanschrift, empfangsberechtigte Person, Zweigniederlassungen c) Gegenstand des Unternehmens	Grund- oder Stammkapital	a) Allgemeine Vertretungsregelung b) Vorstand, Leitungsorgan, geschäftsführende Direktoren, persönlich haftender Gesellschafter, Geschäftsführer, Vertretungsberechtigte und besondere Vertretungsbefugnis	Prokura	a) Rechtsform, Beginn, Satzung oder Gesellschaftsvertrag b) Sonstige Rechtsverhältnisse	a) Tag der Eintragung b) Bemerkungen
1	2	3	4	5	6	7
1	a) Henkel Fünfte Verwaltungsgesellschaft mbH b) Düsseldorf Geschäftsanschrift: Henkelstr. 67, 40589 Düsseldorf c) Die Verwaltung des eigenen Vermögens, insbesondere die Übernahme und Verwaltung von Beteiligungen an Industrie- und Handelsunternehmen sowie die Geschäftsführung für solche Unternehmen.	25.000,00 EUR	a) Ist nur ein Geschäftsführer bestellt, so vertritt er die Gesellschaft allein. Sind mehrere Geschäftsführer bestellt, so wird die Gesellschaft durch zwei Geschäftsführer oder durch einen Geschäftsführer gemeinsam mit einem Prokuristen vertreten. Jedem Geschäftsführer kann Einzelvertretungsbefugnis und/oder Befreiung von den Beschränkungen des § 181 BGB erteilt werden. b) Geschäftsführer: Nicolas, Heinz, Düsseldorf, *12.06.1958 Geschäftsführer: Dr. Schmitt, Michael J., Neuss, **13.01.1964		a) Gesellschaft mit beschränkter Haftung Gesellschaftsvertrag vom 06.11.2014	a) 08.12.2014 Braun
2					b) Mit der Henkel AG & Co. KGaA mit Sitz in Düsseldorf (Amtsgericht Düsseldorf, HRB 4724) als herrschendem Unternehmen ist am 29.01.2015 ein Beherrschungs- und Gewinnabführungsvertrag geschlossen. Ihm hat die Gesellschafterversammlung vom 05.05.2015 zugestimmt.	a) 01.06.2015 Pollmächer

Literaturverzeichnis

Baumbach, Adolf/Hopt, Klaus J., Kommentar zum Handelsgesetzbuch, 36. Aufl. 2014 (zit.: *Baumbach/Hopt*, HGB)

Brox, Hans/Walker, Wolf-Diedrich, Allgemeiner Teil des BGB, 39. Aufl. 2015 (zit.: *Brox/ Walker*, BGB AT)

Büchel, Helmut/Rechenberg, Wolf-Georg von, Kölner Handbuch Handels- und Gesellschaftsrecht, 3. Aufl. 2015 (zit.: HB-HGR/*Bearbeiter*)

Dietlein, Johannes/Endriss, Dorothee/Feuerborn, Andreas, Grundlagen Recht für Wirtschaftswissenschaftler, 2015 (zit.: *Dietlein/Endriss/Feuerborn*, Grundlagen)

Führich, Ernst, Wirtschaftsprivatrecht, 12. Aufl. 2014 (zit.: *Führich*, WPR)

Kallwass, Wolfgang/Abels, Peter, Privatrecht, 22. Aufl. 2015 (zit.: *Kallwass/Abels*, Privatrecht)

Klunzinger, Eugen, Einführung in das Bürgerliche Recht, 16. Aufl. 2013 (zit.: *Klunzinger*, Einführung)

Kropholler, Jan, Studienkommentar zum BGB, bearbeitet von Jacoby, Florian/Hinden, Michael von, 14. Aufl. 2013 (zit.: *Kropholler*, Studienkommentar)

Lipperheide, Peter J., Wirtschaftsprivatrecht, 2009 (zit.: *Lipperheide*, WPR)

Medicus, Dieter/Petersen, Jens, Bürgerliches Recht, 25. Aufl. 2015 (zit.: *Medicus/Petersen*, BR)

Medicus, Dieter/Petersen, Jens, Grundwissen zum Bürgerlichen Recht, 10. Aufl. 2014 (zit.: *Medicus/Petersen*, GW BürgerlR)

Mehrings, Jos, Grundzüge des Wirtschaftsprivatrecht, 3. Aufl. 2015 (zit.: *Mehrings*, WPR)

Palandt, Kommentar zum Bürgerlichen Gesetzbuch, 75. Aufl. 2016 (zit.: Palandt/*Bearbeiter*)

Stichwortverzeichnis